主権者の社会認識

自分自身と向き合う

庄司興吉

東信堂

はしがき

　米ソ冷戦が終結し、東欧・ソ連が崩壊してから、四半世紀以上が経った。このかん私は、社会学 ── もっと大げさに言えば、歴史観と世界観 ── を建て直さなければと思いながら、大学生協をつうじて日本と世界の協同組合に関わり、韓国、中国、東南アジア、インド、メキシコ、南アフリカなどを歩いてきた。それ以前には、世界社会論とか地球市民学とかを創らなければと思いながら、欧米はもとより、中東アフリカや中南米などもざっとではあるが歩いている。もちろん、地域社会づくりの比較などをしながら、日本中はほとんどくまなく歩いた。

　歩きながらしだいに強く、労働者［階級］でも不十分だし、市民でも不十分だと思い続けていた。この世界をつくり、つくり直す人びとのことである。とくに20世紀をつうじて、かつて植民地化されたり、従属状態に置かれた人びとが自らを解放し、軍事政権や開発独裁などの混乱はあったものの、それらを乗り越えて、自分たちなりの民主社会をつくろうとしてきている流れは圧倒的である。欧米日的規準からするとそれらはまだ不十分かもしれないが、欧米日の民主主義だって欠陥だらけではないか。

　そうだ、主権者だ、と私は思った。憲法学や政治学の観点からだけでなく、社会学あるいはもっと広く社会科学の観点からである。自分たちの生き方を自分たちで決め、自分たちの社会のあり方・行き方を自分たちで決めていく人間 ── そういう人間に、植民地解放後の、つまりポストコロニアルな世界の人びとはなってきている。そういう意味では、主権者は、政治的に有権者であるだけでなく、消費生活から農協漁協やワーカーズコープなどの諸分野にまで広がりつつある協同組合が典型的にそうであるように、経済的にも自分たちの社会をつくっていく事業者なのである。

世界を股にかける大企業も、もともとは市民たちが起こした事業なのだから、それらが暴走するようであれば世界中の民主的な政府が連携して抑えつつ、中小企業も含めて労働者たちの参加で民主化していけば良い。私たちは、政治的に主権者であるだけでなく経済的にも主権者なのだ、いやそうでなければならないのだというのは、この意味では大発見なのではないか。カルチュラル・スタディーズやポストコロニアリズムなど、旧植民地従属国の側から起こった文化運動は、この文脈でいうと、主権者の意味を文化的思想的な領域にまで拡張しようとしてきているといえるのではないか。

　日本は、かつて欧米列強の植民地主義に伍し、世界の分割支配に加わろうとしたが、失敗して沖縄戦、都市爆撃、広島長崎の惨劇をこうむり、敗戦後、全体は5年も、沖縄は17年も植民地同様の状態に置かれた。北方領土はいまだに戻される展望がないし、日米安保条約のもと、沖縄だけでなく全土がいまだにセミコロニアルな状態に置かれている。日本の主権者はこの意味で、旧従属諸国植民地諸国の主権者と連携し、アメリカやヨーロッパなど、世界内地位低下のため、力の回復や排外主義を求める右派勢力の台頭に悩まされている諸国の、良心的主権者とも連携して、冷静な歴史認識にもとづく平和世界づくりに貢献すべき義務を負っている。

　そういう世界認識ができず、韓国や中国とも相互信頼関係を築けない政府のもと、憲法解釈を恣意的に変えて集団的自衛権を行使できるようにする安保法制づくりの過程で、しかし日本にも主権者意識が高まってきた。社会主義など特定のイデオロギーを脱した真の主権者意識である。とくにこの主権者意識が若い人たちにも広まりつつあることは、2016年から18歳以上が有権者となることもふまえてかぎりなく大きなことである。

　本書は、こういう経過と展望をふまえて、市民パラダイムから主権者パラダイムへの転換の一例として提示される。『地球社会と市民連携』(1999年、有斐閣)から、『社会学の射程』(2008年、東信堂)での自己言及をへて提起する、主権者のための社会理論と現代社会分析の試みである。これにともなう実践社会学の一例は、『主権者の協同社会へ』(2016年、東信堂)として刊行される。何でも問題とする社会学の八方破れに疑いをもちながらも、今の社会、その

なかに生きる自分自身と向き合おうとする人びとの、忌憚のないご批判を仰ぎたい。

　本書のもととなった諸稿を執筆する過程で、清泉女子大学地球市民学科の学生諸君および『清泉女子大学人文科学研究所紀要』ならびに『清泉女子大学紀要』関連の教職員諸氏、科研費プロジェクト「アジア太平洋地域の構造変動におけるアメリカの位置と役割にかんする総合的研究」(1998-2002年、代表者油井大三郎)のメンバー諸氏、日本社会学会機関誌『社会学評論』編集部および関連の諸氏、科研費プロジェクト「地球社会化にともなう市民意識と市民活動の総合的研究」(2003-06年、代表者庄司興吉)のメンバー諸氏、および2014年世界社会学会議（横浜）Session 980: Theories about and Approaches towards the Internationalization of Sociology in the Era of Globalization: Asian Perspectives（organized by YAZAWA Shujiro）のメンバー諸氏、およびそのご日本社会学の世界への発信を続けていくためにできた新社会学研究会のメンバー諸氏、その他多くの方々にお世話になった。

　また、本書の刊行にかんしては、東信堂の下田勝司氏を初めとする社員の皆さんにたいへんお世話になった。

　心からお礼を申し上げたい。

2016年6月

著　者

主権者の社会認識 ── 自分自身と向き合う
目　次

はしがき	i
I　主権者とは誰のことか	3
1　自分の社会のあり方・行き方を決める	3
1.1　誰でもが主権者	3
1.2　自分の社会のあり方・行き方を決める	4
1.3　主権者の新しさ ── たかだか数十年の歴史	5
1.4　主権者の新しさ ── まだ主権者たりえていない人びと	7
1.5　一度主権者になるだけでは十分でない	8
1.6　主権者であることの恐ろしさ	10
2　民主社会の成り立ちと広がり	11
2.1　自治都市から出発	11
2.2　イギリス革命で主権者はどこまで成長したか？	12
2.3　では、アメリカ独立革命ではどうか？	14
2.4　さらに、フランス大革命ではどうか？	16
2.5　ナショナリズムと市民あるいは主権者	17
2.6　植民地主義と帝国主義	19
3　資本家・資本主義と民主社会	21
3.1　ブルジュワとしての市民	21
3.2　最初は資本主義の精神？	22
3.3　資本蓄積のメカニズムに引きずられる資本家	24
3.4　資本主義膨張と恐慌	26
3.5　帝国主義と世界大戦	27
3.6　最初から陰の主役は植民地だったのでは？	29
4　労働者・社会主義と民主社会	31
4.1　資本主義が生み出した労働者	31
4.2　組合を結成して対抗へ	32
4.3　普通選挙の普及にも貢献 ── しかし女性や少数民族と競合関係に	34
4.4　社会主義の理想と実践	35
4.5　科学的社会主義から一党独裁へ	37
4.6　前提条件としての民主社会	39

5 植民地解放後と民主社会 …………………………………………… 41
- 5.1 民族解放運動と植民地解放革命 ── ラテンアメリカ ……………… 41
- 5.2 民族解放運動と植民地解放革命 ── アジア ………………………… 42
- 5.3 民族解放運動と植民地解放革命 ── 中東・アフリカ ……………… 45
- 5.4 政治的独立と経済的自立の困難 ……………………………………… 46
- 5.5 従属理論と東アジアその他の経済成長 ……………………………… 48
- 5.6 文化的闘争への拡大と新思想の出現 ………………………………… 50

6 本当の民主社会はこれから ………………………………………… 52
- 6.1 先進社会の行き詰まり ………………………………………………… 52
- 6.2 新自由主義からグローバル化へ ……………………………………… 53
- 6.3 現代思想の展開 ………………………………………………………… 55
- 6.4 ポストコロニアリズムからの批判 …………………………………… 57
- 6.5 サバルタンとマルチチュード ── 未主権者と脱主権者 …………… 59
- 6.6 主権者化と再主権者化の連携で地球民主社会へ …………………… 61

II 主権者が社会をとらえる ……………………………………………… 63

1 全身で世界をとらえる ……………………………………………… 63
- 1.1 主権者になり、なり直すために ……………………………………… 63
- 1.2 自己言及の反復 ………………………………………………………… 64
- 1.3 受けてきた教育の洗い直し …………………………………………… 67
- 1.4 ハビトゥスとしての私 ………………………………………………… 69
- 1.5 ハビトゥスをたえず超え出ていく私たち …………………………… 70
- 1.6 認識主体としてのネットワーク主権者 ……………………………… 72

2 共同性と階層性の相克 ……………………………………………… 74
- 2.1 社会の4つの基本相 …………………………………………………… 74
- 2.2 共同性としての社会 …………………………………………………… 76
- 2.3 階層化する社会 ………………………………………………………… 78
- 2.4 社会膨張のダイナミズム ……………………………………………… 79
- 2.5 民族と階級の起源 ……………………………………………………… 81
- 2.6 階級闘争史観から民主社会史観へ …………………………………… 83

3 宗教・国家・市場・都市 …………………………………………… 85
- 3.1 平等と不平等の矛盾を緩和する ……………………………………… 85
- 3.2 宗教は最初の社会統合 ………………………………………………… 86
- 3.3 宗教の物化したものが国家 …………………………………………… 88
- 3.4 人間的自然としての市場 ……………………………………………… 90
- 3.5 社会統合の要としての都市 …………………………………………… 91
- 3.6 都市を中心とする社会のシステム化 ………………………………… 93

- 4 一次システムとしての帝国 ……………………………………… 95
  - 4.1 帝国の意味 …………………………………………………… 95
  - 4.2 宗教の諸形態 ………………………………………………… 96
  - 4.3 特異点としての皇帝の身体 ………………………………… 98
  - 4.4 普遍宗教と帝国の興亡 …………………………………… 100
  - 4.5 帝国の興亡から最終崩壊へ ……………………………… 101
  - 4.6 膨張の必然性と補給の限界 ……………………………… 103
- 5 二次システムとしての民主社会 ……………………………… 105
  - 5.1 主体としての市民 ………………………………………… 105
  - 5.2 宗教の内面化から無神論へ——科学技術の発達 ……… 107
  - 5.3 国民国家の形成と民主主義の普及 ……………………… 108
  - 5.4 普遍的市場化と止めどない産業革命 …………………… 110
  - 5.5 巨大化する都市と市民の疎外——マルチチュードとサバルタン …… 113
  - 5.6 市民社会の根本矛盾はどこにあるのか？ ……………… 114
- 6 暴力の制御と社会・生態システムの形成 …………………… 116
  - 6.1 産業革命と環境破壊 ……………………………………… 116
  - 6.2 社会の生態系内在性と社会・生態システム観 ………… 118
  - 6.3 社会形成を貫いてきた暴力の現段階 …………………… 120
  - 6.4 暴力の現段階に責任があるのは誰か？ ………………… 121
  - 6.5 圧政打倒・非暴力抵抗・焼身自殺と自爆攻撃 ………… 122
  - 6.6 暴力を制御しつつ社会・生態系の形成へ ……………… 125

III グローバル化と情報社会変動 …………………………………… 128
- 1 米ソ冷戦終結後の現実 ………………………………………… 128
- 2 市場社会化の徹底 ……………………………………………… 132
- 3 電子情報社会化の進展 ………………………………………… 137

IV 新帝国か地球民主社会か ………………………………………… 142
- 1 グローバル化と新帝国の形成 ………………………………… 142
- 2 新帝国の意味 …………………………………………………… 143
- 3 新帝国の軍事帝国化 …………………………………………… 147
- 4 マルチチュードの主権者化と地球民主社会 ………………… 148
- 5 ヨーロッパと東アジア、とくに日本の負い目 ……………… 151
- 6 脱近代世界に向けての主権者の役割 ………………………… 154

V　地球民主社会としての現代社会 …………………………… 157
1　なぜ地球社会でなければならないか？ ………………… 157
2　社会の基本相から見た地球社会 ………………………… 163
3　地球社会を民主化していく過程と運動 ………………… 171

VI　主権者化と再主権者化の方向 ………………………………… 179
1　現代社会の現実 …………………………………………… 179
2　社会認識の方向 …………………………………………… 181
3　脱構築の脱構築 …………………………………………… 183
4　「帝国」的システム ……………………………………… 184
5　未主権者状態と脱主権者化 ……………………………… 187
6　主権者化と再主権者化の方向 …………………………… 189

VII　主権者の主権者による主権者のための社会認識 …………… 192
1　日本社会の主権者として ── 立論の前提 …………… 192
2　市民史観から主権者史観へ ── 人類史の総括 ……… 195
3　普遍主義の普遍化と相対主義の相対化 ── 人間と社会の理論 … 199
4　主権者の政府と事業 ── 実践の指針 ………………… 203

VIII　主権者の現代社会認識 ── 歴史認識・民主社会・平和国家 … 208
1　理論と方法 ── 現代社会のマトリクス ……………… 208
2　問題と歴史 ── 基礎となる歴史認識の共有 ………… 212
3　構造と意味 ── 基本社会システムとしての民主社会 … 221
4　戦略と主体 ── 共有戦略としての平和国家 ………… 227
5　総体と展望 ── 主権者の民主協同社会へ …………… 235

文　献 ……………………………………………………………… 241
初出一覧 …………………………………………………………… 253
事項索引 …………………………………………………………… 254
人名索引 …………………………………………………………… 269

主権者の社会認識
── 自分自身と向き合う ──

I　主権者とは誰のことか

1　自分の社会のあり方・行き方を決める

1.1　誰でもが主権者

　主権者とは、私たち、つまり現代の日本のように、憲法で主権在民が認められている社会の構成員のことである。欧米では一般に市民ということが多いので、日本でもそういわれることがある。

　もっとも、市民とは、より限定的には、〇〇市の住民のことをいう。この場合には、〇〇区、〇〇町、〇〇村などに住んでいる人は、それぞれの区民、町民、村民であるということになり、市民ではないことになる。しかし、主権者としての市民は、そういう限定された意味での市民ではない。区町村の住民もそれぞれの主権者であるし、都道府県の住民も都民、道民、府民、県民であると同時にそれぞれの主権者なので、そういう意味で、主権者は普遍的市民としての市民である。

　米欧でも、アメリカ市民 US citizen、ヨーロッパ（連合）市民 EU citizen などという時には、こういうふうに主権者つまり普遍的市民の意味で市民という語を用いている。

　しかし、〇〇国の主権者のことを〇〇市民というかどうかという点になると、日本ではむしろ、日本市民とはいわず日本国民というのが普通である。これにはいくつかの理由が考えられるが、私の見るかぎり最大の理由は日本国憲法の用語法にある。日本国憲法が、「国民の総意」とか「国民の権利と義務」というような形で「国民」という語を多用しているからで、そのために

政治の世界でも、「国民の意向」であるとか「国民を守る」とかいうように、自民党から共産党まで「国民」というのが普通になっている。

しかし、日本国憲法の英語版をみると、「国民」にあたる言葉はほとんどの場合 people である。People は素直に訳せば「人民」で、リンカンの有名な Government of the People, by the People, for the People という言葉が、「人民の、人民による、人民のための政治（政府）」と訳されてきていることからしても、そうである。

おそらく日本では、第二次世界大戦前から「人民」という言葉が、「人民戦線」とか「人民史観」という形で主に左翼の人びとによって用いられてきていたので、日本国憲法をつくるときにも避けられたのであろう。（中国すなわち中華人民共和国では、1949年の建国いらい国名からして圧倒的に「人民」が用いられてきているが、これは日本国憲法の誕生よりもあとのことである。）

日本市民よりも日本国民ということが、たとえば海外で事故や事件があったときに、それに「日本国民（日本人）は巻き込まれていない（だから一安心）」というような形で、日本人を囲ってしまうような形になるのはあまり良いことではない。が、日本国憲法は国民の総意に基づいて平和主義をとり、国民に主権があることを明言しているので、当面は、日本の主権者は国民であり、日本国市民のことである、というふうに考えて前に進みたい。国民という言葉およびとらえ方をめぐる諸問題、とくにナショナリズムの諸問題については、あとで詳しく触れたい。

1.2　自分の社会のあり方・行き方を決める

では、ここでいう主権者あるいは普遍的市民とはどういう人間のことか？

日本国憲法にふれて今いったように、主権者とは、自分たちの社会のあり方・行き方を自分たち自身で決めていく人間のことである。それを制度化したものが普通選挙 universal suffrage にほかならない。

現代の日本で私たちは、市区町村から国にいたるまで私たちの代表を議員として選び、市区町村と都道府県では首長を直接選挙している。国の場合には議員たちが首相を選び、首相が組閣する議院内閣制であるが、自治体の場

合にはいわゆる大統領制で、アメリカの大統領のように行政の最高責任者を直接に選挙している。こうして、立法と行政の担当者を直接あるいは間接に選び、司法の最高責任者も内閣が任命し、国民審査にかけるようになっているから、いわゆる三権の担当者を私たち主権者が直接間接に選んでいることになる。

　三権分立の形や立法行政司法の担当者の選び方には、国によってかなりのヴァリエーションがあるが、現代の民主主義社会では、基本的に主権者たちが自分たちの代表を選び、自分たちの国および社会のあり方・行き方を決めていくという原則は貫かれている。

　もっとも、この意味での民主主義あるいは市民民主主義はだいたいが間接民主主義である。民主主義の形としては直接民主主義のほうが分かりやすいということで、よく古代ギリシアのポリスの例やスイスの一部に残っている例、アメリカのタウン・ミーティングの例などが挙げられるが、巨大で複雑化した現代社会のなかで直接民主主義が多くのばあい不可能なのは、私たち主権者自身も納得している。

　ただ、なんらかのイッシューや法改正、とくに憲法改正についての直接投票が、ときに大きな意味を持つことについては、忘れないようにしなければならない。これまでも、アメリカやヨーロッパや日本でもおこなわれてきた、税金が高すぎるかどうかとか、原子力発電所をつくるかどうかとか、憲法やそれに準ずる法の改正に賛成するか否かとかの直接投票が、私たちの社会の進み方を決めるうえで大きな影響をもってきていることは、良く知られている。

　こうした場合の直接投票は、国の広がりでおこなわれる場合には国民投票と呼ばれ、地域でおこなわれる場合には住民投票と呼ばれてきたが、英語ではいずれもレファレンダム referendum で、趣旨からいえばこれも主権者投票というのがいいかもしれない。日本国憲法に規定されている憲法改正のための国民投票も、英語では referendum である。

1.3　主権者の新しさ ── たかだか数十年の歴史

　このような主権者あるいは普遍的市民が世界の多くの国や地域に普及したのは、たかだかこの数十年のことである。ある国が主権者あるいは普遍的市

民の社会であることの制度的保障は普通選挙であるといったが、普通選挙の実現までには先進諸国でも相当な時間がかかった。

　イギリスは近代民主主義の先頭を切った国とみられているが、そのイギリスでも、選挙権を持っていたのは長いあいだごく少数の人びとであった。ようやく1832年に第1回の選挙法改正がおこなわれたが、選挙権を獲得したのは新興の資本家階級（ブルジュワジー）がほとんどだったので、労働者階級のなかから人民憲章 People's Charter を掲げたチャーティスト運動が起こった。そうした運動の結果、1867年に第2回の選挙法改正がおこなわれて都市労働者の多くが選挙権を獲得したが、まだ不十分だったので1884年に第3回の選挙法改正がおこなわれ、農業労働者なども選挙権を獲得して、男性にかぎると普通選挙に近づいた。

　しかし、女性にはまったく選挙権がない時代が続き、第一次世界大戦後1918年の第4回選挙法改正でも、男性には21歳以上に選挙権が与えられたが、ようやく選挙権が認められた女性は30歳以上であった。19世紀から続けられてきた女性の運動が実って男女同権が実現するのは、21歳以上のすべての成年男女に選挙権が認められた1928年の第5回選挙法改正によってである。

　フランスでは、1848年の二月革命の成果で、翌49年から男性の普通選挙が実現したが、女性にはその後も長く選挙権が認められず、ようやく実現したのは第二次世界大戦も終わりに近づいた1944年であった。

　アメリカでは、19世紀の半ばから各州で男性の普通選挙が実現し、州レベルでは19世紀後半になっていくつもの州で女性にも認められるようになったが、深刻な南北戦争の結果、連邦レベルで黒人男性に選挙権が認められたのは1870年である。連邦レベルではこのあとも女性には選挙権が与えられていなかったため、女性たちの激しい運動が展開され、ようやく1920年に連邦レベルでの男女普通選挙が実現した。しかし、このあともずっと第二次世界大戦後の公民権運動が実を結ぶまで、黒人男女の多くが実質的に選挙権を行使することができなかったのは、周知のとおりである。

　ドイツでは、1867年に北ドイツ連邦の範囲で男性の普通選挙が実現し、1871年には統一とともにドイツ帝国全体に広められたが、女性にはずっと

選挙権がなく、認められたのは1918年のワイマール憲法によってであった。女性の普通選挙についていえば、ドイツは、フランスはもとよりイギリスよりもアメリカよりも早いので、ワイマール憲法の進歩性の一つとして讃えられたが、世界で最初に男女同権の普通選挙を実施したのはニュージーランドで、1893年のことであった。

日本では、周知のように、1925（大正14）年に男性の普通選挙が実現したが、女性の選挙権が認められたのは、第二次世界大戦後の1945（昭和20）年であった。

ロシアでは、1905年のニコライ二世の「十月宣言」で国会開設と普通選挙が約束されたが、反動的な選挙法のもとで不完全にしかおこなわれず、混乱が続いたあげく1917年の大革命で社会体制が変わってしまった。

19世紀半ばから植民地状態からの独立が進んでいた中南米諸国をのぞき、旧植民地従属諸国つまりその後の途上諸国の多くで普通選挙が実現するのは、第二次世界大戦後、これらの諸国が独立してからである。

1.4　主権者の新しさ ── まだ主権者たりえていない人びと

このように主権者あるいは普遍的市民は新しいので、世界にはまだ主権者たりえていない人びとが多数いる。最初に主権者とは主権在民が認められている社会の普通の構成員のことであるといったが、そういう意味では、分かりやすい普通選挙が「普通」になっていない国や社会がまだかなりある。

周知のように、ソ連東欧の社会主義諸国では、共産党一党独裁のもとで事実上党推薦の候補を信任するという選挙が一般的だったし、中国、ヴェトナム、キューバなどでは今でもそうである。これについてかつては、社会主義国の民主主義はいわゆるプロレタリア民主主義あるいは人民民主主義であり、共産党は労働者と人民の政党なのだから、こちらのほうが資本主義諸国のブルジュワ民主主義よりももっと民主主義的なやり方なのだ、と言われた。しかし今では、そういう言い分を素直に受け取る人は少ない。

旧ソ連では、1985年からゴルバチョフがペレストロイカ（改革）を始め、88年には複数候補を容認したうえでの選挙を行い、90年からは大統領制も

導入した。しかし、この前後をつうじて、旧東欧およびソ連の社会主義体制はつぎつぎに崩壊してしまった。改革は間に合わなかったわけで、崩壊後、資本主義に巻き込まれた諸国では、複数の政党が生まれ、「普通」の普通選挙が行われるようになっている。

　しかし、中国では改革開放が、ヴェトナムではドイモイ（改革）が、進んで、経済発展が起こっているが、政治体制は基本的にそのままである。キューバも、ソ連の後ろ盾を失って苦労してきているが、政治体制は変わっていない。最高指導者が父から子へと世襲されてきている北朝鮮は、もともと社会主義国のなかでも特異な例で、「人民民主主義共和国」というのは名ばかりといわれても仕方ないであろう。

　中国では、政治システムの下部、民衆すなわち人民に近いところから、複数候補を立てて（あるいは自ら候補として立って）、形ばかりの選挙を実質的にしていこうとする動きも出ているが、国レベルはもとより広い範囲での普通選挙はまだまだである。旧あるいは現社会主義諸国いがいにも、宗教上の理由などから明快な普通選挙制度をとっていない国もまだかなりある。

　こういう国ぐにに、歴史的文化的などの背景を無視して、欧米的な自由と民主主義を一方的に押しつけるのはもちろん誤りだが、自分たちの社会のあり方・行き方を自分たちで決めていくのが主権者であるという基本的な考え方からすれば、これらの国ぐにの人びとはやはりまだ主権者になりえていないといわざるをえない。

1.5　一度主権者になるだけでは十分でない

　こういうと、普通選挙の制度さえあればいいのか、といわれるかもしれない。もちろん、そうではない。最小限、制度はなくてはならないが、それをふまえて実質も問題である。

　そういう観点からすると、ある意味では、先進国の人びともまだまだ本当の主権者にはなりえていない。あえてイギリスとアメリカの例を取りあげよう。イギリスは市民民主主義の先頭を切った国で、アメリカはそれを普遍化して世界に広めてきた国だ、と一般には見られている。そこで、二大政党制

と小選挙区制が民主主義にはいちばん良いのだ、と思っている人が少なくない。本当にそうか？

　私には、この両国が歴史的経過で二大政党制をとってきたことはよく分かるが、それがいちばん良いなどとはとても思えない。主権者あるいは普遍的市民の社会は、それが定着してくればくるほど、人びとが自由に意見を表明し、議論しあって、自分たちの社会のあり方・行き方を決めていくわけだから、議論の結果いつも意見が二つに集約されるなどということはありえない。むしろ、意見が二つ以上 ── といっても一ケタ以内くらいでないとかえって収拾がつかなくなるとは思うが ── に集約されて、それらのうちのどれかをとるというより、二つ以上の組み合わせのどれかをとるというほうがずっと良いのではないか。

　つまり、3つ以上の政党のあいだで自由な討論と選挙をおこない、主権者の意見の分布をできるだけ正確に議会に反映させて、2つ以上の政党の連立政権で政府を運営していくのがいちばん良いのではないか。このためには当然、単純小選挙区制などというのは最悪の制度で、かりに小選挙区制を併用するとしても、結果は可能なかぎり正確な比例代表制になるようにするのがもっとも良い。要するに、大切なのは、主権者の意見をできるだけ正確に政治に反映するということである。

　そうするともちろん、主権者あるいは普遍的市民の側にも大きな責任のあることが自覚されやすくなる。普通選挙の制度があっても、投票しようとしない人たちのことがだいぶ前から問題になっている。この人たちにはいわゆる政治的無関心の問題もあるが、最大の原因は、自分自身の意見をどのように表明したらよいか、また意見表明の結果が政治にどのように反映されたのか、よく分からないということにあるのではないか。

　その意味では、投票権を持つことがまず大切であるが、一度主権者になればそれでよいというものでもない。とくに、国民国家の範囲を超えて世界社会や地球社会が問題になるような昨今では、一度主権者になっても、頭越しに大きな政治がおこなわれて人びとの主権が奪われてしまうことが起こりうる。だから、主権者は何度でも、必要な方向に制度を変えつつ実質的に主権

者になり直さなければならない、ということを肝に銘じておくべきであろう。

1.6 主権者であることの恐ろしさ

そのうえで、主権者であることの恐ろしさも、知り、感じていなければならない。主権者であるということは、自分の社会のあり方・行き方を自分で決めていくということだから、それをつうじて当然、自分の生き方を自分で決めていくということである。「神仏にすがる」という言い方があるが、主権者は重大な局面では神仏にすがることはできない。

いや、かりに神か仏にすがるとしても、どういう神か仏にどういうふうにすがるかは自分で決めなくてはならない。私は真面目な宗教家を尊敬したいと思うが、その場合、その人にとっての神あるいは仏は、決してその人を甘やかすような存在ではないであろう。人間として生きるか死ぬかのような決断をするとき、本当の神や仏は信仰者をむしろ突き放すのではないか？

少なくとも、恐怖や不安などから、いやむしろ自分の運命を自分で決めなくてはならない、あるいは決めることができるという自由から、神仏にあたる存在を、自分で確信をもてない外部の指導者や集団に求めてはならない。20世紀前半のドイツでは、多くの人びとが恐怖や不安などからヒトラーとナチスをワイマール憲法で保障された選挙で選び、最悪の独裁政権を誕生させてしまった。そのことを社会学者のエーリッヒ・フロムが「自由からの逃走」と呼んだことは、有名である（Fromm, 1941 = 1951）。

その前後をつうじて、旧ソ連や中国などでは、もっとも自由な批判精神から生まれたはずのマルクスの思想が、特定の指導者を神のごとくに崇める宗教のようなものにさせられてしまい、まだ大半が主権者になっていなかった民衆の、「自由からの逃走」よりもはるか以前の、「信仰」を動員してしまった。日本の第二次世界大戦までの軍国主義は、天皇崇拝をイデオロギーとして利用した、やはり「自由からの逃走」以前の「信仰」動員であった（丸山, 1964）。

ドイツのナチズムや日本の軍国主義は第二次大戦で敗れて崩壊し、ソ連東欧の「社会主義」も米ソ冷戦の終結直後に崩壊したが、すでに指摘した、ま

だ主権者たりえていない人びとの国のかなりはまだ残っているばかりでなく、宗教運動やそれに近い政治運動などの形で「自由からの逃走」に近い動きは、先進国とみられるような民主社会でもいろいろな形でくり返し起こっている。

　主権者あるいは普遍的市民は、それらをふまえて、主権者であることの恐ろしさにもくり返し思いをいたさなければならない。

2　民主社会の成り立ちと広がり

2.1　自治都市から出発

　それでは、主権者あるいは普遍的市民たちの社会は、どこからどのようにして出てきたのか？

　市民というのは、英語ではシティズン citizen、フランス語ではシトワイヤン citoyen で、それぞれ都市を表すシティ city およびシテ cité という言葉からきている。フランス語にはもう1つ都市を表すのにブール bourg という言葉があって、そこからブルジュワ bourgeois という言葉が広まった。ドイツ語では同じ系列のブルグ Burg という言葉からビュルガー Bürger というのが一般化した。いずれにしても、市民はもともと都市の人という意味である。

　そうすると、都市は古代のさまざまな文明からあり、それらのうち帝国の都のように厳しい管理のもとにあったのは別として、有名な古代ギリシアのポリスでは民主主義の原型すらできたわけだから、なぜそこから取りあげないのかということになる。理由は、ポリスでは、民主主義を生み出した市民たちの生活がその基礎の生産、すなわちモノをつくり、それを食糧などと交換してその他の諸活動を支えるというところまで深まらず、周辺農村や奴隷労働に依拠して軍事や消費に偏っていたため、市民の生活様式が社会の生産様式になり、社会のあり方を根本的に変えるところまでいかなかったということにある。

　古代ギリシアの文明を吸収して版図を広げたローマ帝国が西ヨーロッパで滅亡したあと、フランク王国や神聖ローマ帝国などができるが、これらは世界のほかの地域の帝国と較べれば弱いもので、10世紀くらいまでの西ヨー

ロッパに広がっていったのは分権性の強い封建制であった。このもとで荘園の形をとっていた農村が自給自足の力をつけ、さらには余剰農産物を生み出すようになって、それらが都市で交換されるようになる。11-12世紀になると西ヨーロッパの多くの都市では週市と呼ばれるような定期市が開かれて交換経済が発達し、のちの歴史家に「商業ルネサンス」と呼ばれるような状態になった。

11世紀末から13世紀末まで7回行われた十字軍の遠征、交通の発達、アジアの香辛料などを目当てにおこなわれた遠隔地貿易の活発化などの影響で、イタリア、北ドイツ、フランドル地方、ロンドン、パリ北部のシャンパーニュ地方などに都市が発達し、それらのなかから封建諸侯から特許状をとり、自治権を獲得して自治都市になるものが増えていった。有力な自治都市の同盟も進んで、北イタリアのロンバルディア同盟や北ドイツのハンザ同盟などが伸びていった。

自治都市の内部では、商人ギルドにも職人たちの同職ギルドにもそれぞれに厳しい身分規制があり、しかもこの両者がツンフト闘争と呼ばれるような主導権をめぐる争いを続けて、決して最初から民主的であったわけではない。しかし、内部抗争を含みながら都市の力は伸び続け、15-16世紀頃までには、アウグスブルグのフッガー家やフィレンツェのメディチ家のように、都市を基盤に神聖ローマ帝国の皇帝を左右したり、ローマ教皇を出したりするような一族が出るようになった。

この頃までにカトリック教会の影響力も低下して各地で宗教改革の動きが起こり、農民の反乱も頻発してそれらと結びついたりして、市民たちが都市の自治を社会全体の自治に広げていく条件も成熟してきていた。

2.2 イギリス革命で主権者はどこまで成長したか？

こうした背景のもとで、宗教改革が波及してプロテスタントの一種ピューリタン（清教徒）が増えていたイギリスで、17世紀の半ばに革命が起こる。エリザベス一世からしばらくあとのジェームズ一世はいわゆる王権神授説を唱え、チャールズ一世はそれを受けて専政を続けていた。1628年には、こ

うした動きを抑えるために「権利の請願」が採択されたが、あまり効き目がなかった。そこで、40年に開かれた議会は長期化し、国王の権利をつぎつぎに制限しようとした結果、国王派と議会派の対立が激しくなり、国王が強権を発動しようとしたのにたいして、クロムウェルが軍隊を改革して形成を逆転する。

　議会派のなかにも長老派と独立派の対立が生まれるが、クロムウェルは後者に乗り、急進派レベラーズの登場などを利用して革命を進め、49年1月にロンドン市民の見守るなかチャールズ一世を処刑する。これがピューリタン革命の最高潮であった。クロムウェルはこのあと独裁を強め、53年には「護国卿」という終身の地位に就くが、58年には病死する。60年にはジェームズ二世が即位して王政復古となったが、イギリス議会政治の基調はこの革命でほぼ確立した。しかしその後、ジェームズ二世は、カトリックの復活を企てるなど、王権を強化する方向に動く。

　そこで、1688年がから89年にかけて、議会はジェームズ二世を追放し、その長女メアリーとその夫オランダ総督ウィレムを迎え、「国王は君臨すれども統治せず」という立憲君主制の原則を確認する。その後も王権の継承のさいにカトリックが復活したりすることのないようにし、そういう手段で王権が強化されたりすることを防止する点で、保守派トーリーと進歩派ホウィッグの利害が一致した。この過程で暴力が用いられなかったので、この革命は名誉革命と呼ばれるようになった。この革命をつうじて、権利の請願は「権利の宣言」になり、ついで「権利の章典」となって、近代人権宣言のもととなっていった（高木・末延・宮沢, 1957）。

　こうして、ピューリタン革命から名誉革命に展開した17世紀のイギリス革命をつうじて、立憲政治のもととなる人権宣言の原型ができるとともに議会制民主主義のもともできたが、この過程で市民は主権者としてどの程度成長したといえるか？　前項で述べたことに加えて、14世紀頃からヨーロッパの発達した都市にはルネサンスの花が咲き始めていたし、15世紀になると、市民たちのなかから王侯や富豪たちの支援を受けて大航海に乗り出す者も増えてきていた。16世紀以降、一挙に拡大していった世界のなかで、ロ

ンドンの内外に市民たちの力が蓄積されていたことは明らかである。

しかし、17世紀のイギリスで議会に代表を送りえていたのは、聖職者や貴族のほか市民たちのもっとも富裕で有力な層だけであった。議会内の進歩派は、王権を押さえるために広く市民たちの声を利用しようとし、ピューリタン革命のさいにはレベラーズに代表されていた都市下層民の力さえ利用したが、名誉革命のさいにはふたたび同種の勢力が台頭するのを恐れ、王制を残して立憲君主制とする「妥協」におこなった。

議会制民主主義を確立するといいながら、保守派も進歩派も、イギリス資本主義の基礎づくりの過程で差別しながら基礎労働力として利用してきた、アイルランドの人びとへの態度を変えようとしなかったことも明らかである。これはのちに国内植民地主義 internal colonialism として批判されることになるが、イギリスが、これを基礎に資本主義を発達させながら、並行して世界の多くの地域を植民地にしていったことも明らかである。

イギリスの市民革命は、こういう意味で、市民革命の発端であったとともに、真の民主主義としては多くの深刻な諸問題を抱えたものであった。

2.3 では、アメリカ独立革命ではどうか？

イギリスの革命は、その後ほぼ1世紀かけて、植民地アメリカに波及する。

イギリスは、大航海時代以後の、ヨーロッパ諸国による非ヨーロッパ地域の植民地化競争にポルトガル、スペイン、オランダのあとを追って参加していたが、これら諸国に加えてフランスとの争いになり、北アメリカの大半を手中にしたのは、ヨーロッパでの七年戦争（1756-63）、アメリカでのフレンチ・インディアン戦争（1754-63）のあとであった。しかし、この直後から、イギリスとアメリカの植民者たちとの対立は深刻化していく。

イギリスから渡った植民者たちの念頭には市民革命や権利の章典があり、イギリスがアメリカを植民地として一方的に扱ってくることに納得できなかった。1765年にはイギリスが要求してきた印紙税にたいして「代表なくして課税なし」と反発し、73年には茶の輸入にたいする課税に反発していわゆるボストン茶会事件を起こす。そして、翌74年にはフィラデルフィア

で大陸会議を結成し、これを事実上の政府として75年から独立戦争を起こす。トーマス・ペインがこれらの経過をふまえて『コモンセンス』を書き、独立戦争がイギリス市民革命と権利の章典に立脚した「常識」の戦いであることを示したのは、76年のことであった (Paine, 1776 = 1976)。

同年7月4日にアメリカは独立を宣言し、戦争を続けて83年に最終講和にもちこみ、88年には連邦憲法を発効させ、翌89年にワシントンを初代大統領とする共和制国家を立ち上げた。アメリカ合州国の誕生である[1]。

この革命についても、それがどこまで市民革命といえるのかについて、論争がおこなわれてきた。独立宣言とそれをもとにつくられた憲法、それに、立憲主義の原則からして当然の前提とされていたものの、確認のためとしてあとから付け加えられた「修正10カ条」、などを見るかぎりでは、この革命は立派な市民革命であったということができる。とくに近代最初の共和制国家の理念と輪郭を定めた憲法と、アメリカ独立革命の人権宣言ともいえる修正10カ条の明快さは、イギリスの権利の章典などの複雑さと比較すると群を抜いており、市民民主主義の普遍性を初めて世界に示した (高橋編, 2007, 高木・末延・宮沢編, 1957)。

しかし他方、先頭に立ったワシントンを初めとしてこの革命を推進した人びとに、ヨーロッパ諸国の植民地獲得争いの犠牲になってきた先住民の人びとへの配慮はもとより、先住民では足りないとして、アフリカから連れてこられて奴隷として働かされていた黒人の人びとへの配慮がなかったことは明らかである。すでにふれたとおり、市民民主主義は、それが普遍的なものであるのなら、これらの人びとにも及ぼされねばならないことが気づかれるのは、19世紀後半になってからで、しかも、奴隷解放がおこなわれても黒人差別はなかなか消えず、西部開拓などの過程でジェノサイドにも近い打撃を受けた先住民たちのことは、20世紀の映画の時代になってもまるで悪玉のように扱われる有様であった。

1　United States of Americaの訳語として、本書では「アメリカ合州国」を採用する。大統領選挙などアメリカの政治をみるさいに、州の自律性の問題は重要であると思うからである。

2.4 さらに、フランス大革命ではどうか？

　それでも、アメリカ独立革命はヨーロッパにはねかえり、大陸の大国フランスに大きな影響を及ぼす。フランスでは、ルイ14世の絶対王政のあと、旧体制の矛盾が全社会的に深まっていたので、ひとたび革命が起こるや徹底したものになった。

　周知のようにフランス革命は、1787年に王権にたいする貴族の反抗で口火が切られ、89年から全社会階層を巻き込む大革命になる。同年7月14日の民衆によるバスティーユ襲撃のあと、8月6日には封建的特権が廃止され、同月26日には有名な「人および市民の権利宣言」が出された。この宣言はアメリカのものよりさらに明快で普遍的なもので、いわゆる自由・平等・友愛にもとづく社会の基礎を17条にわたって明記しており、今日に至るまで人権宣言のモデルとされてきたものである（高木・末延・宮沢編, 1957）。

　革命はこのあと急速に進み、92年には共和制に移行したうえで、93年初頭には国王その他を処刑し、穏健なジロンド派の主導から急進的なジャコバン派の独裁へと移行する。後者の指導者ロベスピエールは、ジャン-ジャック・ルソーの社会思想（Rousseau, 1762 = 1954）の熱心な信奉者で、「一般意志」にもとづく社会を実現しようとしたものとみられるが、クロムウェルのように軍人でなかったため独裁は長続きしなかった。94年のテルミドールのクーデタのあとも革命政権は安定せず、99年までに、実力で内外からの反動を押さえ、革命の理想を周囲に広めようとした軍人ナポレオンの独裁に移行していく。

　市民の下層を動員してラディカル化したあげく、独裁に移行したという経過はイギリスのピューリタン革命の場合と似ているが、天才軍人ナポレオンの度重なる国外遠征によって革命の理念はヨーロッパ中に伝わり、その後の反動にもかかわらず、ヨーロッパ大陸の市民社会化の趨勢は揺るがしがたいものとなっていった。ナポレオン後のフランスは、王政復古、1830年の七月革命とルイ・フィリップの王政、48年の二月革命と第二共和政、52年のナポレオン三世による第二帝政、70年のプロイセンとの戦争と71年のパリ・コミューン、その後の第三共和政、と激しい振動を続けるが、こうした

過程が周囲に影響を及ぼし、イタリアやドイツの統一だけでなく、ヨーロッパの多くの諸国の民主社会化を促進していった。

　イタリアでは、1861年に統一王国が成立し、70年にはローマを併合して首都とした。ドイツでは、48年の三月革命のあと時間がかかったが、フランスとの戦争に勝利したあとの71年に統一帝国が生まれ、宰相ビスマルクの指導のもと急速な近代化過程が始められる。ほぼ同じ頃の極東で、日本が1868年に明治維新をおこない、徳川幕藩体制から天皇制と藩閥政治をふまえた一応の近代国家に移行し、初期の自由主義的なスペンサー（Spencer, 1850＝1881）や上記のルソーの影響を受けた自由民権運動のあと、89年には大日本帝国憲法を発布し、90年には二院制の議会を開設する。

　この日本の近代化開始過程については、第二次世界大戦前から、それを市民革命の一種とみる見方と、そこまで行かず西欧ふう絶対主義の確立だとみる見方とがあって、論争がおこなわれた（庄司, 1975）。今日では、それが社会主義運動の戦略目標にかかわってくるなどということはありえないので、公平に見て、市民革命の世界的波及のなかで起こった全社会的変動が絶対主義ともとれる天皇制を枢軸とすることになり、そのマイナス面がいわゆる15年戦争にいたる過程で絶大なものになった、と考えるのが妥当であろう。

　いずれにしてもフランス大革命は、名誉革命で「妥協」したイギリス革命や、植民地独立革命でありながら先住民やもと奴隷の黒人たちへの配慮を欠いていたアメリカ革命と違って、全階層を巻き込んだ、たんなる政治革命にとどまらない文字通りの社会革命として、19世紀以後の世界の民主社会化に絶大な影響を及ぼした。

2.5　ナショナリズムと市民あるいは主権者

　こうして市民革命は世界に波及していったが、重要なことは、それがそのさいナショナリズムの形をとって波及していったということである。ナショナリズムは、国民Nationを至上の価値として押し出すということであるから、これは、市民たちが都市単位でまとまるのを乗り越えたあと、いきなり世界単位でまとまるというわけにはいかず、市民革命の前後に自然発生的に、あ

るいは人為的に、形成されたネイションを単位にまとまっていったということにほかならない。ネイションは、経済を基礎に交通通信網すなわちコミュニケーションの発達をふまえて成り立つ想像あるいは幻想の共同体で（Anderson, 1991＝1997）、しかも不可避的に異なった地域に複数成立するので、それらがぶつかり合うとき多くの問題を生じさせる。

　まずイギリスだが、この国では名誉革命のあと半世紀ほどして、世界に先駆けて産業革命が始まった。1776年に発刊されたアダム・スミスの『国富論』は、分業の偉大な力を強調したが、圧倒的な生産力に裏付けられていたので、市場での競争には楽観的で、世界中での自由貿易を主張していた（Smith, 1776＝1959-66）。自生的ナショナリズムである。

　しかしフランスでは、市民革命がイギリスより1世紀も遅れ、経済も遅れていたので、革命への干渉にたいする反発がナショナリズムとして燃え上がり、ナポレオンの独裁すなわちボナパルティズムを盛り立てた。経済学や社会学では、革命の前後をつうじて、農業を中心に諸産業の連関を強調するケネーや、新しい経済力としての産業主義を強調するサン-シモンが現れ、対抗的かつ革命的なナショナリズムを盛り立てた（Quesnay, 1766＝1990, Saint-Simon, 1823-24＝2001）。

　アメリカは、独立後、自国経済の確立が先決という事情もあって孤立主義をとり、第5代大統領モンローのときからは、中南米まで視野に入れてヨーロッパ列強の干渉に対抗するようになるが、すでに1853年にペリーが日本にやってきたように、太平洋とその彼方アジアへの進出には早くから熱心であった。南北戦争後は本格的な産業革命に入り、1898年には米西戦争に勝ってキューバとフィリピンを植民地にし、ヨーロッパ列強に似た性格を帯び始める。孤立あるいは独立ナショナリズムである。

　これらにたいして、ドイツでは、近代統一国家の形成も産業革命もフランスよりさらに半世紀も遅れたので、1841年にはフリードリッヒ・リストの『経済学の国民的体系』のような本が書かれ、アダム・スミス流の万民経済と交換価値（自由貿易）の理論に、国民経済と生産力を意識的に対置する理論が出された（List, 1841＝1970）。にもかかわらず、ドイツ経済がビスマルク

の強力な上からの指導で急速な発展を始めるのは、19世紀の最後の四半世紀に入ってからで、それだけドイツの、いわば後追いナショナリズムは強烈なものとなっていった。

1870年にようやくローマを首都として近代国家の体裁を整えたイタリアは、その後の経済発展と産業革命ではさらに遅れをとった。これも後追いナショナリズムである。

さらに、大きな問題はあれ憲法と議会で近代国家の体裁を整えた日本が、産業革命を遂行するのは1890年代から1900年代にかけてのことで、この時期におこなわれた日清戦争と日露戦争で勝利したことにより、かえって世界的かつ長期的にみた場合の経済力と軍事力の冷静な判断を誤り、後追いナショナリズムは異常なまでに膨張的なものとなっていった。

第一次世界大戦から第二次世界大戦にかけて、ドイツ、イタリア、日本のナショナリズムがどこまで膨張し、どんなダメージを世界にもたらしたかは、こんにち周知である。

2.6　植民地主義と帝国主義

ナショナリズムの最大の問題は、それら相互の争いだけでなく、ほとんどの争いが、それらによる世界の他の地域の植民地化と植民地の奪い合いをふまえておこなわれたことであった。市民革命の成果の象徴としての人権宣言と、世界の大半の植民地化と国民国家 Nation States 間で戦われた多くの戦争を対比して、市民社会がどのように世界に広まってきたのかを冷静にとらえておく必要がある。

植民地を早い時期につくったのは、もちろん、15世紀末以降大航海の先頭を切ったスペイン、ポルトガルであり、そのあとを追いかけたオランダであった。スペインは、アメリカ大陸でブラジルをのぞく中南米を植民地化し、インディオと呼ばれるようになった先住民とアフリカから連れていった黒人奴隷を酷使して、ポトシ銀山などで莫大な金銀を獲得する一方、アジアではフィリピンを植民地化し、マニラを拠点としてアジア貿易を展開する。ポルトガルはアメリカ大陸でカブラルが発見したブラジルを植民地化するかたわ

ら、アジアではゴア、スリランカ、マラッカなどに拠点を築き、中国で明と交易してマカオを獲得する過程で、1543年には日本の種子島と平戸にもやってきた。1581年にスペインから独立したオランダは、アメリカにニュー・アムステルダムを築く一方、アジアでは主にインドネシアを植民地化した。

このあと、18世紀以降の植民地争奪戦は、イギリスを初めとして、市民革命に成功し、それを基礎にネイション・ステートを強固なものとした列強によっておこなわれていく。イギリスはいち早く北アメリカに進出し、1664年にはオランダからニュー・アムステルダムを奪ってニューヨークとして、ニューイングランド植民地の形成に乗り出すかたわら、アジアでは、インドネシアでオランダと抗争して敗れたあとインド経営に集中し、17世紀末には世界貿易の覇権をほぼ手中にした。市民革命で1世紀の遅れを取ったフランスは、北アメリカでルイジアナやケベックなどに侵出するもののけっきょくはイギリスに敗れ、アジアでもインドではイギリスに敗れて、東南アジアをめぐる抗争でかろうじてヴェトナムなどに食い込んでいくことになる。オスマントルコの支配下にあった西アジアから中東にかけての地域を配下に治めていったのも主としてイギリスで、フランスは、19世紀の後半以降に明確化するアフリカの植民地分割の過程で、北アフリカや西アフリカを押さえていくことになった。

こうした経過をふまえて、イギリス、フランスのような広大な植民地をもつネイション・ステートと、近代化に後れをとったがゆえに、植民地争奪戦にあとから割り込もうとするドイツ、イタリア、日本のようなネイション・ステートとの抗争は、19世紀末から20世紀にかけて、帝国主義諸国による世界分割といわれる事態にまで進展する。ホブソンやレーニンが予見したように（Hobson, 1902＝1951-52, Ленин, 1917a＝1957）、これはその後二度の世界大戦を引き起こし、第二次世界大戦の末期に開発された原子爆弾は、その後の米ソ冷戦をつうじて人類を絶滅の危機にまで追い込んだ。

市民あるいは主権者の社会を生み出すためにおこなわれた市民革命が、どうしてナショナリズムや帝国主義を生み出し、人類を絶滅の危機にまで追い

込んだのか？

3　資本家・資本主義と民主社会

3.1　ブルジュワとしての市民

　もう一度市民という言葉に戻って考えよう。市民は、英語ではシティズン、フランス語ではシトワイヤンかブルジュワ、ドイツ語ではビュルガーであった。ドイツ語ではビュルガーという言葉しかないので、それが両方の意味に使われるが、ブルジュワというフランス語は英語でも使われて、シティズンとブルジュワという使い分けもおこなわれてきている。そして、そういうふうに使い分けられる場合には、シティズンのほうが主権者としての普遍的市民の意味で使われるのが普通である。

　では、ブルジュワというのはどういう市民のことか？　前節でみたように、自治都市から市民たちが成長してくる過程で、先頭に立って議会や権力にコミットしてきたのは裕福な市民たちであった。長いことかれらだけが目立ったわけだから、市民といえばシティズンでもブルジュワでもかれらのことを指していた。しかし、これも前節で見たように、市民革命が西ヨーロッパから世界に広がっていく過程で、しだいに中下層の市民たちの存在が無視しえなくなってきた。

　そうなってみると、ナショナリズムから植民地主義・帝国主義への展開の方向で世界の市民社会化をリードしてきたのは、むしろ中間層を中心に、いろいろな産業を起こし、商品を世界中に売って豊かになってきた市民たちであったことが分かる。こういう産業家的な市民たち、いろいろな産業を展開する資本家としての市民たちを、19世紀の半ばくらいからブルジュワといい、階級としてのかれらをブルジュワジーというようになった（Marx & Engels, 1848=1959)。ということは、市民革命をふまえてナショナリズムを立ち上げ、世界中を植民地化して分割し、それらの再分割をめぐって帝国主義戦争を引き起こしていったのは、ブルジュワジー、あるいはそうしたブルジュワジーに引っぱられた市民社会と国民国家、であったことになる。

どうしてそういうことになったのか？

3.2　最初は資本主義の精神？

　ブルジュワジー、すなわちブルジュワたちのやり方、つまり自分たちがもっている（私有している）金を元手（資本）にして事業を行い、市場で儲け（利潤）をあげていくやり方が資本主義である。そのやり方が全体に浸透し、モノやサービスや情報の生産と分配が圧倒的にそのやり方でなされるようになった社会が、資本主義社会である。また、資本主義のやり方で事業を行う個人や団体が資本である。

　資本は最初、圧倒的に商業資本であった。金を持っている者が、それを元手にモノなどを買い付けて、市場でそれらをできるだけ高く売って利ザヤを稼ぐのがやりやすかったからである。しかし、このやり方では必要なもの（価値）は増えないので、社会は、モノなどが行き渡って豊かになることはあるけれども、画期的に豊かになるということはない。画期的に豊かになるためには、農業や手工業などでつくられてきたモノなどを、資本が組織的に、最初は工場制手工業（マニュファクチャー）で、そして急速に機械を導入した工場制大工業でつくるようになること、そしてつくられたモノなどが、おなじように資本により組織的に市場で売りさばかれるようになることが必要である。

　こういうことをするようになった資本が産業資本であり、近代の資本主義は産業資本主義として本格化した。19世紀末から20世紀初めにかけて、近代資本主義はどこからどのように起こったのかをめぐる論争がドイツを中心におこなわれ、ルネサンスの影響で人間の欲望が解放されたのがキッカケだという説（解放説）と、宗教改革でむしろ禁欲的な生活態度をとるようになった人たちが事業を始めたからだという説（禁欲説）とが出された（大塚, 1995）。一見すると解放説のほうが分かりやすいが、いろいろな需要が出てきたからそれに応えて儲けようと考えるのはむしろ商業資本で、工場を建て、人びとを雇い、機械を導入して新しいやり方でモノなどをつくりはじめるのは、ただ儲けようなどという動機だけではできない。

これについて、マックス・ウェーバーは、宗教改革をつうじて形成された流派、スイスから出たカルヴァンの影響を受けた諸流派が、その影響を受けた人たちに、ある種のエートス、つまり全身に染みわたったような深い意味での生活態度を生み出したことを指摘した（Weber, 1920 = 1989）。カルヴァン諸派は最後の審判で神に救われるかどうかは予定されており、自分が選ばれていることを確かめるためには、神に与えられた仕事 Beruf, vocation ── この言葉自体はルターが創り出したのであるが ── に専念しなければならないと教えた。自分の職業は神の呼びかけつまり召命 calling であり、それに応えて個人的な欲望を抑え、禁欲的に規律にしたがって生きることで救いの確証がえられるとしたのである。

　こうして、最初は儲けることなど考えず、結果として儲かってもその分を派手な生活で使い切ってしまったりすることなく、禁欲的な生活態度で自分の職業すなわち事業に打ち込み、利益が上がったらさらにその分を事業につぎ込んで、それを大きくしていこうとするような資本家が生まれていった。いうまでもなく、資本の死命を制するのは、それが自らの事業をくり返し生み出し直していけるかどうか、しかもくり返す度ごとに大きくしていけるかどうか、つまり資本蓄積あるいは拡大再生産が続けられるかどうかである。資本が市場でモノなどを売って生きていくかぎり競争はつきものであるが、商業資本と違って産業資本の段階になると、モノなどをつくって売る、つまり生産そのものをふまえた販売の競争だったので、生き残れるかどうかはそれこそ真剣勝負であった。

　こうした産業資本が、イギリスで市民革命の前後をつうじて成長していき、18世紀後半からの産業革命につながっていったのだが、その背景にプロテスタンティズムの浸透があったことは、イギリス革命そのものがカルヴァンの影響で生まれた代表的な流派ピューリタニズムで貫かれていたことでも分かる。クロムウェルを初めとしてピューリタンたちは、宗教活動の指導を外部に求めない長老主義で結束し、カトリックとばかりでなく、プロテスタントながらそれと似た面をもつ司教（主教）主義と儀式主義のイギリス国教会（アングリカン）とも戦って、市民革命を成功させていった。

こういうと、ウェーバーは、産業資本の創始者たちの精神あるいはエートスを説明することをつうじて、近代資本主義を擁護しているように見えるが、まったくそうではない。ウェーバーの眼目は、こうして立ち上がった産業資本主義が、利潤追求と資本蓄積をめざして自動的に展開する「鉄の檻」のような機構を生み出し、そこからやがて資本主義の精神そのものが失われていってしまったことを指摘することにあった。

3.3 資本蓄積のメカニズムに引きずられる資本家

そこで私たちはつぎに、この鉄の檻のような機構が、そのもとをつくった人たちの意図をはるかに超えて展開し拡大して、ついには地球をまるごと包み込むようなものになっていってしまった理由と過程を説明する理論を、必要とする。ウェーバーは、マルクス主義者たちが「意識が存在を規定するのではなく、存在が意識を規定する」という公式を振り回すのを嫌っていたが、その点に注意したうえで考えれば、ここで必要になるのはやはりカール・マルクスの理論である。

マルクスは、資本主義の普及とともに出回るようになった商品を取りあげ、それを自明視するのではなく、そこに凝集されている歴史的社会関係を分析することから始めた（Marx, 1867-1894＝1967, 1965-67）。どの社会でも人は最初、「海彦山彦」の話に象徴されているように、モノとモノとを直接交換していた（物々交換）。しかしやがて貨幣Gが発明され、それを仲立ちにしてモノとモノとが交換されるようになり、ものは商品Wになる（W-G-W）。貨幣は最初たんなる交換手段だったが、交換が普及すると人はそれを貯めるようにもなった。すると、ある程度お金を貯めた者が、それで商品を買って、必要としている人たちに売るということも可能になってくる。原初的な商業資本の発生で、こういうことが出てくる社会を、若い頃のマルクス（とエンゲルス）は「歴史の竈としての市民社会」と呼んだりしている（Marx & Engels, 1845-46＝1956）。

しかし、こういう広い意味での資本主義は、ウェーバーも認めているように、とくに文明時代に入ってからの人間社会にはどこにでもあった。問題は、

マルクスの眼からみた場合、近代資本主義はどのようにして現れてくるのか、ということである。マルクスは、資本主義がもっとも早く発達したイギリスの歴史を振り返りながら、16世紀から17世紀にかけて、羊を飼うために農民を追い出す、いわゆる囲い込み（エンクロージャー）をつうじて、原始的なやり方で資本が蓄積されてきたのを知っていた。18世紀になるとこのエンクロージャーがさらに大規模になり、地方の農地から農民を追い出して都市とその近郊に集めるようになって、安くなった労働力を雇用して事業を行う資本家が増えてくる。つまり、大量現象として労働力の商品化が進み、商品としての労働力と、同様に商品として買いやすくなってきた生産手段、つまり工場や機械や原材料などを購入して事業を行う資本家が増えてきたのである。

　商業資本は、手元の（および借り受けた）資本で商品を買い付け、それを売って利益を上げるだけであった（G－W－G′, G′＞G）。中世の職人は、元手で材料や道具などを買い、自分の労働Aを加えて価値を増やして売ったが、分業もほとんどないので、そんなに価値は増えず、儲けはかぎられていた（G－W‥A‥W′－G′, G′＞G）。しかし、近代的な産業資本は、手元の（に加えてしだいに多く借り受けた）資本で商品としての労働力と生産手段を買い、しだいに大規模化していく工場で商品を生産Pして市場に出し、大儲けをするようになる（G－W[A, Pm]‥P‥W′－G′, G′≫G）。このとき、工場で働かされる労働者は、職人たちとは違って雇い主である資本家の言いなりに、あらかじめ決められた賃金で一定時間働かなければならず、分業の成果などを含む価値の増殖分すなわち剰余価値Mは原則としてすべて資本家の手にはいる（M＝W′－W）。

　ウェーバーが明らかにしようとしたのは、このときの資本家も労働者も、プロテスタンティズムの倫理に発する資本主義の精神を血肉化しており、それぞれの仕事を天職すなわち神の召命と考えて、ひたすら救いの予定を確証するために冷静に規律にしたがって労働したのであり、それによって自動機械のように膨張する鉄の檻のような資本主義の機構ができたのだ、ということであった。歴史のある局面ではそのとおりであった。しかし、この鉄の檻

の一方に成功した資本家の巨大な富が蓄積され、他方にいくら働いてもカツカツの生活しかできない労働者の大群が生み出されていったわけだから、それを説明する理論もまた焦眉の急でなければならなかった。

3.4 資本主義膨張と恐慌

　資本主義が機構としてますます膨張していかざるをえなかった理由についての、マルクスの理論はつぎのようなものであった。まず第一に、近代的な労働者すなわちプロレタリア ── 階級としてはプロレタリアート ── は、市民革命をつうじて人間として「自由」であるばかりでなく、土地や農具などの生産手段からも「自由」にされていて「二重の意味で自由」なので、生きていくためには必ずどこかで雇用されなければならず、そのために同輩とのあいだの激しい競争を続けなければならない。しかし同時に、かれらを雇って事業を展開する資本家たちも、労働力ばかりでなく生産手段の市場にさらされていると同時に、生産して販売する商品の市場にもさらされているわけなので、同輩の資本家たちとの激しい競争を勝ち抜き続けなければならない。

　一つの国あるいは社会の範囲で考えてみると、資本主義経済がうまく回っていくためには、生産手段生産部門（第一部門）では消費財がつくれず、逆に消費財生産部門（第二部門）では生産手段がつくれないので、その間の商品の売買がうまい具合にいく必要がある。第一部門の生産手段 Pm の総量を C（これは価値を増やさず商品に移されるだけなので不変資本という）、労働力（賃金）A の総量を V（これは価値を増やして商品に移されるので可変資本という）、生産過程 P をつうじて増えた価値すなわち剰余価値の総量を M とおくと、一定期間の第一部門の価値の総量は $C+V+M$ である。同様に第二部門のそれぞれを c、v、m とおくと、同一期間の第二部門の価値の総量は $c+v+m$ である。労働者が賃金をすべて生活のために使い、資本家も手元に残った剰余価値をすべて生活や贅沢のために使うとすると、C が第一部門の内部で売買され、$v+m$ が第二部門の内部で売買されたうえで、二つの部門のあいだで $V+M=c$ という売買が成り立たなくてはならない。

　これは一定期間に価値の総量が増えない、つまり経済成長がない単純再生

産の場合であるが、実際には資本主義経済は激しく、あるいは緩やかに拡大（プラス成長）したり縮小（マイナス成長）したりする。これは、二つの部門の資本家が手元に残った剰余価値の一部をつぎの期間の事業に追加投資したり、逆に前期間の不変資本や可変資本を下回って投資したりするからで、それによって第一部門内部での売買、第二部門内部での売買、および両部門間の売買の均衡を保つ式はしだいに複雑になっていく。これが再生産過程表式であるが（山田, 1946）、これをずっと成り立たせ続けるためには、再生産過程の全体をつねに見渡し、各種の売買がうまく行くよう調整する機関が必要である。しかし、自由主義的な資本主義のもとでは、第一部門にせよ第二部門にせよ個別資本はそれぞれの思惑でもっとも利潤が上がるよう行動するだけで、国家は泥棒の横行を取り締まる「夜警国家」であればよいと考えられていたので、調整機関などまるでなかった。アダム・スミスは、人間には共感力sympathyがあるから（Smith, 1759 = 1973）、資本家が自分のことだけを考えて行動することはありえないとして、市場に働く見えざる手 the invisible handに調整を期待したが、産業革命後の経過を見ると、これはとんでもない願望思考であった。

　この意味では資本主義経済は基本的に無政府状態なので、それぞれの売買がうまく行かないと、商品がつくられすぎて供給過剰になったり、逆に需要にたいして供給不足になったりして、いろいろな所で企業がつぶれて資本家が労働者に転落したり、労働者が失業して路頭に迷ったりすることになる。こうしたことが散発的な場合にはなんとか凌がれているかもしれないが、矛盾が蓄積するとあるところでどっと爆発し、恐慌（パニック）になる。こうした恐慌がくり返されてきて世界的規模で大爆発したのが、1929年にニューヨークのウォール街から始まった大恐慌であった。

3.5　帝国主義と世界大戦

　しかし、ここまでくる過程で、資本主義はすでにもっと悲惨な矛盾の爆発を経験していた。フランス、アメリカ、ドイツ、日本などイギリス以外の資本主義国が産業革命に入った19世紀の後半以降、主要な資本主義諸国の内

部では資本の独占あるいは寡占化が進んでいた。熾烈な競争に勝ち残った少数の大資本が、カルテル（価格協定）、トラスト（産業部門内支配）、コンツェルン（産業部門間支配）などの手段でますます独占あるいは寡占化を進め、国内だけでなく植民地を含む市場を国家を後ろ盾にして囲い込み、ナショナリズムをイデオロギーにして支配しようとするようになっていた。これが、20世紀に入って幸徳秋水、ホブスン、レーニンなどが危機意識をもって取りあげた、帝国主義であった（幸徳, 1901, Hobson, 1902 = 1951-529, Ленин, 1917a = 1957）。

　幸徳の理論は、帝国主義の告発としては世界に先駆けていて評価されるが、政治経済学的にはまだ不十分であった。ホブスンの理論は、最初の帝国主義戦争としての南アフリカ戦争の体験をふまえているだけに、実質があり、ヨーロッパの理論家たちに影響を及ぼした。20世紀初頭のドイツでは、成長してきていた社会民主党を基盤に、理論的指導者たちのあいだで論争が起こる。もっともオーソドクスなマルクス主義者として影響力のあったカール・カウツキーは、帝国主義を、大資本が国家を動かしてとらせる「世界政策」の問題としてとらえ、世界の領土的再分割についても主要資本主義国家間に政策的な妥協がありうると考えた（Kautsky, 1913-14 = 1953）。これにたいして、ローザ・ルクセンブルグは、『資本論』に書かれているマルクスの資本蓄積論すなわち再生産論を詳細に吟味し、うえに述べたような再生産過程は、国内の労働者の窮乏化を進めて資本蓄積を不可能化せざるをえないため、資本主義は原理的に顧客を求めて国外に侵出していかざるをえないとして、帝国主義をその現れとみなした（Luxemburg, 1913 = 1952）。

　この論争に、当時の状況に照らしてもっとも説得力のある理論を提起して決着をつけたのは、レーニンであった（Ленин, 1917a = 1957）。かれは、ホブスンの批判などをうまく利用しながら、経済理論としてはオーストリア・マルクス主義の論客ヒルファーディングの金融資本論などを使い、資本主義にも発展の段階があり、自由競争の段階では一般的にいえないことでも、金融資本が登場する独占の段階では必然であるということができる、と主張した。つまり、ローザの主張のように、資本主義は原理的に対外侵出へと向かわざ

るをえないとまではいえないとしても、独占段階になれば植民地を含む領土の確保は必然であり、カウツキーが主張したような妥協はありえず、世界の領土的再分割をめぐる主要帝国主義（諸国）間の争いは世界戦争にならざるをえない、と主張したのである。

　レーニンがこの「資本主義の最後の段階としての帝国主義」の理論を出したとき、第一次世界大戦はとっくに始まっていて最終局面に入っていたし、かれがこれとセットにして出した「国家と革命」の理論によって現実にロシア革命は成功した（Ленин, 1917b = 1957）。帝国主義の世界支配体制のもっとも「弱い環」であるロシアは崩壊寸前であったし、国家はもともと支配階級の独裁的支配のための手段なのだから、「帝国主義戦争を内乱へ」ともちこみ、プロレタリアート、というよりもその前衛政党が、政治的軍事的に国家権力を奪取してしまえばその後の革命は成功する、という理論と戦略が見事にあたったように見えた。

3.6　最初から陰の主役は植民地だったのでは？

　こんにちでは、私たちは、ロシア革命によってできた巨大国家、すなわちソヴェート社会主義共和国連邦（ソ連）がその後どうなったかを知っているので、ある程度突き放した見方ができる。しかし、第一次世界大戦後も、英仏米などと独日伊などとの領土再分割をめぐる争いが続いてついに第二次世界大戦となり、ソ連が民主主義を標榜する英仏米と組んで勝利を収め、それをつうじて、東ヨーロッパや中国などアジアに社会主義諸国が誕生するのを促進したように見えてから30-40年のあいだ、レーニンと、一時はその後継者とも目されたスターリンや毛沢東の影響は大きなものであった。

　そうした影響も冷静に相対化する主権者の視点から、資本家主導の社会すなわち資本主義社会としての市民社会の歴史を見直してみると、私たちはつぎのようなことに気づくのではないであろうか？

　第一に、第二次世界大戦後の世界では、一方では超大国ソ連に対抗する必要性から、また他方ではもう一つの超大国アメリカと他の資本主義諸国 ── 英仏のような戦勝国と独日伊のような敗戦国とを問わず ── とのあいだに力

の差がつきすぎたことから、主要資本主義諸国（旧帝国主義諸国）のあいだでは対立よりも協調が主流となった。これは、1989-91年にソ連東欧が崩壊し、ロシアが「資本主義化」してからも続いているように今のところ見えているので、帝国主義論の歴史からすると現状はカウツキーの理論が当てはまるような事態になっている、ということもできる。しかしもちろんこれは、カウツキーの理論を世界資本主義の現状分析に使えるというようなことではなく、少なくともレーニンの帝国主義論はまったく使えなくなったので、それをはるかに超える新しい理論が必要であるということである。これには、発達した資本主義諸国間の「従属」の問題や、帝国主義を超える「帝国」の問題などが絡んでくるので、私たち主権者はやがてその問題に取り組まなければならなくなる。

　第二に、しかし当面はそれよりも、そしてこのことのほうがずっと重要なのだが、資本主義の歴史をとおしてみると、じつはその基底に最初から植民地があったのではないか、ということに気づかざるをえないのではないか？

　ウェーバーが解明した資本主義の精神はもちろん大事である。また、マルクスが明らかにした原始的蓄積や資本蓄積のメカニズムも大切である。しかし、それらすべての大前提として、それ以前から、ヨーロッパ諸国が大航海に乗り出し、アジアもそうだがとくにアメリカ大陸から膨大な財宝や財貨を略奪同然のやり方でもってきて、イギリスを中心とする西ヨーロッパに新しい市場をつくりだしていたということがなかったら、資本主義の精神が働き、膨張する鉄の檻のような巨大な資本蓄積の機構がつくられていくこともありえなかったのではないか。そういう文脈で、第一次大戦直前にローザ・ルクセンブルグがいったこと、資本主義は原理的にそれ自体の領域で再生産を続行することはできず、顧客を求めて対外侵出に乗り出さざるをえないということは、資本主義的再生産の理論としては適切でないかもしれないにしても、資本主義の歴史的な根基にふれることではなかったのか？

　このことを確かめるために、私たちはまず、労働者としての主権者という観点から、市民社会の歴史を見直してみる必要がある。

4 労働者・社会主義と民主社会

4.1 資本主義が生み出した労働者

　自由・平等・友愛に集約されていった市民革命の理念からすれば、労働者も当然市民のはずであった。しかし、主要な資本主義諸国でも、労働者の多くが19世紀の半ばまで、遅いところでは20世紀にはいってしばらくするまで、選挙権を与えられていなかったことはすでにみたとおりである。

　そもそも、中世的な農民、職人、商人、家内従業者などと異なる近代的な意味での労働者、すなわち人間としてのみならず、生産手段からも「解放」されているという「二重の意味で自由な」労働者が大量に生み出されるのは、どの国でも産業革命をつうじてである。イギリスでは、16世紀に毛織物工業が盛んとなり、そのため羊を飼うために農民を追い出して土地を囲い込む、いわゆるエンクロージャー（囲い込み）がおこなわれ、『ユートピア』の作家トーマス・モアに「羊が人間を食んでいる」と痛烈に批判されたが、その影響はまだかぎられたものであった。

　18世紀になると、今度は新農法の導入などのため、法律にもとづくエンクロージャーがおこなわれるが、これは農民を無条件に追い出すものではなく、新農場で働く余地を残したものだったので、農民を農業労働者化する働きをもつものだった。しかし、人口の増加もあり、都市とその周辺で産業革命への動きが進んでいたことから、大勢として都市とその周辺への人口移動が進み、この世紀の後半から本格化した産業革命をつうじて大量の近代的労働者、すなわちプロレタリアの大群、階級としてのプロレタリアートが生み出されていった。

　産業革命が進むとともに工場制手工業から工場制大工業への転換がおこなわれ、多くの工場に大規模に機械が導入されて労働者の乱暴な解雇なども進んだので、19世紀にはいると機械打ち壊しの運動が広がり、10年代にいわゆるラッダイト運動が荒れ狂ったのは有名である。この前後をつうじて人口の都市集中が進み、ロンドンやマンチェスターを初めとする主要都市、主要工業都市には労働者居住区ができて、それらを中心に貧困、住宅難、風俗の

乱れ、犯罪などから、水や空気の汚染からゴミ処理にいたる、のちの公害につながるような諸問題までが発生し始めた。こうした状態を詳細に記述し、資本主義批判の基礎を築いたエンゲルスの『イギリスにおける労働者階級の状態』は、こんにちでも読むに値する（Engels, 1845 = 1990）。

　産業革命をつうじて近代的労働者が大量に、階級として生み出されていったのは、イギリスに続いた資本主義諸国でも同じであった。日本では、1889（明治22）年から90（明治23）年にかけて憲法と議会による近代国家の体裁が整い、90年代から1900年代にかけて産業革命がおこなわれたが、国家主導の強引な原始的蓄積をふまえておこなわれた産業革命は、近代的とはいいながら出身農村との縁を絶ちきれない「半封建的」な労働者を生み出した。この人たちの惨状を記録したものとしては、当時の農商務省がおこなった『職工事情』、横山源之助の『日本の下層社会』、細井和喜蔵の『女工哀史』などが良く知られている。

4.2　組合を結成して対抗へ

　イギリスでは、機械打ち壊し運動のあと労働者が組合をつくる動きが進み、1824年には団結禁止法が撤廃され、33年には工場法が制定されて、労働者の人権と労働条件を守る方向への動きが進み始めた。しかし、労働組合の活動にたいしては資本家の側からのさまざまな制約や攻撃があったため、労働者の側からの運動がくり返され、ようやく1871年になって労働組合法が制定された。これによって、労働組合の目的が労働力の取引の制限にあるという理由だけで不法なものとされることはなくなったが、資本家側からの攻撃はその後も続いたので、75年には共謀罪および財産保護法によって争議行為の刑事免責が定められ、さらに1907年には労働争議法で争議行為の民事免責が定められた。

　この間に労働者の国際的な運動も進められた。1864年にはロンドンで国際労働者協会（第一インター）が設立され、マルクスの起草になる創立宣言と規約を採択し、活動を始める。これを背景に1871年、フランスの活動家や労働者たちが蜂起し、パリを中心に72日間にわたってかれら自身の政府

パリ・コミューンを樹立したが、マルクスはこれを労働者階級による最初の政府とみなし、いわゆるプロレタリア独裁の理論を提起して後世に大きな影響を与えた。第一インターはしかし、内部対立で1870年代の半ばまでには消滅する。その後10年あまりたって1889年、これはいうまでもなくフランス革命から100年目に当たる年であるが、それを記念してエンゲルスたちがフランス、ドイツ、その他諸国の労働者に呼びかけ、パリで労働者の国際組織を再建した。いわゆる第二インターの発足である。

　第二インターは、各国の労働運動を支援したばかりでなく、労働者の国際主義──インターナショナルという言葉が普及したのはこの運動をつうじてである──の立場から反戦運動を展開し、帝国主義戦争が頻発し、拡大していく時代に少しずつ成果を積み上げていった。ところが、20世紀に入って最初の帝国主義世界戦争、すなわち第一次世界大戦の勃発にあたり、この第二インターは崩壊してしまう。労働者の国際主義の堅持か、祖国の命運をかけた戦争の支持かをめぐって、まずドイツの社会民主党が後者を選び、対抗してフランスの社会党も祖国の戦争支持に踏み切ってしまった。フランス社会党の指導者ジャン・ジョレースは、最後まで労働者の国際主義を守ろうとしたが、アムステルダムでの会議から帰ってきたところを、パリの喫茶店で右翼の青年に暗殺されてしまう。第二インターの崩壊で、資本家のナショナリズム対労働者のインタナショナリズムという図式は崩れてしまった。

　第一次世界大戦の後半、1917年に起こったロシア革命で、労働者の国際運動をめぐる情勢は大きく変化していく。労働者の団結権は、ドイツの敗戦後1919年に発布されたワイマール憲法で正式に認められ、労働組合は資本主義諸国に広く普及していった。1929年世界大恐慌の震源となったアメリカでも、労働組合の活発な活動が展開され、それらを受けて1935年、一方的解雇などの不当労働行為を禁止し、労使間の調停制度を定めたワーグナー法が成立して、労働組合は相対的に安定した発展の時期に入った。大政翼賛体制のもと労働組合がファシズムに呑み込まれた日本でも、第二次世界大戦での敗北後、1946年に労働組合法、労使関係調整法、労働基準法の労働三法が成立し、先進国並みの制度が成立した。

4.3　普通選挙の普及にも貢献 ── しかし女性や少数民族と競合関係に

　普通選挙の普及過程についてはすでに述べたが、この過程に主な役割を果たしたのも労働者の運動であった。投票権はどの国でも、納税額や性別によって制限されていたが、1893年のニュージーランドを皮切りに、20世紀に入ると、各国でつぎつぎに一定年齢以上の男女の無制限選挙権が認められていった。そして、この過程に一貫して大きな役割を果たし続けたのも、労働者の運動であった。

　労働者の運動などによる普通選挙の実現は、金持ち市民としてのブルジュワが株式会社の基礎とした・一・株・一・票制を、全社会的規模で、主権者市民としてのシティズンの・一・人・一・票制に変えていく意味をもっていた。株主の有限責任を前提にする株式会社は、企業家の無限責任を前提にする純然たる私的企業よりも、法の規制を受けるだけ社会的である。それでも意思決定方式は、株を多く所有していればいるほど有利な一株一票制。これにたいして、労働者が普通選挙の普及とともに主権者となった社会の意思決定方式は、金持ちか貧乏人かなどに一切かかわらない一人一票制になってきた。

　こうした制度の定着する社会こそ真の・民・主社会なのであるが、この意味での民主社会の普及にはもちろん女性や少数民族も大いに貢献した。女性にも選挙権を広げるという意味で女権拡張運動と呼ばれた第一次フェミニズムが、イギリスやアメリカで組織的に展開されたのは19世紀半ば以降のことである。その結果、すでに見たように、イギリスでは、1918年の第4次選挙法改正で21歳以上の男性と30歳以上の女性に、ついで1928年の第5次選挙法改正で21歳以上のすべての男女に、選挙権が認められた。またアメリカでは、イギリスに勝るとも劣らぬ女性運動展開の結果、1920年に連邦レベルでも男女平等の普通選挙がおこなわれるようになった。

　世界の少数民族を代表してきたのはアメリカの黒人たち ── アフリカ系アメリカ人たち ── であるが、南北戦争後の奴隷解放で彼らのうち男性に選挙権が与えられたのは1870年のことであった。しかし実際は、20世紀に入り男女平等の普通選挙が連邦レベルでおこなわれるようになっても、アフリカ

系アメリカ人男女の大半は投票することを妨げられていた。彼らの大半が初等レベルの教育さえまともに受けられず、投票のための登録制度に乗れなかったなどという以前に、「解放」後も残っていた強烈な社会的な人種差別のため教育制度にも選挙制度にも事実上入れなかったからである。

　アフリカ系アメリカ人男女の大半が、分厚い差別の壁を突き崩して投票権を実際に行使できるようになるのは、第二次世界大戦後、世界的に巻き起こった植民地解放革命や民族解放運動の影響を受けながら、自ら起こして広げていった公民権運動をつうじてであった。こうした運動の広がりが、学生運動や反戦運動を活発化させたばかりでなく女性運動をも刺激し、1960年代後半以降には「ウーマン・リブ」の形で第二次フェミニズムを活性化させ、各国に波及して、参政権にとどまらない男女両性の平等化、すなわち女性の実質的社会参加を進めていく。

　しかし、この過程で明らかになってきたのは、組合をつくって資本家に対抗し、並行して社会を一人一票制の民主主義にしてきた白人男性たちが、異なる人種民族（エスニシティ）や性（ジェンダー）の人びとを同格の主権者、すなわち普遍的市民（シティズン）として迎え入れることに必ずしも積極的とはかぎらないということであった。この問題が、つぎに見る社会主義や植民地解放の問題をも貫いて、今日の主権者にとっての課題を規定していくことになるのである。

4.4　社会主義の理想と実践

　労働者たちの運動を刺激し、それらに目標と形を与えたのは、社会主義の思想と実践であった。社会主義の思想は資本の原始的蓄積期にまでさかのぼり、『ユートピア』のモアや『太陽の都』のカンパネッラが挙げられたりする。しかしここでは、産業革命と市民革命の実態が明らかになり始めて以降に現れて、マルクスとエンゲルスに「ユートピア的社会主義者」と呼ばれた三人から始めよう（以下、社会主義の歴史については、リヒトハイムの包括的な研究 Lichtheim, 1970＝1979を参照）。

　まずロバート・オーウェンは、イギリスで進行した産業革命の渦中に現れ

て、ニュー・ラナークに設立された工場の、徒弟から始めて支配人になり、工場主との協同経営をつうじて、労働者の労働・生活状態の改善、とくに幼少年を労働から解放して教育を受けさせるなどの改革を実施した。この経験をふまえて、彼は、アメリカに渡り、インディアナ州に私財を投じてニュー・ハーモニーという、労働と生活をともにする共同体を設立して理想を実現しようとしたが、失敗した。このあたりが「ユートピア的」と評されたゆえんであるが、彼はその後、協同組合の創始者とみなされるようになり、20世紀社会主義の失敗が明らかとなった現在では、その意味でかえって見直されるようになっている。現代における協同組合の重要性については、のちにふれよう。

つぎにフランスの社会主義であるが、これは理論的にも実践的にも豊かである。最初にアンリ・ド・サン-シモンは、貴族ながらアメリカに渡って独立革命に参加し、その経験を持ち帰ってフランス革命にも参加して、それらの体験をもとに、実証主義と産業主義とを柱とする壮大な思想体系を構築した。実証主義は今日でいえば科学主義のことで、当時発達しつつあった諸科学をもとに、社会をも合理的に把握して改革していこうとするものであった。その基礎として産業は、農業も含めて科学的に展開されなければならず、社会は、産業に携わる者たちすなわち産業者の共同体になっていかなければならない（Saint-Simon, 1823-24 = 1948）。こうした考え方から彼は、国民国家間の連合を主張したり、キリスト教を改革して新しい精神的バックボーンにしようとしたりしており、これらの基本線が、社会学の創始者オーギュスト・コントに受け継がれていった。

サン-シモンのに比較するとシャルル・フーリエの思想は、彼が革命の余波で悲惨な体験をしているだけに、その反動としてか、より想像力をかき立てるものであった。彼は宇宙には物質的、有機的、動物的、社会的の四運動があるとして、社会運動の情念的性格を強調し、それをふまえてファランジュと呼ぶ家族・農業および産業組合を主張して、それを基礎にした社会の再組織を展望した（Fourier, 1808 = 1970）。産業主義に批判的な彼の協同体論は、今日に至るまで少なからぬ思想家たちに影響を与えている。

このほかに、より実践的な社会主義者たちもいた。ジョセフ・プルードンは、働きながら勉学を続けて資本主義下の財産を批判する立場に到達し、小生産者の相互主義を基礎に連合主義で社会を組み上げていく構想をもつにいたって、上からの強い統制のない、良い意味での無政府状態（アナルシー）という理想を示した（Proudhon, 1840＝1971）。これにたいしてルイ・ブランは、二月革命に参加して労働時間の短縮や国立作業所の設立を行い、国家の支援のもとに労働者の生産協同組合を組織する構想を持っていた。さらにルイ・オーギュスト・ブランキは、この二人以前から、ジャコバン主義とバブーフの伝統を継ぐ行動的革命家として活動し、七月革命から二月革命をへてパリ・コミューンにいたる19世紀フランスの革命運動に参加して、労働者の直接行動あるいは実力行使による権力獲得という方法を直截に主張した。いわゆるブランキズムは、マルクス、エンゲルスからレーニンにまで影響を与えたもので、20世紀社会主義の、ある意味での源流となった。

4.5　科学的社会主義から一党独裁へ

　これらの社会主義者たちにたいして、マルクスとエンゲルスは、自分たちの社会主義を「科学的」と誇った。すでに見たように、資本の不可避的運動をダイナミックな方法で分析し、資本主義がそれ自身を否定することにならざるをえないことを論証した、と信じていたからである。

　しかし、その否定の具体的な形については、資本主義が労働者たちを工場や都市に集め、団結せざるをえない状態にしていくため、組合運動その他の実力行使が活発化するという面に焦点を当てて考えられていた。労働者の政権獲得について、マルクスは1871年のパリ・コミューンをかなり詳細に分析したし、エンゲルスは、マルクスの近代資本主義分析を原始・古代からの社会史につなぐため、家族、私有財産、および国家の起源についての、当時としてはそれなりのレベルの分析をしている（Engels, 1884＝1965）。これらをのちにレーニンがさらに分析して、国家権力は支配階級の支配の道具なのだから、労働者はそれを直接行動あるいは実力によって奪取するべきだという理論を立てるのだが、この過程では明らかに、私たちがこれまで重視してき

た労働者たちの選挙権獲得運動、つまり労働者たちが主権者化していく過程の分析が軽視されていた。

　19世紀末から20世紀初頭にかけてのドイツでは、マルクスとエンゲルスの直接の後継者たちのあいだで、意見が分かれた。イギリスに亡命してエンゲルスの直接の指導を受けてきたエドゥアルト・ベルンシュタインは、イギリス独自の社会主義として知られるフェビアン主義などの経験を参考にしながら、マルクスの理論を反省し、帝政下のドイツ議会でも労働者の政党である社会民主党が伸びてきている現実をふまえて、労働者たちの倫理的向上に期待する態度を示した。これにたいして「正統派」と呼ばれたカウツキーは、マルクス主義の理論を現実の社会主義運動に合うように体系化し、労働者の啓蒙と労働組合の成長にも力を注いできた経験から、ベルンシュタインを批判し、あくまでも「唯物論的に」労働者の成長を期待しているうちに、第一次世界大戦直前の、「祖国の戦争」を支持する労働者たちのナショナリズムに遭って、チャンスを失ってしまった。資本主義・帝国主義に厳しい態度を取っていたローザ・ルクセンブルグは、あくまでも労働者の自発性に期待しようとしたが、戦後の急進派の蜂起に巻き込まれ、官憲に虐殺されてしまう。

　レーニンの理論で強引に権力を奪取したロシアのボリシェビキは、共産党と名を変え、プロレタリア独裁から共産党一党独裁に進んでいく。レーニンには、ロシア・ナロードニキ（人民主義者）左派から引き継いだ主意主義的な面もあったが、西ヨーロッパに亡命して成長途上の市民民主主義にふれた経験もあった。しかし、後継者争いで、トロツキーやブハーリンなど、西欧マルクス主義に理解が深く、理論家としても優れた対抗馬を、ことごとく倒して権力を握ったスターリンには、亡命体験も理論家としての素質もなかった。レーニン亡き後の国際情勢の変化などを理由に「一国社会主義」を打ち出し、トロツキー派の理論家プレオブラジェンスキーの「社会主義的本源的蓄積論」をいわば盗用して、強引な「社会主義的工業化」を進めていったスターリンは、ロシア帝政の伝統の下でけっきょく独裁者となり、極端な個人崇拝をみずから構築していった。ソ連の体制は、内部批判を許さない閉塞的な国家社会主義となり、対外的には、自らに併合できない場合には従属させ

ようとする社会帝国主義になっていった。

　1950年代後半以降、フルシチョフの「秘密報告」を機にスターリン批判が広がったが、当時の指導部の多くが批判された内容に多かれ少なかれかかわっていたため、不徹底なものに終わった。そのため、国家社会主義の体制はますます自己閉塞的なものとなり、技術進歩どころか基本的生産力の維持もできなくなって、80年代半ばにゴルバチョフが主導権を握り「ペレストロイカ（改革）」を始めたときには、すでに手遅れであった。ゴルバチョフは、ソ連の政治体制を民主化するとともに東ヨーロッパ諸国を自由にしたが、結果として東欧諸国の体制はつぎつぎに崩壊し、ソ連の体制も崩壊してしまうことになった。

　この間に、中国は、プロレタリア文化大革命による大混乱を1970年代後半になってようやく収拾し、「改革開放」をつうじて「市場社会主義」という名の経済成長に突き進んでいく。ヴェトナムも、10年と遅れず「ドイモイ（刷新）」に踏み切り、経済成長への道を歩み始める。こうしたなかで、個人崇拝の世襲化という、社会主義でも珍しい道に固執してきた北朝鮮は、行き場を失ってしまうことになった。

4.6　前提条件としての民主社会

　どうしてこんなふうになってしまったのか？　ロシアのほうに継承発展させられていったマルクス主義、スターリンが名づけた「マルクス・レーニン主義」が、市民社会の経済的側面にはある程度切り込んでいたとしても、社会的政治的側面すなわち民主社会の面への切り込みの点で足りなかったことは明らかである。

　20世紀に入って、とくに第一次世界大戦後、世界の資本主義をリードするようになったアメリカでは、二大政党制と選挙制度の問題もあって、社会主義も共産主義も政治の世界にほとんど定着することができなかった。

　日本では、第二次世界大戦後、社会主義が日本社会党をつうじて定着し、共産主義も日本共産党をつうじてある程度定着した。そして、1960年代から70年代にかけては、先行していた京都府に次いで東京都、大阪府など主

な自治体の首長を握り、いわゆる革新自治体の時代を実現させた。しかし国政の場では、社会党と共産党とは多くの場合うまく共闘できず、いわゆる三分の一の壁を越えられないまま、米ソ冷戦が終結すると、社会党は「政権交代」の動きに乗って一時は首相まで出したものの、そのためにかえって非武装中立という基本路線を曲げて解党状態に陥り、共産党は小選挙区制のもとでそれまでよりも苦戦を強いられることになった。

これらにたいして、ヨーロッパでは、社会主義を広く解すると、イギリスでは労働党、ドイツでは社会民主党、フランスでは社会党などが早くから定着し、政権を担当したり、政権に関与したりしてきた。共産主義も、イタリア共産党のように、レジスタンスをつうじてしっかりと定着し、政権に関与したり、重大な影響を与えたりしながら、フランス共産党とは異なってソ連に従属せず、構造改革路線やユーロ・コミュニズムなどで、ヨーロッパばかりでなく世界に大きな影響を与え続けた例もあった。冷戦の前後をつうじて、イギリス労働党のように、新自由主義に引きずられて現実主義化しすぎた例もあるが、西欧から北欧にかけての社会主義政党の多くは、環境主義を取り込み、EUの発展をふまえてグローバル化への対応を組み込んだ、新しい民主的社会主義のあり方を模索し続けてきている。

アメリカや日本では、それぞれの民主党のなかに社会主義的な要素が吸収されてきた面があるから、それが2009年以降のオバマ政権や、日本の民主党連立内閣につながったといえる。日本の民主党連立政権は3年あまりで崩壊し、アメリカのオバマ政権も苦境に立たされているから、これらの帰趨はもっと長い眼で見なければならないであろう。

いずれにしても、こう見てくると、社会主義も、労働者の主権者化をつうじた民主社会の成熟に根を下ろさなければ、着実な発展はおぼつかないのではないか？　しかしその吟味に入るまえに、私たちは、資本主義の展開をつうじてこれこそが陰の主役だったのではないかといったあの植民地の、20世紀以降における巨大な変貌を見なければならない。

5 植民地解放後と民主社会

5.1 民族解放運動と植民地解放革命 ── ラテンアメリカ

　2.6で見たように、16世紀から20世紀にかけて、市民社会化 ── というよりも資本主義化 ── に先行した西ヨーロッパ主要国によって、それら以外の世界のほとんどの地域は植民地化された。しかし、18世紀の末に植民地アメリカが本国イギリスから独立したのをきっかけに、諸植民地の独立への動きも始まった。植民地解放後あるいはポストコロニアルといわれる現在、植民地解放の先頭を切った大国がアメリカであったことは、覚えておいて良いことである。

　アメリカ独立革命はフランス革命を刺激し、フランス革命は皇帝ナポレオンを生み出したが、そのナポレオンの軍隊がスペインを征服したことにより、スペインの植民地であった中南米諸植民地が独立のきっかけをつかんだ。まず、フランスに奪われていたハイチが独立して黒人共和国となったが（1804）、その後1810年代にかけて、反乱が各地に広がった。この動きに乗じて、「解放者」シモン・ボリバル（1783-1830）がベネズエラ、大コロンビア、ボリビアなどをつぎつぎに独立させる。あとを追って、もう一人の「解放者」ホセ・デ・サン-マルティン（1778-1850）が、アルゼンチン、チリ、ペルーの独立を指導する。並行してメキシコも、ミゲル・イダルゴやホセ・マリア・モレーロスなどの尊い犠牲のうえに、独立を達成した（1822）。

　これら独立運動の指導者たちはいずれも、白人ながら植民地生まれで、スペイン本国の白人から差別されていたクリオーリョであった。彼らのなかでもとりわけボリバルは、徹底した共和主義者で、立憲君主主義者のサン-マルティンと話が合わなかったことは有名である。中南米の旧スペイン領植民地には、本国生まれの白人およびこれらクリオーリョと、先住民インディオおよびアフリカから奴隷として連れてこられた黒人とのあいだに、白人とインディオとの混血であるメスティーソ、白人と黒人との混血であるムラート、およびインディオと黒人との混血であるサンボがおり、独立後も複雑な人種関係を織りなしていくことになる。

他方、植民地ブラジルの本国ポルトガルもナポレオンの軍隊に侵攻され、宮廷は一時リオデジャネイロに移ったが、王の帰国後、ブラジルは王太子ペドロを皇帝とする帝国として独立した (1822)。そのため、ボリバルらの共和主義はもとよりサン-マルティンの立憲君主主義も及ばず、ブラジルはアメリカ合州国が廃止したあとも奴隷制を続け、1889年になってようやく共和制に移行して、ヨーロッパからの移民に加えて日本からの移民なども受け入れるようになる。

スペインの諸植民地の独立の動きにたいして、ナポレオン後のヨーロッパの復古体制、いわゆるウィーン体制を指導したメッテルニヒは、反対の姿勢を取り、干渉しようとした。しかし、この頃に、いわゆるモンロー主義を打ち出して、ヨーロッパのアメリカ大陸への干渉を阻止しようとし始めたアメリカと、ラテンアメリカに市場を開拓しようとしていたイギリスの反対にあって、阻まれた。アメリカは、南北戦争 (1861-65) 後の資本主義発展をふまえて、1889年にはパン・アメリカ会議を組織し、中南米諸国をリードしようとするようになる。その延長上で、98年には米西戦争でスペインを破り、キューバを独立させて保護国とする一方、フィリピンも独立させて、グアム、プエルトリコとともに植民地にする。かつて植民地状態から独立した、つまりポストコロニアルな国家が帝国主義化して、自ら植民地を持つようになる事態の始まりである。

20世紀にはいると、メキシコでは、長く続いたディアスの独裁にたいしてマデーロ、サパタらが反乱を起こし、その後10年以上におよぶ長い革命の時代が始まった。そのなかでロシア革命が起こったのと同じ1917年に制定された憲法が、農地改革や労働者の権利保護に道を開き、メキシコとラテンアメリカの未来を決めていく。

5.2 民族解放運動と植民地解放革命 ── アジア

ヨーロッパ主要国による世界の植民地化の激流のなかで、かろうじてそれを免れ、なんとか独立した近代国家を築いたのは、周知のように日本であった。しかしこの過程で日本は、琉球処分で沖縄県を創出して所領に組み入れ、

朝鮮半島にもしばしば介入し、日清戦争では台湾を植民地とし、日露戦争では南樺太を獲得して、1910年にはついに韓国を併合してしまった。ヨーロッパ主要国とアメリカに次ぐ、植民地を持つ帝国主義国の誕生であった。

　これらにたいして、日本に敗北する以前から、ヨーロッパ主要国とアメリカの介入を受けて植民地寸前の状態になっていた清朝の中国では、20世紀に入って孫文による本格的な近代化運動が起こり、民族・民権・民生の三民主義を掲げて1911年に辛亥革命を成功させ、翌12年に中華民国という、当時としては世界でも数少ない共和制国家を起こした。これにともなって清朝が滅び、東アジアに2000年以上にわたって君臨した大帝国が消えた。しかしその後、中華民国は安定せず、中国共産党が、1920年代の後半から農村部に広く浸透していき、日中戦争から戦後にかけて都市部にも浸透していって、49年に中華人民共和国を成立させ、国民党政府を台湾に追いやる。

　日本の植民地となっていた朝鮮半島には、日本の敗退後、1948年に大韓民国と朝鮮民主主義人民共和国とが分立し、50年6月には戦争になる。この直後、日本は、サンフランシスコで当時の社会主義諸国をのぞく諸国と講和を結び、日米安保体制に入る。朝鮮戦争（韓国では韓国戦争、北朝鮮では祖国解放戦争）は53年7月に休戦となったが、その後も武力衝突を含む対立が続いている。

　フィリピンは、アメリカに主権が渡った直後にあらためて共和国となったが、アメリカがこれを認めず、米比戦争で60万人が虐殺されたとされている。しかしその後も抵抗を続け、1916年には自治を認めさせ、34年には10年後の完全独立を約束させる。しかしその後、第二次世界大戦で日本軍が侵攻し、一時的に日本の属国のようになるが、日本の敗戦とともにアメリカに復帰したうえ約束されていた独立を46年に果たす。

　長いことオランダの植民地となっていたインドネシアも、第二次世界大戦中に日本軍の侵攻を受けるが、その間に独立の準備をし、日本の敗戦とともに独立宣言を行う。しかし、戻ってきたオランダはこれを認めず、スカルノらに指導された独立戦争が闘われ、ようやく1949年に独立を達成した。

　フランスの植民地となっていたヴェトナムは、すでに1940年から日本軍

の侵攻を受けていたが、そのもとで独立を準備し、日本の敗戦とともにホー・チ・ミンを国家主席とする民主共和国として独立する。しかし、フランスはこれを認めず、独立戦争は、ヴェトナム軍が54年にディエンビエンフーでフランス軍を破り、フランスに撤退を余儀なくさせるまで続いた。しかもこの時までに、いわゆるドミノ理論によって共産主義の浸透を恐れたアメリカが、フランスに代わって乗り出してきていたため、ヴェトナムは北緯17度線で南北に分断され、60年の南ヴェトナム民族解放戦線結成をふまえて、62年からはアメリカを相手とするヴェトナム戦争が始まる。

イギリスの植民地となっていたマラヤも、ヴェトナムに次いで日本軍の侵攻を受けたが、戦後はマラヤ連邦となり、1957年に王国として独立した。マラヤ連邦は1963年にシンガポール、イギリス領ボルネオと合体してマレーシアとなったが、そのあとすぐ65年にシンガポールは分離独立した。

ムガル帝国の崩壊後イギリスの植民地とされていたインドでは、第一次世界大戦後になるとマハトマ・ガンディーが独立運動の指導者として頭角を表し始め、独特の非暴力思想を背景にした不服従運動でイギリスを悩ませて、本人は48年に暗殺されるものの、50年には後継者ネルーを先頭とする独立に成功した。宗教的対立を越えた大インドの独立を志向していたガンディーの願いは叶わず、イスラーム主体のパキスタンは分離独立し、さらに東パキスタンは71年にバングラデシュとして分離独立した。

ネルーは、1950年代から中国の周恩来などと組んでアジア・アフリカの独立運動を指導し、54年の平和五原則をふまえて55年にはインドネシアのバンドンでアジア・アフリカ会議を主導して、米ソ冷戦が厳しさを増しつつあった時代に、平和を希求する新生諸国すなわち第三世界の力を示威しようとした。他方、アメリカの介入によって独立戦争を継続せざるをえなくなったヴェトナムは、60年代以降ますますたがいに不仲となっていく中国とソ連の、十分とはいえない援助を受けながら、アメリカを含む先進諸国に広がっていった学生・知識人・労働者などのモラル・サポートを背景に、アメリカに徹底抗戦を続け、75年にはついにサイゴン（現ホーチミン）と南ヴェトナムを解放して、超大国アメリカを歴史上初の敗戦に追い込んだ。

5.3 民族解放運動と植民地解放革命 ── 中東・アフリカ

　中東から北アフリカにかけての地域も、19世紀の末までにヨーロッパ主要国の植民地あるいは準植民地状態になっていたが、イランのような古代ペルシア以来の長い王朝交替の歴史をもつ非アラブ系の国をのぞき、アラブ系の諸国は、第二次世界大戦の末期1945年にアラブ連盟を結成した。これを基盤に、すでに独立していた国は近代化を、まだの国は独立を、進めていこうとしたが、そこに起こったのが、イギリスとアメリカの後押しを受けたイスラエルの建国であった。

　戦争を有利に進めるためアラブ側にもユダヤ人側にも有利な約束をしていたイギリスは、最後の責任を国連に丸投げし、アメリカの強い主張を受けた国連は、決議181号で、どう見ても不釣り合いにユダヤ人側に有利なパレスチナ分割案を提示した。ユダヤ人たちは、この決議にもとづいて1948年にイスラエルを建国し、抵抗するアラブ人たちとの「独立戦争」すなわち第一次中東戦争で、さらに版図を拡大した。そのため418もの村の多くのパレスチナ人が難民化してパレスチナ問題が発生し、64年にはパレスチナ解放機構（PLO）が設立されて、アラブ諸国に支援されたPLOとイスラエルとの長いながい対決が続いていくことになった。

　アラブ連盟には当初、エジプト、シリア、イラク、ヨルダン、レバノン、サウジアラビア、イエメンが加盟していたが、その後それぞれの国の独立とともに、1953年にリビア、56年にスーダン、58年にモロッコとチュニジア、61年にクウェート、62年にアルジェリアなどが加盟してくることになる。エジプトは、王国としてすでに22年にイギリスから独立していたが、事実上の従属に反発したナセルらが52年に革命を起こして共和国となり、スエズ運河を国有化して政治的にイギリスに勝利した。これと、アルジェリアの独立は、それをしゃにむに押さえようとしたフランスの野蛮さを世界に暴き出す結果となり、この地域における植民地解放の意義を世界に強く訴える役割を果たした。

　ブラック・アフリカでは、1957年のガーナの独立を皮切りに、60年には17もの新興独立国が生まれ、アフリカの年と呼ばれるような状況になった。

63年にエチオピアのアジスアベバで開かれたアフリカ諸国首脳会議には30カ国が参加し、北アフリカのアラブ諸国とブラック・アフリカ諸国が一緒になって、アフリカ統一機構OAUを結成した。頑迷な人種隔離（アパルトヘイト）政策を続けていた南アフリカは、長くこの機構から排除されていたが、ネルソン・マンデラらの粘り強い闘争の結果、90年代に入って大統領デクラークがアパルトヘイトを廃止するとともに核兵器も廃棄し、94年に全人種参加の選挙でマンデラが大統領に選出され就任するとともに、この機構に加わった。

　こうして世界の植民地は、そのほとんどが、少なくとも政治的には独立した。

5.4　政治的独立と経済的自立の困難

　しかし、新生独立諸国の経済発展と新社会建設、新しい国民の形成 —— ネイション・ビルディング Nation Building —— は、ほとんどのところでうまく行かなかった。理由は、第一に、ほとんどの諸国が植民地時代に単一の資源や作物の生産に特化させられ、いわゆるモノカルチャー化させられていたからである。どの植民地も以前からそれなりの文明を持っており、それを支えるだけの生産のバラエティを持っていたわけだから、植民地化は、どの地域にもあった政治の破壊だけでなく、経済的基礎にまで踏み込んだ社会の破壊であった。

　第二に、多くの新生独立諸国で、社会は長く続いた解放運動・独立運動のために傷つき疲弊しており、各分野の指導者も不足していた。解放運動・独立運動の指導者たちは、多くのばあい軍事的な闘争に必死で、独立後の政治や経済の指導者にはうまく転身できなかった。そのため、政治や経済の世界に混乱や腐敗が広がり、それらが、軍部の独裁を引き出すことになったり、もと宗主国を主とする先進諸国の隠然たる力を呼び込むことにつながっていった。

　こうした事情を背景に、1960年代になると、いったん独立させた新生諸国を、旧宗主国を初めとする先進諸国が、残り続けているさまざまな絆をつ

うじて直接間接に支配し続ける、という新植民地主義が盛んになった。新植民地主義の語を早い時期に用い始めたのは、ガーナ独立の指導者であったクワメ・エンクルマで、独立後の新生諸国が経済社会開発のために必要としているのにつけ込んで入ってくる外国資本が、以前よりもさらに搾取を強めるため、新生諸国と先進諸国との格差がさらに広がり始めたからであった。新植民地主義論は、汎アフリカ主義運動などをつうじて世界に広まり、植民地解放後の世界に起こったさまざまな支配形態に適用されて、大きく発展させられていくことになる。

ラテンアメリカでは、1959年、キューバでフィデル・カストロとチェ・ゲバラに指導された革命が成功した。ゲリラ戦を主とする武力革命だったが、指導した二人の原初的なヒューマニズムが世界の共感を呼び、アメリカの喉もとに突きつけられた新鮮な革命の刃に、社会主義勢力の範囲を大きく超えて支持が広がった（Mills, 1960＝1961）。ゲバラはこのあと、キューバをカストロに任せて、中南米に革命を広げる旅に出る。しかし、彼の意図に反して他の国ではキューバ方式はうまく行かず、ゲバラは、67年にボリビアの山中で軍につかまり、虐殺されてしまう。とはいえ、ラテンアメリカと世界の解放に全生命を賭けて、まったく私心を感じさせない彼の生き方は、その後ずっと多くの人びとを惹きつけ続けることになった（Che Guevara, 1968-69）。

これより以前、19世紀にすでにほとんどが独立していたラテンアメリカ諸国は、第二次世界大戦の前後から、それまで米欧諸国から輸入させられていた商品のできるだけ多くを自国で生産しようとする、輸入代替工業化政策を展開したが、その多くが失敗していた。しかしチリは、その線でなお頑張ろうとし続け、その指導者として、1970年に左翼統一人民連合候補のサルヴァドール・アジェンデを小差で当選させた。イギリスの労働党政権を別とすれば、先進諸国にも先駆けて、普通選挙で初めて成立した議会制民主主義にもとづく社会主義政権であり、平和革命の成功であった。

当時人口1000万にも満たなかったチリのこの新しい政権は、人民の意思をふまえたその正当性に基づいて、アメリカ系銅産業を無償で国有化したほか、主要産業・企業の国有化も行い、農地改革もそれまでにまさる速度で進

めていった。これにたいして、共産主義・社会主義と暴力革命の連鎖を絶対必然視することで、共産主義・社会主義の拡大と飛び火を阻止しようとしてきたアメリカは、あらゆる手段を使ってその成功を阻止しようとし、それを利用しようとする国内の反動勢力の攻勢もあって、チリは経済的社会的にしだいに混乱に陥っていった。それでも、1973年の総選挙で人民連合は支持を伸ばす。業を煮やした反動勢力は、アメリカの暗黙の支援のもとに軍のクーデタを起こし、9月11日つまり9.11に、大統領官邸に閉じこもって抵抗するアジェンデを圧殺した。

のちに2001年9月11日、アメリカは、ニューヨークとワシントンに同時多発テロの攻撃を受けることになるが、28年前の同日、チリではこのようなことがあったのである。

5.5　従属理論と東アジアその他の経済成長

チリでのこの惨劇は、アジェンデ時代にラテンアメリカから、そして全世界から集まって、小さな社会主義政権を応援しながら、中南米諸国の経済的自立と発展の困難性の原因を追及していた理論家たちに、新しい理論を展開するきっかけを与えることになった。

発端はすでに、1964年にスイスのジュネーヴで初めて開催された国連貿易開発会議UNCTADにあった。ラテンアメリカ諸国に、このときまでに独立して国連に加わっていたアジア・アフリカ諸国を加えて、77カ国（G77）にもなったこの会議の参加諸国は、アルゼンチンのラウル・プレビッシュを中心にして「新しい貿易政策を求めて」という報告書をまとめ、南側諸国あるいは中南米諸国を含む新生諸国の、北側諸国あるいは先進諸国への従属的関係が、新生諸国の発展の妨げになっていることを指摘した（Prebish, 1964＝1964）。プレビッシュ報告は、とくにラテンアメリカの理論家たちに大きな影響を及ぼし、うえにふれた理論家たちを中心に、中南米諸国が、以前から取ってきた輸入代替工業化政策などにもかかわらずいつまでも発展できないのは、これら諸国がアメリカのような中枢国にたいして取らされている構造的な従属関係、すなわち「従属の構造」のためである、という理論を生み出

すことになった。

　テオトニオ・ドス-サントス（Dos Santos, 1978＝1983）などを中心に、この理論は、中南米諸国が歴史的に長く、したがって構造的に、米欧先進諸国からの商品と資本の流入にさらされており、そういう状態で自国の鉱工業を発展させようとしても無理であることを主張するものであったが、アンドレ・グンダー・フランクがそれを英語で明快に説明したことによって、一挙に世界に広まった（Frank, 1976＝1976）。

　フランクのものを初めとする従属理論の基底にあるのは、第二次世界大戦後のアメリカが、植民地解放の怒濤のような進展による新生諸国の誕生を説明し、それらを自らの世界政策に引き入れようとして展開した近代化論、にたいする批判である。例えば、「一つの非共産党宣言」と銘打ったロストウの経済成長段階説は、先進国も新生諸国もあたかも同じような諸条件のもとに「伝統社会」から「離陸」して、「成長への前進」をへて「成熟」し、やがて「高度大衆消費社会」にいたるという、近代化競争をまるで競馬のように見立てる理論であった（Rostow, 1960＝1971）。フランクがこれにたいして突きつけたのは、早く近代化した国が遅れている諸国を ── かりに独立しても ── 収奪し搾取するため、遅れている諸国では成長どころか退歩が起こる、つまり低開発がますますひどくなるという意味での「低開発の発展」が起こるのだ、という痛烈な批判であった。こうした理論などがイマヌエル・ウォーラステインを刺激し、資本主義の発展はそもそも初めから世界的なもので、従属の構造につながるような世界システムの形成が15世紀末から500年にもわたって続けられてきたのだ、という世界システム論が生み出されることになるのである（Wallerstein, 1974＝1981, Wallerstein, 1995＝1997）。

　1970年代から80年代にかけて従属理論が世界に広まるにつれ、アジア・アフリカの新生諸国の経済・社会発展がうまく行かないのも、それぞれの地域に形成されてきた従属の構造のせいだという主張が行われ、それを裏付けようとする研究も生み出された。独立後のアフリカ諸国の多くが軍事政権となり、アジアでも、66年の中国のプロレタリア文化大革命突入の前後から、韓国、フィリピン、インドネシアなどに開発独裁と呼ばれるような政権がで

きていて、この種の政権はラテンアメリカにも見られたことから、こうした主張や研究にはそれなりの説得力があるようにも見えた。

　しかしまもなく、東アジアから事態が変わってきていることが明らかになった。すでに1970年代から「アジアの四小龍」などと呼ばれた台湾、韓国、香港、シンガポールの経済成長が目立ちはじめ、やがてこれらにメキシコ、ブラジル、ギリシア、ポルトガル、スペインなどを加えて、新興工業経済地域NIEsと呼ばれる諸国・諸地域の経済発展が注目を集めるようになってきた。この傾向はあまり間をおかずに東南アジア諸国連合ASEANの主要国に広がり、さらには78年に改革開放政策を取り始めた中国にも広がっていって、東アジアから東南アジアにかけての経済成長が世界経済を大きく揺さぶるようになっていった。89年の米ソ冷戦終結後、ソ連が崩壊した91年にはインドも経済改革を開始し、成長路線に転じたので、経済成長は南アジアにも広がりはじめ、混乱ののちに成長を始めたロシアをも加えて、いわゆる成長四大国（ブリックスBRICs）論などを準備していくことになるのである。

5.6　文化的闘争への拡大と新思想の出現

　こうして、18世紀末のアメリカに始まり、19世紀のラテンアメリカをへて、20世紀中葉にアジア・アフリカにおよんだ植民地解放の激流は、政治的独立はできても経済的自立はむずかしいという悲観論——というよりも旧宗主国を中心とする先進諸国の脅し——をも乗り越えて、着実に新生諸国民形成New Nations Buildingに進み始めた。もっとも、新植民地主義や従属の構造の手口は、見方によってはその後もどんどん高度化されてきているともいえるが、それにはまたあとで触れることにしよう。

　ここで暫定的に確認しておく必要があるのは、政治的独立から経済成長——これは必ずしも経済的自立とはいえない場合が多いかもしれないが、世界経済の緻密化にともなって自立の意味も変わってきているので、ひとまずはこれで先に進もう——への過程で、新生諸国から新興諸国となってきている多くの国が、思想的および文化的にもますます大きな役割を果たすようになってきている、ということである。

周知のように、インドのガンディーは、インド思想をベースにした非暴力主義でインド亜大陸をイギリス帝国主義から解放したばかりでなく、アメリカ公民権運動の指導者マーティン・ルーサー・キングを動かすなど、世界に絶大な影響を与え続けてきた（Gandhi, 1960 ＝ 1970-71, King, 1964 ＝ 1966）。

　植民地解放運動がラテンアメリカから北アフリカに飛び火していく過程では、フランス領マルティニーク出身の精神科医フランツ・ファノンの思想が大きな役割を果たした。彼は、黒人としてフランス式の教育を受け、フランスの軍や政治に関与した経験から、植民地統治の基礎にある人種差別の根深さを痛感させられ、専門職者として成功しても「黒い皮膚、白い仮面」とならざるをえない現実や、植民地に現地人として生まれただけで自らを劣者として表象してしまう「地に呪われたる者」の宿命などを鋭く指摘して、アフリカをはじめとする植民地の解放の、長期にわたらざるをえない困難性をえぐり出した（Fanon, 1952 ＝ 1970; 1959 ＝ 1966; 1961a ＝ 1969; 1961b ＝ 1969）。

　これについで、欧米の白人たちがオリエント、すなわち広い意味での東方あるいは非西洋の人びとに、植民地化と植民地統治の過程をつうじて押しつけた差別的イメージの集成、すなわちオリエンタリズム、の批判も重要である。これは、エジプト出身の社会学者アブデル-マレクの批判などに始まり、フーコーの言説分析の手法で緻密に仕上げたエドワード・サイードの『オリエンタリズム』で、否定しようのない明確な形態に仕上げられた（Said, 1978 ＝ 1986）。サイードがパレスチナ出身で、最後までその解放を願い、支援し続けていたことも、良く知られている。

　このほか、植民地解放が進むとともに、新生国の出身者が先進国にわたり、そこで切り開かれていた新思想の地平や方法を我がものとして、先進諸国の現状を非難するとともに、母国旧植民地の根深い問題とその独自な解決法を明らかにしはじめたことも、かぎりなく重要である。カルチュラル・スタディーズやポストコロニアリズムを中心とするこれらの新思想が、先進諸国における現代思想展開の行き詰まりを越えて、今や21世紀地球民主社会への新しい視座を開きつつあることを、私たちは次に見なければならない。

6 本当の民主社会はこれから

6.1 先進社会の行き詰まり

　1973年の夏を私は今でも良く覚えている。当時私は友人と労働者の労働過程の調査を続けていて、各地の工場などの労働現場を見て歩いていた。高度経済成長が続くなか日本の工場はどこもフル稼働していて、その轟音が響き渡り、この夏の異常な暑さを何倍にもしているように感じられた。

　しかし、この年の10月に勃発した第四次中東戦争によって石油の供給が止まり、18年間続いた日本経済の高度成長は終焉した。日本と米欧の先進諸国は、第二次世界大戦後、それぞれの仕方で、ケインズが定式化した政府の経済への介入を合理化する理論と、その枠内でハロッドらが展開した、技術革新を動力とする経済成長の理論などを用いて経済成長を行ってきたが、その大前提であった中東からの低価格の石油供給が止まったのである。この石油危機あるいはオイル・ショックによって、日本を含めて先進諸国の成長率は一時マイナスに落ち込み、そこから回復しても以前のような高さには戻らず、不況とインフレが同時に進行するいわゆるスタグフレーションの時期が訪れた。

　これには、5.2でふれたように、1960年代からヴェトナムに本格的に軍事介入し、一時は50万を超える兵力を動員したうえ、第二次世界大戦で投下された総量を上回る量の爆弾を投下したにもかかわらず、75年までに完全敗北して撤退を余儀なくされたアメリカの責任もあった。この戦争につぎ込まれた大量の戦費のために基軸通貨としてのドルの価値が下落し、71年に大統領ニクソンが取った変動相場制への移行すなわちニクソン・ショックをつうじて、世界経済の混乱はさらに深まった。

　独立戦争以来の最初の大きな敗北は、対外的にアメリカの威信を傷つけたばかりでなく、内部的にも多くのアメリカ人の自信を揺るがし、ヴェトナムからの帰還兵の暗い自虐的な行動を描いた『タクシー・ドライバー』のような映画もつくられた。この映画がつくられた1976年の大統領選挙で、アメリカ市民は、ウォーターゲート事件で弾劾されたニクソンの、副大統領で後

任であったフォードを斥け、ジョージア州の農村出身のジミー・カーターを大統領に選んだが、再生への強いメッセージを世界に送り出すことはできなかった。

　ヨーロッパ諸国はこれを見て、アメリカからのさらなる自立の方向に進んでいくことになる。すでに1960年代に石炭鉄鋼共同体、経済共同体、原力共同体の統合を成し遂げていたヨーロッパは、80年代後半に単一議定書で政治協力もはじめ、92年調印、93年発効のマーストリヒト条約によって司法関連も含む三本柱構造（ヨーロッパ連合EU）に移行していく。同条約49条は、自由、民主主義、人権尊重、法の支配を加盟の条件として掲げた。

　日本は、1973年のオイル・ショックから比較的早く立ち直り、79年にイラン革命によって引き起こされた再度の石油危機にも耐えて、80年代には比較的順調な経済成長を続け、一時はその経済力がアメリカのそれをも追い越すかのように騒がれた。しかし、これで調子に乗りすぎ、世界中での不動産投機などに走った結果、経済はバブル状態となり、90年代に入ってそれがはじけたあとは、深刻な企業・銀行倒産などのあい次ぐ「失われた10年」に入っていくことになった。

6.2　新自由主義からグローバル化へ

　5.4で、同じ1973年の9.11に、チリでアジェンデ政権崩壊の惨劇があったことを述べた。当時シカゴ大学の経済学教授であったミルトン・フリードマンは、この報を聞いて快哉を叫んだといわれ、じじつアジェンデ政権をつぶしたアウグスト・ピノチェトの独裁政権は、フリードマンを含むシカゴ学派の学者を何人も経済指導のために招くことになった。

　フリードマンの先行者としては、オーストリア出身のフリードリッヒ・アウグスト・フォン・ハイエクがいた。ハイエクは、デカルト以来の構成主義的合理主義に反対し、計画に必要な大量の情報を集めるのは人間理性には無理であり、その限界を解決していくのは市場以外にないと考え、社会主義、共産主義、ファシズム、ナチズムを同根の「集産主義」とみなし「隷従への道」として批判していた。この市場原理主義の延長上で、フリードマンは、

景気循環は貨幣供給量と利子率によって決定されるというマネタリズムの立場を徹底し、政府の財政・経済政策によって経済変動を調整していこうとするケインズ主義を強く批判した。

　この立場が1970年代から80年代にかけての先進資本主義諸国に広がっていき、79年イギリスのサッチャー政権、81年アメリカのレーガン政権、82年日本の中曽根政権と、あいついで自由主義を志向する政権が成立することになった。サッチャー政権は、各種国有企業の民営化や規制緩和、金融改革などを断行し、抵抗する労働組合の力を弱める。レーガン政権は、国内でレーガノミクスと呼ばれる再産業化政策をとるとともに、戦略防衛構想SDIなどによってソ連への対決姿勢を取り、アメリカ立ち直りのきっかけをつくりだそうとする。中曽根政権は、「戦後政治の総決算」を掲げて革新勢力への対決姿勢を取り、レーガン政権との関係を深める一方、国内では日本専売公社、日本国有鉄道、日本電電公社の三公社の民営化など行った。これらのほか、82年に成立したドイツのコール政権は、ソ連東欧への抑止力としてNATOの軍事力を強化する一方、社会民主主義に配慮しつつも基本的には自由主義に近い政策をとった。81年に成立したフランスのミッテラン社会党政権も、最初は社会主義的政策をとったもののすぐに自由主義的政策に転じ、コール政権とも友好関係を深めていく。こうした結果、大陸ヨーロッパも大勢としては英米日と同様の方向に動いていった。

　新自由主義すなわちネオリベラリズムと呼ばれるこの潮流拡大の背景には、ソ連東欧の行き詰まりが外から見てもはっきりと感じられるようになってきた、ということがあった。文化大革命の混乱を収束した中国は、すでに1978年に改革開放に踏み切り、市場経済と外国資本の導入に踏み切っていた。前項で先進資本主義諸国の行き詰まりを見たが、この意味では「社会主義」諸国のほうもとっくに行き詰まっていて、前者から見ると後者を押さえ込む展望が出てきていたのである。もともと資本主義諸国がケインズ主義の導入に踏み切った一因は、第二次世界大戦の前後をつうじて、爆発的に膨張するようにみえた20世紀社会主義への対抗意識だったわけだから、それが行き詰まって押さえ込めそうになってきたのであれば、資本主義自らの行き

詰まりを打開するために、思い切って市場原理主義に回帰するのも当然といえば当然の選択である。

　ソ連では1985年に、ミハイル・セルゲーエヴィッチ・ゴルバチョフが共産党書記長となり、ペレストロイカ（改革）やグラスノスチ（情報公開）を推進し始めた。イギリスのサッチャー首相が、このゴルバチョフの可能性をいち早く見抜いたといわれるのは、まことに象徴的なことである。ゴルバチョフは、良い意味でも悪い意味でも、長いスターリン時代とその後の再スターリン化期を生き抜いて、かろうじて現代ソ連の権力を掌握しえたレーニン主義者であった。良い意味では彼は民主主義者で、ソ連内部のあらゆるところ、あらゆるレベルに民主主義を回復することを呼びかけると同時に、米ソ冷戦を終結し、社会帝国主義的支配のもとに置いてきた東欧諸国を自由にした。しかし同時に、彼は悪い意味での政治主義者で、ソ連社会システムの基礎である経済がすでにどうにもならなくなっていたにもかかわらず、基本的には政治的な主導性で改革が進められるものと考えすぎていた。その結果、ペレストロイカは失敗し、東欧諸国に続いてソ連のシステムも崩壊して、世界はグローバル化の時代にはいることになったのである。

6.3　現代思想の展開

　この間にドイツとフランスでは、現代思想と呼ばれる重要な思想過程が進行した。

　まずドイツで、ユルゲン・ハバマスが近代市民社会を、公共性を中心とする社会としてとらえ、人びとの生活世界から合意形成の努力をつうじて立ち上げられた公共性が、いつのまにか利益優先の合理性を追求する政治経済システムに乗っ取られ、それによって今や生活世界が「植民地化」されている、という「公共性の構造転換」論を提起した（Habermas, 1962＝1980）。ハバマスはさらにこれを、すべての思考は言語を用いてなされるのだから、言語的行為それ自身への反省なくしては正しく遂行されえないという、哲学の「言語学的旋回」を受け入れて、コミュニケーション的行為の理論として展開し、コミュニケーション的行為を、その内容の理解可能性、現実世界との対応を

めぐる真理性、伝えようとする話者の真実性、社会的文脈に照らしての正当性の4点から判断する普遍的語用論に具体化した（Habermas, 1981＝1985-87）。ハバマスによれば、この4点を満たすコミュニケーション的行為こそが、ディスクルスすなわち理想的対話状態として近代的公共性の内実をなすべきものであり、システムが生活世界を植民地化してそうなることを妨げている以上、われわれはなお「未完の近代」を完成させるべき課題を負っているのであった。

　この考え方にたいして、ニクラス・ルーマンが、近代市民社会の立ち上げの時期にはたしかにそうであったかもしれないが、近代化の内実には、あらゆるものが、それが何であるかという実体よりも、何をするかという機能によって役割を果たしていくようになる「普遍的機能化」の過程と、それにより、なんらかの価値が恒久的に価値ではありえなくなるという「脱中心化」の過程が含まれており、この立場からすると、ハバマス的なディスクルスすなわち理想的対話状態は、必ずしも普遍的かつ恒久的に理想ではありえないと批判する。社会はけっきょく、人間とその世界、すなわち自然、社会、文化などとのあらゆる形態の、たえざるコミュニケーションの継続から成り立っているのであり、そうしたコミュニケーションの機能化をつうじての、諸個人、諸集団、諸文化、諸人間・自然関係など諸システムの相互の取り入れが輻輳しあって「世界社会 Weltgesellschaft」をなしているのであって、公共性をいうとしても固定した普遍的な理念のごときものはないのだというのである（Luhmann, 1984＝1993-95）。

　ルーマンのこの抽象的な主張は、一方で等価機能分析による社会構造転換に道を開いていくことになるが、他方で、同時期のフランス思想によって、事実上、西洋的近代化の裏面を暴露していく形で例示されていくことになった。まず、ルイ・アルチュセールが、「イデオロギー」の意味を解釈しなおしてその構造形成力に注目し、あたかも大文字の主体がわれわれに後から呼びかけてある種の行為をなさせ、それによって社会のあり方を決めていくのだと主張する（Althusser, 1993＝1993）。これを受けてミシェル・フーコーが、特別に大文字の主体を想定しなくとも、ある種の「言説」が社会に広まり、し

だいに多くの人びとがそれを受け入れて同じような行為をするようになれば、おのずから「種差的な権力」が生まれ、社会はある形に構造化されていくのだという主張を、豊富な事例を盛り込んだ言説分析で現示する（Foucault, 1975＝1977; 1976-86＝1986-87）。具体的にいうと近代市民社会は、自由・平等・友愛というような普遍的理念を掲げながら、精神的正常、逸脱行動、望ましい性的振る舞いすなわち「セクシュアリテ」などについてのさまざまな言説を流布させ、それらによって精神病院や監獄や売買春窟等々をつくり、不都合な人びとをそれらに収容しながら、望ましいと思われる秩序すなわち構造を形成してきたのであって、そのどこにもハバマスのいう理想的対話状態すなわちディスクルスのようなものはないのだというのである。

　ジル・ドゥルーズとフェリックス・ガタリがこれを受けて、資本主義を「アンチ・オイディプス」としてとらえ返し、それから解放された「千のプラトー」すなわち無数の高潮例を示した（Deleuze & Guattari, 1972＝1986; 1976＝1977; 1980＝1994）。両名によると、人類の歴史は、オイディプスの立ち上げすなわち専制政治から始まるが、土地、国家、戦争などによる専政をくぐり抜けて、それらからのたえざる自由を売りつけつつ、くり返し自らへのオイディプス・コンプレクスを植え付けてきたのが資本主義であり、そのことに気づき、資本主義の基礎に根を張っている人間の無意識的な通時的共時的つながり、すなわち「リゾーム」をふまえて、思うさまに自己実現を図る「抽象機械」を立ち上げ、それぞれがさまざまな形で自由になって「千のプラトー」を実現すれば、人間は資本主義とそのあらゆる派生種から解放されうるのだという。ドゥルーズとガタリが示して見せたのは、1960年代末に主として先進資本主義諸国で若者と労働者たちが切り開いた、世界的に既成体制化されたケインズ的資本主義と、それに対抗しようとしながらそれよりもはるかに抑圧的となってきていた「社会主義」への、自由意志的で非権威主義的なオルタナティヴの実現形態であった。

6.4　ポストコロニアリズムからの批判

　こうした西ヨーロッパからの現代思想展開にたいして、欧米日中枢からく

り返し周縁化されてきた旧植民地世界の知識人から、批判の声が上がる。

　現代思想はそれ自身、西洋思想にたいする徹底した自己批判であったが、すでにその内部に、ジャック・デリダのそれのような、自己批判をさらに徹底させようとする潮流も存在していた。デリダは、存在そのものに、それを把握するために用いられてきた言語の徹底した破壊と再構成、すなわち解釈学的現象学によって迫ろうとしたハイデッガーに学びながら、テキストの「脱構築」という方法を練り上げ、現代思想を含む西洋思想の最深奥に、プラトンのイデアのそれに象徴されるような「明証性」への執着があることを暴き出した（Derrida, 1967＝1972）。この脱構築からすると、フーコーが、セクシュアリテをめぐる諸言説による近代市民社会の自己抑圧を打破するため、古代ギリシアのセクシュアリテに向かっていってその寛容性に救いを求めようとしたのにも、ドゥルーズとガタリが、オイディプス王の悲劇から出発してそれを乗り越えようとしたギリシア精神を再興させて、資本主義批判とそれからの解放の方途を見出そうとしたのにも、なお明証性への執着のゆえに見えていない世界があったのではないか？

　資本主義のメカニズムはすでに明らかであり、それからの解放の道筋もすでに豊富に示されているのだから、今や私たちは自らをみずから解放しさえすればよいのだというドゥルーズとガタリの呼びかけにたいして、インド出身の脱構築主義者ガヤトリ・チャクラヴォーティ・スピヴァクが、「サバルタンは語ることができるか？」という問題を提起した（Spivak, 1988＝1998）。サバルタンとは、イタリアのマルクス主義者アントニオ・グラムシの用語で、社会の下積みとされてきた人びとのことを意味するが、かつて植民地つまり下積みとされた諸社会には下積みの下積みにされてきた人びとがおり、その人びとは自らの境遇を語ろうにもいまだかつてそのチャンスさえ与えられてきていない、というのである。その例としてスピヴァクは、インド社会で、夫に先立たれて後追い自殺を強いられてきた寡婦たちすなわちサティーたちの例を挙げ、イギリスからの植民者ばかりでなく、現地の有力者たちからも無視されてきたこの人びとを無視したままで、西洋思想は自らの脱構築をなしうるのか、と迫った。

他方で、インド独立運動に加わって重責を課されて追いつめられながらも、不倫の恋で妊娠して窮地に追い込まれたなどという「解釈」の余地を残さないために、わざわざ生理中に自殺した少女の例を挙げて、スピヴァクは、男性など支配的な立場に立っている者どもが見逃しやすい小さな、しかし決定的な契機をも見逃さない、徹底した脱構築を主張し、旧植民地世界ばかりでなく先進社会にもいまだ決して少なくはない未発掘のコロニーの存在に、私たちの眼を向けさせた（Spivak, 1999＝2003）。5.6で指摘したポストコロニアリズムの展開といえるこのような試みによって、旧植民地世界の文化的ヘゲモニーはますます明らかとなり、米ソ冷戦終結後急速にグローバル化されてきた市民社会の、新自由主義などではとうてい扱いきれない「氷山の隠された大半」が照らし出され始めたのである。

6.5　サバルタンとマルチチュード ── 未主権者と脱主権者

こうして、新自由主義すなわちネオリベラリズムが跋扈する世界に、その市場礼賛と貨幣崇拝を根底から告発する視座が広がってきた。サバルタンはいわば、近代市民社会が世界を制覇する過程で下積みの下積みにしてきた人びとの大群であり、この人びとは、独立後のインドのように市民民主主義の形式をいちおう整えた社会のなかでさえ、開発の遅れた農村部や大都市部に無秩序に広がるスラムのなかなどに、主権者以前の群集として取り残され続けているのである。かつて開発独裁や軍部独裁などが広がったラテンアメリカやアジア・アフリカの諸国では、米ソ冷戦終結の前後をつうじて民主化の波が広がったが、その結果市民民主主義の形式がある程度実質化してきている諸社会にも、なお同様の事情が深刻に存在しているといわなければならない。まして、北朝鮮やミャンマーや中東から北アフリカおよび中央アフリカの諸国にいたるまで、イデオロギー、軍事、宗教などの複雑に絡んだ独裁政権やそれに近い政治形態が続いている諸社会では、事態はもっと深刻であると言わなければならない。

高速度の経済成長が続き、いまやアメリカとならぶ大国のようにみなされる中国も、この点では厳しい批判の目を逃れられない。「人民民主主義」を自

称してきたこの国の政治システムは、思想・言論の自由と政党の結成・選択の自由を前提にした普通選挙制度をもたないかぎり、中国革命で皆が同様の「人民服」を着て解放の端緒をつかんだはずの人びとの多くを、半植民地状態以前から続いていたサバルタンの身分にとどめおくことになる。経済成長の波に乗り、「富裕層」や「中間層」となった人びとも、自由な眼で自らの社会を見直し、そのあり方・行き方を決めていけるような制度とエートスをもたなければ、真の主権者とはいえない。このようにポストコロニアルな眼で見れば、サ・バ・ル・タ・ン・とはいまだ主権者になりえていない人びと、つまり未・主・権・者・のことであり、現代世界はまだまだこのような未主権者の大群によって下支えされ続けているのである。

　これにたいして、では、市民民主主義の定着したかにみえる先進諸国の人びとはどうかというと、じつは彼らも、そう簡単に主権者であり続けえているとはいえない。2000年代の冒頭にマイケル・ハートとアントニオ・ネグリによって『帝国』が刊行され、アメリカから立ち上がった新しい「帝国」が、アメリカ的生活様式を普遍化した生政治的生産をつうじていまや世界を支配しており、そのもとで多くの人びとが、この「帝国」の指示する生き方をさせられているか、あるいはその生き方を求めてさまよう、大群衆すなわち「マルチチュード」にさせられていると指摘された（Hardt & Negri, 2000＝2003）。生・政・治・的・生・産・とはフーコーの広めた用語で、われわれが諸言説をつうじて、ある性的振る舞いすなわちセクシュアリテ ―― その基礎として当然のことながらある食衣住およびコミュニケーションの様式 ―― を選択することにより、社会を生産し、種差的な権力関係を構築し、結果として支配の構造を維持させられていくことを意味する。

　この理論が出された直後、アメリカではジョージ・ブッシュ（息子）が大統領に就任し、同じ2001年に起こった同時多発テロ（9.11）に過剰反応して「テロとの戦争」を開始し、それに全世界を巻き込んだ。構成的権力を把握する高度な観察眼と思考力を用いるまでもなく、アメリカは赤裸々な軍事帝国となり、アフガニスタンから始まった一方的な戦争はイラクへと展開して、ブッシュの二期目へと続いた。ハートとネグリのいうマルチチュードの大半

は、テロへの義憤とナショナリズムに取り憑かれているあいだに、戦争へと駆り立てられる政策の是非とアメリカ社会のあり方・行き方を判断する機会を奪われ、主権者でありながら事実上主権を剥奪されるような状態になってしまったのである。これはいわば、いちど主権者になった人びとが事実上主権者でなくされる、すなわち脱主権者化される事態であり、私はとくに、このようにして脱主権者化された人びとや事実上そうなっている人びとのことを、マルチチュードと呼びたい。こう考えてくると、ポストコロニアリズムのインパクトを受けた視座には、圧倒的なサバルタンすなわち未主権者の大群とならんで、場合によっては同じ程度に圧倒的なマルチチュードの大群が浮かび上がってくるのである。

6.6　主権者化と再主権者化の連携で地球民主社会へ

　サバルタンすなわち未主権者は主権者化されなければならず、マルチチュードすなわち脱主権者は再主権者化されなければならない。

　息子ブッシュの一方的な戦争政策のもとで脱主権者化されていたアメリカ市民は、2008年の大統領選挙で立ち上がり、エスニシティやジェンダーの絡んだかつてないキャンペーンを実現させたあげく、最終的にアフリカ系アメリカ人のバラク・オバマを選出した。500年にわたり欧米出自の白人男性に握られてきた近代世界システムの権力の頂点に、エスニシティにかんするかぎり正反対の属性ascriptionの男性が就いたのであり、選挙の総過程を見るかぎり、これは属性革命と呼んでもいいような大変革である。オバマは就任後、「核のない世界」に向けての前進を宣言し、その方向に世界を動かし始めるとともに、国内では、長年の懸案であった国民皆保険に向けての医療保険制度改革などを始動させた。

　もちろん、動には反動がつきものであり、オバマの就任とこうした行動にたいして、アメリカの草の根保守層からティーパーティのような動きが起こり、それらに後押しされた共和党のその後の選挙での勝利で、民主党政権が苦境に立たされているのは事実である。日本でも、オバマの勝利に後押しされた、事実上戦後初めてともいえる2009年の政権交代が、鳩山内閣の軽は

ずみと、その後の菅内閣や野田内閣の定見のなさとのゆえに迷走状態となり、長年の自民党〔中心〕政権のもとでの脱主権者状態からようやく脱けだしたかにみえた日本の人びとを、もう一度脱主権者化させつつあるようにみえる。同年に行われたドイツの総選挙では中道右派が圧勝して大連立が解消され、翌10年に行われたイギリスの総選挙では、保守党が勝利して自由民主党との連立内閣が成立し、1997年いらい続いていた労働党政権が崩壊した。

2009年に行われたインドの総選挙では、サバルタンの語りを代弁すると見られた諸政党が思ったほど伸びなかったし、2010年の劉暁波ノーベル平和賞受賞で揺さぶられた中国の「人民民主主義」は、その後も顕著な変化の兆しを見せてはいない。しかしこの間に、ウィキリークスのような、インターネットなどの情報ネットワークを用いた普遍的市民すなわちネティズンの情報公開活動が大幅に進み、イラクでのアメリカの卑劣な戦争行為をはじめとして、世界中の権力の実態が暴き出されるようになってきた。こうしたネティズンの国境を越えた活動が、2011年以降、チュニジアやリビアやエジプトの長期政権──事実上の独裁政権──を崩壊させ、その他中東の同種の政権を揺さぶり始めたことも、これからの世界の動向を左右する重要な要素である。ウィキリークスの活動は、世界中の主権者に自分たちがマルチチュード化すなわち脱主権者化されていないかを気づかせるものであり、北アフリカの動向は宗教や軍部の力で分厚く遮蔽されていたサバルタンすなわち未主権者ですら、いまや主権者化されようとしていることを示すものである。

こうして、20世紀から21世紀にかけて顕著となってきた歴史の流れは明らかであり、それは世界中の社会の民主化であるといっていい。さまざまな程度にさまざまな形態で人びとが未主権状態にある社会は、民主化されていかざるをえないであろうし、すでに民主化されていながら人びとがくり返し脱主権者化されようとする諸社会は、くり返し人びとの再主権者化を進めていかざるをえないであろう。未主権状態にある人びとの主権者化の動きと、脱主権者化されようとする人びとの再主権者化の動きとが連携して、地球社会全体の民主化を推進していく──そのような時代こそが現代なのであり、その意味で本当の民主社会は地球的規模でいま始まったばかりなのである。

II　主権者が社会をとらえる

1　全身で世界をとらえる

1.1　主権者になり、なり直すために

　主権者とはどんな人間で、歴史的にどんなふうに現れ、世界に広まってきているのか。どういう意味で画期的であるとともに、どんな問題をもっているのか。いろいろ考えてみると、主権者の時代はむしろこれからというべきなのではないか。そのためにも、まだ主権者になりえていない人びと、つまり未主権者と、なったように見えてもいつのまにかまた主権者でなくされてしまう人びと、つまり脱主権者とは、連携し、世界の民主化をもっともっと進めていかなければならないのではないか。などのことを前章で述べた。

　私たちは、いずれにしても主権者にならざるをえず、すでになっているか、遅かれ早かれなるのだが、一度なればいいというものではなく、少しでも油断しているといろいろな形でそうでなくされてしまうので、く・り・返・し・主・権・者・に・な・り・直・さ・な・け・れ・ば・な・ら・な・い・の・だ・、というのがポイントであった。主権者であることの制度的保障はひとまず普通選挙なのだが、選挙制度には多くのばあい不備があり、完全比例代表制によって主権者の意思が正確に議会に反映されうるようになったとしても、仲をとりもつ政党やそれに代わる団体の数や競合関係が適切で健全でなければ、民主主義はやはりうまくいかない。その場合には、主権者は、みずから街頭などの公共空間に出て意思表示をしたり、みずから政党や団体などの結成に踏み出さなければならないこともある。

民主社会を実質化する諸制度のあり方は、それじたい主権者が決めていくしかないので、主権者が自分たちの社会のあり方・行き方を決めていく方式が議会制民主主義である以上、すべての問題はくり返し選挙制度と政党その他のあり方に戻ってくる。いやそれ以上に、私たち主権者が、自分たちの社会のあり方をどうとらえ、それをどうしたいと思うかという意欲の問題に戻ってくる。民主社会の主権は私たちにあるのだから、私たちがそれをどうしたいかという意思をはっきり示すならば、具体的にそうする方法は必ずあるはずである。

　そのために主権者は、自分たちの社会の現実をできるだけ正確にとらえることができなくてはならない。「できるだけ正確に」というのは、複雑でダイナミックに動いていく社会のとらえ方に絶対はないので、社会がこうなってきた歴史の趨勢に照らして自分たちの社会はどんな状態にあるのかを、良いと思う面や悪いと思う面に偏りすぎることなくバランス良く、という意味である。そのために主権者は、社会がこうなってきた歴史の趨勢をできるだけうまく整理して、頭のなかに入れておかなくてはならない。

　これは、わかりやすくいえば、今の日本の高校や大学で教えられている歴史や社会についての知識を、一貫した論理でどのように整理し、現代社会の現実をとらえるのに役立つようにするかという問題である。いわば社会についての汎用性の高い根本知識をどのように構築するかという問題なので、主権者の、主権者による、主権者のための社会理論をどのようにして入手するか、という問題だと言っていい。

　そのために、主権者はまず、社会をとらえるとはそもそもどういうことか、ということから考えてみなくてはならない。

1.2　自己言及の反復

　社会をとらえるとはそもそもどういうことか。こういう問いを発するとき、じつは私たちは、すでに社会をある仕方でとらえている。いや、より正確を期すると、私たちはすでに、ある仕方で社会にとらえられている、と言うべきかもしれない。

私たちは、生まれて育ってくるあいだに、しつけられ、教えられ、ある社会にある仕方で生きるようつくられてきている。社会学や教育学でいう社会化である。ヒトが社会のなかで社会化されつつ育たないと、どういうことになるか。それを示すために、アヴェロンの野生児やアマラとカマラの例など、なんらかの理由で野に放置され、オオカミに育てられたためにオオカミのように振る舞うヒトの例が、取りあげられたりしてきた[2]。ヒトが人になるために、そしてさらに高度な文明をになう人間になるために、社会化されつつ育つのは必須のことである。

　しかしこのことは、私たちがすでにある社会によって、それに都合良くつくられてきているということなので、この社会をとらえるためには、私たちは、私たちの身体をこの社会が社会化する以前のものにできるだけ戻してみなければならない。そんなことはもちろん経験的には不可能なことだが、全身的に考える操作としてできるだけそうしてみる必要がある。現存社会の社会化作用の効果をできるだけ取り去った私たちの身体を、かりに初身体と呼んでみよう。それは私たちの自己の核である。それに戻ろうとすることこそ自己言及というものなのだ、と私は思っている。

　社会のなかで社会をとらえるためには、くり返し初身体に回帰する、つまり自己言及することが必要である。近代のヨーロッパで主権者が成長してくる過程でも、このことがくり返しおこなわれた。17世紀に、フランスのルネ・デカルトは、自分が身に着けた中世いらいの学問がすべて疑わしいとして、あらゆることを徹底して疑う方法的懐疑を17年間も続け、唯一疑いえないものとして「私は考え続けている、だからその私は疑いなく存在する」という認識に到達した。そしてその私が「明晰判明」であると考えることだけで、自分とその世界についての正確な知識を組み立て直そうとした（Descartes, R., 1637 ＝ 1997）。

　18世紀にドイツのイマヌエル・カントは、この私がどのようにして、どこまで世界とそのなかの私を認識できるのかについて徹底的に考え抜き、私

2　これらの例には、その信憑性について、疑問も出されている。

たちに備わっている認識の枠組とそれを用いる作用が、私たちの感覚器官がキャッチする世界の現れすなわち現象をもとにこの世界を構成しているのであり、現れの背後にある物自体やそれらを創りだしたかもしれない神などは、経験的認識の範囲外のもので、むしろ私たちの意志や好みが生み出してきたものだ、という考え方を示した（Kant, 1781-87 = 1961-62）。しかし、この認識の枠組や作用も、よく考えてみれば当然のことながら、カントの生きていた社会やその歴史がつくりだしてきたもので、ヨーロッパ人が世界に乗り出し、自分たちのとまったく異なる社会や文明を見出すにつれ、それらがけっして普遍的といえないことが明らかになった（Durkheim, 1912 = 1975）。

そこで、19世紀の末いらい、オーストリアのエドムント・フッサールに始まる人びとは、私たちがすでに知っている世界を知る、すなわち意識されたものをあらためて意識し直すという認識の仕組みをいつも忘れず、私たちに植え付けられた偏見はもとより、あらゆる自明の前提をくり返し白紙還元——現象学的に還元——しながら、つねに「今ここに」ある世界を新鮮にとらえ直していくよう訴え始めた（Husserl, 1913 = 1939-41; 1936 = 1954）。このやり方は、私たちがつねに言葉を使って世界をとらえ、そのためにほんらい社会的なものである言葉によってくり返し社会にとらえられるということを逆用して、言葉の分析からこの世界——存在と時間——をとらえ返すという、ドイツのマルティン・ハイデッガーの解釈学的現象学に展開していく（Heidegger, 1927 = 1971）。

フランスのモーリス・メルロ-ポンティは、他方、私たちの身体は両義的なもので、ある意味では自らを意識し、世界を対象化して認識し、変革していく、つまり対自存在なのだが、他の意味では私たちが十分に認識できない存在そのもの、つまり即自の世界に属しているのだ、と主張した（Merleau-Ponty, 1942 = 1964）。この考えは、私たちが、自分たちと私たちの世界にたいして謙虚になり、この世界のなかにあることに感謝しながらも、それと私たち自身をできるかぎり良くしていくために、基本的に必要なものである。

こういう人たちに学びながら、社会をとらえるために、私たちはくり返し初身体に回帰しようとし、自己言及しなければならない。

1.3　受けてきた教育の洗い直し

　そのためにまず必要なのは、これまで受けてきた教育をくり返し洗い直していくということである。

　教育には、学校前教育と学校教育と学校後教育とがある。学校前教育は、私たちが生まれるやいなや親その他によってなされ始めるもので、広い意味での家族を中心に行われる。学校教育は、周知のように、小学校、中学校、高等学校、大学などを基本としておこなわれる。そして、学校後教育は、私たちの多くからすると、職場での教育とそれ以外の日常生活の場での教育とからなる。

　職場での教育は、日本の企業の多くが大学での教育を十分と考えておらず、入社後の研修や職場での教育を重視してきているので重要であるが、それとならんで重要なのは日常生活の場での、とくにマスコミによる教育である。新聞もまだまだ重要であるが、とくに重要なのはテレビで、それに加えてこのところ圧倒的に影響力を強めてきているのはインターネットである。インターネットには、パーソナル・コミュニケーション（パソコミ）の面と、それとマスコミとの中間のコミュニケーション ── 私はそれをメゾコミと呼んでおきたい ── の面もあるので、単純にマスコミのなかに入れてしまうことはできないが、取り急ぎここではインターネットのマスコミ的な面を考えておこう（主権者のあいだのコミュニケーションとしてのインターネットの重要な意味については、この節の終わり1.6で考える）。

　これら家族、学校、職場、テレビ、そしてインターネットなどは、ルイ・アルチュセールの言い方を借りれば、「国家のイデオロギー装置」である（アルチュセール他, 1993）。国家が歴史的にどのようにして出てきて、どのような役割を果たすのかはあとで考えるが、国家は一般に、軍隊などの暴力装置と、徴税してそれを維持するとともに、所得再分配などの役割を果たすための官僚装置に加えて、これらのイデオロギー装置をもっている。とくに国内（社会）を治めていくためには、不満分子や批判集団にたいして暴力を行使するなどというのは最悪の場合で、家庭や学校や職場やマスコミで教育され続け、何も言わなくとも税金を払い、内政や外交のさまざまな政策を支持し

てくれればいちばん良いわけだから、イデオロギー装置をつうじての教育ほど重要なことはない。それだけに私たちは、それらによる教育の成果をくり返し洗い出して、徹底的に白紙還元してみようとしなければならない。

　そのさい、知識、情報、データなど、いわゆる知育の成果は、どこでどのように教えられたのか、あるいは学んだのか、もっとも反省しやすい。この意味では、知育の成果はもっとも洗い出しやすい。

　これらにたいして、これらをつうじてか、あるいは直接間接に教え込まれた倫理や道徳などは、私たちの身体にしみこんで無意識化していることが多いので、反省するのがもう少しむずかしい。つまり、徳育の成果はもう少し洗い出しにくい。例えば、私が子どものころ台所に入っていくと母親に「ここは男の子の来るところではない」などといわれたし、盆踊りの時に近所のおじさんが体中に墨を塗って、「私のラバさん、色は黒いが南洋じゃ美人」などと歌って踊るのを、とくにおかしいとは思っていなかった。

　しかし、これよりもさらにむずかしいのは体育の成果の洗い出しである。体育といっても学校の授業としての「体育」ではなく、もっと深刻な体育だ。例えばジークムント・フロイトは、私たちが赤ちゃんの時代から、母親の乳首に吸い付いていて受ける口唇期の教育、少し大きくなってトイレット・トレーニングをつうじて受ける肛門期の教育、さらには幼児期から親やきょうだいに感ずる性欲をコントロールしなければならないという教育、などが成人してからの私たちをも規制していることを指摘した。フロイトはさらに、私たちの社会が、トーテムやタブーなどをもっていた頃からの集合的記憶あるいはコンプレクスで、私たちを無意識のレベルから他の民族集団などへの攻撃に駆り立て、凄惨な戦争を引き起こしたりすることなども指摘した（Freud, 1905＝1969 他）。

　これらに加えて、ミシェル・フーコーの近代社会批判は、私たちが市民社会としてとらえてきた社会が、セックスや犯罪や狂気などについてのさまざまな言説を流布させ、その渦巻きに私たちの身体を巻き込んで、ちょっとした差異を利用する権力の作用で、ある種の支配構造を維持していくメカニズムを指摘している点で、重要である（Foucault, 1975＝1977; 1976-86＝1986-87）。

私たちが性的な振る舞いつまりセクシュアリテなどにかんして、無意識のうちにもなんらかの偏見をもっており、それによって社会のある種の秩序あるいは構造をそれと気づかずに維持することに荷担していないかどうかを、私たちはくり返しチェックし続けていかなくてはならない。

1.4　ハビトゥスとしての私

　こういうふうに考えてくると、アメリカのプラグマティズムの哲学者たちが人間は「習慣の束」であると言ったことにも、あらためて有益な意味を見出すことができる。ウイリアム・ジェームズは、人間の行為を、どういう理由──とくに道徳格率など──にもとづいておこなわれたかよりも、どういう結果をもたらすか、あるいはもたらしたかでとらえるべきだと主張し、人間は生まれたときから生きるために良いと思う行為をくり返してきているので、それらが習慣化しており、そういう習慣の束が人間なのだといった。だから教育とは、一言でいえば良い習慣を形成していくことだというのである（James, 1907＝1957）。

　ジョン・デューイはこれを受けて、習慣が多くの人に共有されているのが慣習で、それが社会というものの実質なのだと考えたうえで、人間が変わり、社会が変わるというのはどういうことなのかを論じた。人間は、習慣の束なのだけれども、そのなかのどれをもってしても解決できない問題が生じたばあい、衝動に突き動かされながら知性を働かせて新しい解決方法を見出そうとする。そのばあいもっとも有効な知性の働かせ方が熟慮で、それが確認され社会的に広がれば慣習が変わり、つまりは制度や社会の仕組みも変わっていくのだと主張した（Dewey, 1922＝1951）。

　フロイトやフーコーの影響を受けながらフランスのピエール・ブルデューが考えたのは、これにたいして、人間はハビトゥスだということである。ハビトゥスhabitusはラテン語で、英語のhabitに当たるから、もともとは同じ習慣という意味である。しかしブルデューは、この概念を民族学や構造主義を背景に深く掘り下げ、私たちの身体が、歴史や社会に規定されつつ無意識のうちにもつ「好み」を基礎に、無意識的および意識的に組み上げていく行

動——思惟、判断、選択などの精神作用も含む——の諸性向を指すものに発展させた（Bourdieu, 1979＝1989-90; 1980＝1988-90）。思い切って単純化すれば、歴史的に形成され維持されてきている社会構造のなかで、それによって形成されつつ、逆にそれを維持している厚みを帯びた習慣の束ということである。

　ブルデューはこのハビトゥスを、現代社会では学校社会のなかで磨き上げられ、完成されて文化資本になるものと考え、文化資本をもつ階級の社会支配、とくに豊かな文化資本をもつ者の子女がそれを継承してさらに豊かにし、それによって社会支配を継承していくという文化的再生産のメカニズムを指摘した（Bourdieu & Passeron, 1968＝1991）。学校教育による階級構造の再生産については、アメリカ社会について、サミュエル・ボールズとハーバート・ギンタスなども明らかにしたが（Bowles & Gintis, 1976＝1986）、ハビトゥス概念にもとづくブルデューの文化的再生産論は歴史的かつ社会的な背景の深さを感じさる。

　そこで、こういうところまで来ると、受けてきた教育の成果を洗い直して初身体を洗い出すといっても、ほとんど全社会、全歴史を掘り返すほどの大作業になるのだということがわかってくる。そんなことが私たち主権者にできるのだろうか？　カギは、ブルデューがハビトゥスにもとづく慣習行動（プラティーク）にたいして、私たち一人ひとりが意を決しておこなう行為が実践（プラクシス）だ、と言っていることにありそうである。プラティークを越えてプラクシスに踏み出す契機は、どこでどのようにして出てくるのか？

1.5　ハビトゥスをたえず超え出ていく私たち

　フッサールやハイデッガーの影響を受けたフランスの哲学者かつ作家で、メルロ＝ポンティの同時代人にジャン-ポール・サルトルがいた。サルトルは、現象学や解釈学的現象学の流れを実存主義として押しだし、しかもそれを意識の流れや参加を強調する20世紀小説や戯曲の形で表現したため、第二次世界大戦後の激動期に圧倒的多数の読者を獲得し、その直接的影響は1968年の五月革命を超えて四半世紀以上にも及んだ。

　サルトルの実存主義は、「実存は本質に先立つ」という形で、私たちがまず

あること（実存）を強調する。私たちはとにかくまずあるのであって、何であるか（本質）は私たちが何をするかによって決まってくるのであり、何をするかについて私たちは宿命的に自由なのである。このことを彼は、「人間は自由という刑に処せられている」とすらいう（Sartre, 1946＝1955）。

　彼の小説に即してもっと具体的にいうと、こういうことになる。1938年の小説『嘔吐』で彼は、ある港町で歴史研究に取り組むアントワーヌ・ロカンタンが、公園のベンチで一息ついているうちに、目の前のマロニエのごつい根に象徴される存在そのもの ── 即自存在 ── に吐き気をもよおす場面などを描く（Sartre, 1938＝1951）。すなわち、人間も含めてただあることそのものには何の意味もなく、この世界は無意味である。しかし、だからこそ人間はそれ自らを出でて立ち、意図的に行動することによって世界に意味を与えていく。こういうふうに、自らと向き合うことによって世界に意味を与えていく存在 ── 対自存在 ── としての人間の姿を、サルトルは、1943-49年の長編小説『自由への道』で、マチウ・ド・ラ・リュ ── これはどこにでもいる街の太郎というほどの意味 ── という形で具体化しようとした（Sartre, 1943-49＝1950-52）。マチウは、ナチス・ドイツの膨張によって第二次世界大戦に突入していくヨーロッパで、自らの実存に目覚め、対独レジスタンスに参加することをつうじて自らの生きる世界に意味を与えていこうとする。

　こうして、時代への関与としての参加（アンガジュマン）をキーワードとするサルトルの実存主義は、「各人は自らを選ぶことによって全人類を選択する」、つまり自分が何であるかを示すことによって人類が何であるかを決定していく、とまでいうものであった。このような極度の主意主義 ── 人間とその世界のあり方は人間が何を意志するかで決まっていくという考え方 ── の面が、彼が先輩とみなしていたハイデッガーからも受け入れられず、構造主義を広めたレヴィ-ストロースからは、人間的世界の何たるかをまるで知らない考え方であるかのような扱いを受けたのも、ある意味では無理からぬことであった。

　しかし、さらによく考えてみると、レヴィ-ストロースの批判を引き出すきっかけになった1960年の『方法の問題』と『弁証法的理性批判』でサル

トルが試みようとしたのは、人間的実存の主意性を、歴史的に形成されてくるダイナミックな構造のなかに位置づけることではなかったのか、と私には思われる（Sartre, 1960＝1962; 1962-65）。レヴィ-ストロースの構造がその歴史的形成過程や変容の可能性を問わないものであったのにたいして、サルトルの実存主義は、ハイデッガーの解釈学的現象学をより社会的政治的参加に引き寄せたところで、ソ連の権威のもとで教条化していた当時のマルクス主義を柔軟化しながら、歴史的にくり返し形成され直す構造になんどでも挑んで再形成を試みる人間的主体性に鍛え直そうとしていたのである。

こう考えると、フーコー、ドゥルーズとガタリ、デリダ、ブルデューなどが行った研究は、基本的にこのサルトルの試みの延長上に位置づけられるように私には思える。つまり、ブルデューが集約したハビトゥスとしての人間は、サルトルの言葉を用いれば、「実践的惰性態（プラティコ・イネルト）」——つまりプラティークの堆積——としての構造にくり返し絡め取られながら、個人的・集団的実践をつうじてそれをくり返し再形成していくのであり、実践すなわちプラクシスの主体を個人から集団へと間断なく広げていく努力を怠らなければ、全社会、全歴史の再形成といえども恐れる必要はないのである（Sartre, 1960＝1962-65）。

1960年代当時のサルトルは、集団の内実としてまだ階級に期待していたが、その後の歴史的経過をふまえて、私たちは躊躇なく、それを、連携する主権者に置き換えて良い。すなわち私たちは、主権者としてたがいに連携しながら、私たちの身体に染みこんでいる全社会、全歴史の構造を洗い出し、主権者間のコミュニケーションをつうじてそれらをくり返し再構成していけば良いのである。

1.6 認識主体としてのネットワーク主権者

こうして私たちは最終的に、社会をとらえる認識主体としての、連携する主権者、とりわけ最近のディジタル・ネットワークをつうじて連携する主権者に到達する。主権者を市民と同置し、ネットワーク市民 network citizen を短縮してネティズン netizen と呼ぶ語法が、1990年代前半のアメリカで始ま

り、日本にもすぐ伝わったが、語感の悪さなどのためか必ずしも普及し定着していない。そこで私はネットワーク主権者と言いつづけるが、その意味は、Ⅰで展開した主権者の歴史に、20世紀の最後の四半世紀以降、世界的に普及しつつあるインターネット革命がもたらしている重大な変化を配慮した、きわめて真面目なものである。

インターネット革命はもちろん、他方では、コミュニケーション形態の俗悪化から各種犯罪にまで及ぶ、さまざまな害悪をもたらしている。しかしその本筋が、世界中の主権者間のコミュニケーションの瞬時化と対等化、およびこれまでに人類が集積してきた知と情報の一所集積と、それらへの、可能的には平等なアプローチと自由な利用にあることを見失ってはならない。デカルトやカントの努力をふまえて、フッサール、ハイデッガー、サルトル、メルロ-ポンティ、フーコー、ドゥルーズ、ガタリ、デリダ、ブルデューなどが考えぬこうとしたこと、さらには前章で見たように、それにもなお限界があるとして、ガヤトリ・チャクラヴォーティ・スピヴァクらが考えつづけてきていることを、私たちはこのような条件のもとにさらに考えつづけることができる。

私たち主権者の一人ひとりが、ハビトゥスとしての自分をくり返し洗い直し、自己言及をくり返しながら、つくりなおされつつある社会と歴史への参加の方向で社会をとらえなおすこと。その過程と成果を主権者間でおたがいに出し合い、つきあわせて、たがいに、より理解可能で、より真理で、より真実で、よい正当なものにしていくこと。そういう意味でなら、ハバマスが理念化した近代の理想的対話状態（ディスクルス）はなお生かされうる（Habermas, 1985＝1990; 1991＝2005）。そういうコミュニケーションを可能にする基盤として、フッサールは、私たちが意識を意識しはじめるまでにすでに共有している「生活世界」の存在を指摘し、ドゥルーズとガタリは、欲望機械のような私たちと諸社会がたがいに争い合い、ときに解放されたプラトー（高原）を実現しながら、地下に成長させてきたモグラの絡み合いのような「リゾーム（根茎）」というメタファーを提示している（Husserl, 1936＝1974, Deleuze & Guattari, 1976＝1977）。インターネットは、こうした生活世界やリ

ゾームのうえに展開しているコミュニケーションの膨大な層で、けっして経済や政治のように階層的にシステム化されることのないネットワークの堆積なのである。

一主権者として、自己言及をくり返し、受けてきた教育を洗い流しながら、ハビトゥスとしての私を解体し、私がそのなかに生きている社会を再構築してみよう。破壊と建築を同時におこなうようなこの作業は、デリダの言葉を借りればまさに**脱構築**（デコンストリュクション）と呼ぶべきものだ。誰にとってもはじめから重荷であることがわかりきっているこの作業を担いきれないと感じたら、そのつど主権者間のコミュニケーションにその過程と成果を投げ出そう。以下は、そういう覚悟でおこなう主権者のための社会理論の試みである。

2 共同性と階層性の相克

2.1 社会の4つの基本相

自己言及をくり返しながら、つまり、これまでに染みこんだ知や徳や体のくせなどをできるだけ洗い落とそうとしながら、社会とは何かを考えよう。

私が試みるかぎり、そうすればするほど見えてくるのは、社会とは何よりもまず共同性であるということである。平凡ながら基本的なこととして、皆がいっしょに生きている。皆の範囲は、家族のような小さいものから、地域のような小中大といろいろあるもの、国のようになにか運命的なもの、国をいくつも含んだ大きな地域、そして地球全域をカヴァーする人類のようなものまで、いろいろあるが、皆がいっしょに生きている。共同性は、**共同的な関係性の集積**であるが、簡潔に共同性と呼ぶことにしよう。それは私たちの身体のいわばヨコのつながりである。

しかし、そう思うと同時に、私たちは、このヨコのつながりがほとんどいつもタテのつながりにもなっていることに、気がつく。皆がいっしょなのだが、体力、能力、財力、知力などいろいろな意味での力の差によって、上に立つ者と下に置かれる者とがある。こういうタテの関係性を**階層性**と呼ぶと

すれば、社会はまた階層的な関係性の大きな集積である。古代の王や皇帝や貴族と人民や奴隷との関係性、ヨーロッパ中世の王侯貴族と市民や農奴との関係性、日本の中世の将軍や大名や武士と町人や百姓との関係性、そして近代資本主義が展開しはじめてからの資本家階級と労働者階級との関係性などが、そうした集積の代表的なものである。こういう認識から、「これまでのすべての社会の歴史は階級闘争の歴史である」という洞察も生まれた（Marx & Engels, 1848＝1951）。

　が、虚心坦懐に考えてみると、事態は階級闘争史観がいうように単純なものではなく、共同性・階層性にも主要なものだけでもいくつかあって、しかも入り組んでいることがわかる。例えばある人は、家庭では父親で妻と二人の子があるが、会社では従業員100人のうち5人いる課長の一人であり、日本の○○県△△市に住んでいて所得税や住民税を払っている、等々といった具合である。人によってはなんらかの政党の党員で、その地区の副支部長を務めていたり、ある途上国支援のNGOのメンバーで、本当はもっと積極的に活動したいのだけれども、暇がないのでせめて会費を払って活動を支えている、などということもありうる。

　これらはそれぞれ共同性と階層性のセットであるが、どちらか一方としてしか意識されていないかもしれない。また、階層性だけを取り出してみると、いろいろな階層性でいずれも上のほうにいたり、いずれも下のほうにいたりということもあるが、ある階層性では比較的上にいるのに、他の階層性では下のほうにいるなどということもありえ、「地位の非一貫性」などと呼ばれたりしてきている（Lenski, 1966）。要するに社会は、複雑に入り組んだ共同性・階層性の大きな集積なので、個人はこのなかでいくつかの、あるいはいくつもの、地位と役割のセットなのである。この面を社会のシステム性と呼び、この面から見た社会をシステム〔性〕としての社会あるいは社会システムといっておこう（Smith, 1979＝1984）。社会が近代化さらには現代化されるほど、この面が強くなってきていることは明らかである。

　しかし、さらに徹底して自己言及をくり返してみると、こうした大きなシステムも、自然のなかにつくられた人工物で、蜂の巣や蟻塚のように自然の

一部にすぎないことが見えてくる。人間は、人間だけが巨大な都市をつくり、鉄道や道路を走らせ、世界中の主要都市を航空網で結んでいると思っているが、人間の社会じたいもともと自然の一部なのだから、それがつくりだすものもすべて自然の一部である。その意味では人間とその社会は、どんなに暴れ回ろうと、孫悟空がお釈迦様の手の平のうえを抜け出られないように、自然を抜け出すことはできない。

　しかも、より厳密に考えてみると、この自然はせいぜい地球上にできている生物の棲息範囲、つまり地球生態系を大きく越えない。人間は、宇宙の彼方を観測したり、遠い天体に向けてロケットを飛ばしたりしているが、自分自身が地球の重力圏を抜け出すときには、ロケット、宇宙船、宇宙服などで地球生態系と同じ環境を持ち出さなければならない。この意味で人間とその社会は、基本的に地球生態系内在的であり、生態系内在性という制約を抜け出すことはできない（庄司, 1999）。これは、社会学でいう「近代の再帰性」のもっとも重要な側面であるが、これについてはこの章の最後の節6でふれよう。

2.2　共同性としての社会

　社会の共同性、階層性、システム性および生態系内在性がどんなふうに関係しあっているかを考えてみよう。この場合でも、私たちは自己言及をくり返し、私たちの身体に染みついているクセや愛着、仏教でいう執着をできるだけ捨て去ろうとする努力を怠ってはならない。

　まず共同性であるが、およそ私たちの社会は最初共同性そのもののようなものだ。それがそのまま、それと気づかれずに、つまり即自的に存在しているので、共同性がそのままそこにあるように、つまり実体になっているように見える。こういう社会のあり方は共同体と呼ばれ、オーストラリア先住民のバンド、中央アジア遊牧民のホルドなどを典型として、原始共同体とも呼ばれた。

　こうして社会は共同体から出発するが、それが大きく複雑になっていくにつれて、しだいに共同体のようには見えなくなる。しかし、共同性は社会の

大事な特徴つまり属性なので、なくなってしまうわけではない。私たちが、社会の出発点を共同性と呼び、共同体と呼ばなかった理由はここにある。

　共同性が共同的関係性の総体であることはすでに述べた。共同的関係性の集積としてまずあるのは家族である。家族は、モーガンやエンゲルスの段階では個体の、性的、年齢的秩序もはっきりしない大きな集合、つまり雑然とした大家族が出発点のように考えられていたが、その後の研究で夫婦関係を中心に数名の子どもがまとまった、いわゆる核家族に近いものが起点と考えられるようになった。そのような家族が数個、多い場合でも十をあまり大きく越えない程度でまとまって、一つのバンドあるいはホルドをつくる。

　これがデュルケムのいう単環節社会で、これをこれ以上に分解しようとすると社会とはいえなくなる。つまり、単環節社会が社会の単位なので、それがいくつかつながって多環節社会をつくり、大きな社会になっていく（Durkheim, 1895＝1978）。しかし、いくら大きくなっても、この型の社会つまり環節的社会には性別と年齢別を基礎にした自然分業しかないので、なにかあるといつでも環節単位でバラバラになってしまう。人類の歴史の起点をどこにとるかによるが、かりに500万年前のアウストラロピテクスのあたりからみるとすると、その大半の期間、人の社会はこのようなものであった。自然界におのずから成る植物をとる採集、陸と空に棲息する動物をとる狩猟、川や海に棲息する魚類をとる漁撈を基本手段として、食料を求めてさまよいながら生き延びる人には、このような社会しかありえなかったのである。

　ようやく1万年ほどまえに人は農耕（と牧畜）を覚えて定住するようになり、集団労働をつうじて、指揮する者とそれに従う者とを基本とした社会分業が生ずるようになり、食料を中心とする富も蓄積できるようになって、分業と富の分配とのあいだに意味のある関連も生ずるようになった。指揮的でそれだけ高度な労働をする者がそれだけ多く富の分配にあずかるのは、いわば自然なことで、そんなふうにして社会分業が定着し、少しずつ拡大していった。

　こうして社会は環節的なあり方から有機的なあり方すなわち有機的社会に変わっていき、大きくなっても有機的分業で結ばれているだけに簡単にバラバラになったりはしない、しなやかな組織に変わってきた。それでも、まだ

基本的には、皆がいっしょになって生きているという共同性とその意識は維持されていた。

2.3 階層化する社会

しかし、人びとのあいだに社会分業をつうじて生み出されていった地位と役割の差は、いわば目立たない──潜在的な──階層性であり、やがて目立つようになる──顕在的な──階層性の基礎であった。社会分業も最初は、自然分業と同じように、体力の差や能力の差など自然にあった差にもとづいて起こった。が、それが蓄積可能となった富の分配と結びついていくと、個体的に、また家族的に固定しがちになり、それと結びついた富は、個体または家族の所有あるいは所有物すなわち財産とみなされるようになっていった。家族的私有財産の起源である（Engels, 1884 = 1965）。

それでも、人びとは社会を共同性と考え、そのようにふるまっていた。共同性としての社会が農耕をおぼえて定住するようになり、社会分業が発生して個体間家族間に地位と役割の差が生じ、財産の差が目立つようになっていったとしても、社会の共同性はそんなに簡単に傷つくようなものではなかった。この点は、のちにみる階級闘争史観の失敗との関連で、たいへん重要なことである。

社会は共同性だと思ってそのようにふるまっていた人びとのあいだに、階層性が目立つようになり、人びとがそれを意識し、そのようにふるまわざるをえなくなっていった過程、すなわち潜在的な階層性が顕在化していった過程には、社会そのものを巻き込むような大きな暴力の介在があった。共同性としての社会はいわば内向きの集団つまり内集団であるが、このような社会が二個以上出会って向き合うと、互いに外向きの集団つまり外集団になる。そして、たがいに外集団を自然の一部つまり環境としてばかりでなく、ときに意図的に自分たちに危害を加える敵（ヤツラ）とみなして、ワレワレ感情を強めるようになる（Sumner, 1907 = 1975）。

一つひとつの社会が豊かで自足していれば、それらがたがいに無関心のまま共存あるいは棲み分けしたり、平和的な交渉をつうじてより大きな社会に

まとまっていくことも可能であった。しかし、歴史的にみるかぎりでは、多くの社会は多かれ少なかれ厳しい自然環境のなかで、多くのばあい豊かで自足するというわけにはいかず、外集団に向き合うと、たがいに相手の持っているものを奪おうとして、最後には実力行使におよんだ。

　一つの社会からすると、外集団は自然環境の一部である。一つの社会は自然環境にたいして農耕や牧畜で挑み、食料その他の生活手段をえて生きてきているわけだから、自然環境の一部としての外集団に農具をもって挑み、そのもてる食料や生活手段を奪おうとしてもべつに不思議ではない。このとき農具は武器となり、それ自体も社会であるがゆえに抵抗する外集団との争いは、それこそ「食うか食われるか」の抗争になった。戦争の起源である。すなわち戦争は、外集団である他社会を自然の一部とみなして —— そのように対象化して ——、そこから富を奪ったり、逆にその凶暴さから自社会を守ろうとすることから生じたし、今でも生ずるのである。

　戦争の結果、負けた社会が勝った社会に組み込まれるばあい、負けた社会の指導層は多くのばあい殺されるなどして除かれる。負けた社会の被指導層が勝った社会の被指導層のしたに組み込まれ、大きくなった社会のなかに階層性が目立ってくる。このために、共同性の意識とふるまいによって覆われていた、勝った社会内部の指導層と被指導層との階層差も目立ってくる。こうして、ひとまわり大きくなった社会 —— これ自体も社会としてのまとまりを維持するかぎりでは共同性なのであるが —— のなかに、階層性がはっきりと眼に見えるようになってくる。

2.4　社会膨張のダイナミズム

　共同性としての社会同士が衝突し、戦争となり、負けたほうが勝ったほうに組み込まれるという過程をくり返しながら、社会はしだいに大きくなっていった。この過程を社会発展と呼ぶこともできるが、発展という言葉にはふつうプラスの価値判断がつきまとっているので、たんに社会膨張と呼んでおこう。社会膨張は、強い社会の側からする弱い社会の排除と包摂の過程である。

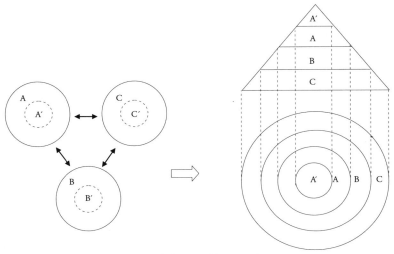

図1　社会膨張のダイナミズム

　図1を見てほしい。A, B, Cという三つの社会があり、その力の差がA＞B＞Cという順だったとすると、戦争の結果、社会は右側に描いたような、共同性と階層性の矛盾と統一、すなわち矛盾的統一体となるであろう。これが階級社会の原型である。戦争の結果として、社会B, Cの指導層B′, C′は殺されるなどして除かれ、排除される。大きな社会は、社会B, Cの被指導層が社会Aの価値を受け入れる——いやいやながらにせよ、時として喜んでにせよ——かぎりで包摂され、新しい大きな共同性になる。しかし同時にこの社会は、A′を頂点としてA, B, Cという階層序列を今やはっきりと表した、新しい大きな階層性にもなる。

　この社会膨張モデルを当てはめてみて、日本人にとってもっとも理解しやすいのは、戦国時代の例であろう。15世紀後半室町幕府の衰退とともに始まった群雄割拠は、まさに図1のような過程をいたるところでくり返したあげく、16世紀末の信長、秀吉、家康による全国統一にいたった。このかん勝者が敗軍の将とその一族をどのように排除し、その配下の民をどのように包摂していったか、多くの物語が語ってやまないとおりである。日本では、このような過程をつうじて日本的な中央集権的封建制——分権性が封建制の

特徴だとするとこれは矛盾なのだが —— が形成されていった。

　しかし、この社会膨張モデルは基本的にはそれ以前にもそれ以後にも当てはまるものである。日本では古代国家の形成過程がこのようなものであったし、このような過程は、エジプト、メソポタミア、インダス河流域、黄河流域などいわゆる四大文明が起こった地域における社会形成にも、それ以外の地域の社会形成にもほぼ共通してみられたものであった。

　いわゆる古代奴隷制の形成がこれに関係する。つまり、図1にみるBやCが奴隷なのであるが、Cが包摂されるまでにBがAに内化され「同化」されてしまっていれば、平民A＋Bにたいして奴隷Cが生じる。しかし、肌の色の違いなどに象徴される人種的差異からBのAへの内化や同化がなかなか進まないと、BはAとCのあいだにいわば異化され、平民A、准奴隷B、奴隷Cというような複雑な階層性が生じていく。古代インドで、今日になってもなお容易に克服されがたい、カースト制の原型が築かれたのはこのようにしてであった。

　近現代のアメリカ合州国でも、同じようなことが起こった。アメリカ合州国は、主としてイギリスから植民していった白人たちが、先住民を征服し、それだけでは足りなくなった奴隷労働力をアフリカから輸入した黒人たちに担わせてつくりあげていった社会であるが、19世紀以降、ヨーロッパからのアングロサクソン系以外の移民やアジアなどからの移民が進むと、これらの人びとは肌の色の相違などから、いわゆるWASP（白人でアングロサクソンでプロテスタントの人びと）と黒人や先住民とのあいだに入り、複雑な人種のピラミッドをつくりあげていった。これらの人びとが「星条旗」のもとに一つの共同性を演出しつつ、1950-60年代の公民権運動後もなお、隠然あるいは公然たる人種抗争をくり返しているのが、今日のアメリカ合州国の姿である。

2.5　民族と階級の起源

　これらにたいして、日本のように、社会膨張のもととなった社会同士の肌の色の差が小さかったばあいには、図1にみるAとB、BとCなどのあいだの

内化や同化が早く進み、その分だけA′つまり支配層とA, B, Cなど被支配層との差が目立ち、強調されるような社会形成が進んだ。日本では、もともとA′は天皇家とその周りの支配層だったが、その支配実務を請け負っていたAの一部がA′を乗っ取るようになり、うえにみた戦国時代の抗争をくり返したあげく、幕藩体制という中央集権的な封建制をつくりだしていった。

　幕藩体制は「士農工商」という身分秩序を強制して支配を維持しようとしたが、それも最後は、富を集中し、実質的な支配力を手中にした商人たちに屈することになり、この商人層と下級武士層の一部からでた近代国家官僚層とによって、日本社会の資本主義化がおこなわれていくことになった。このような日本社会の膨張過程をつうじて目立つのは、包摂されていった共同性のしつこい残存というよりは、それら同士の内化や同化であり、結果として大きな共同性のうえに成立する支配・被支配の階層性である。

　つまり、社会膨張の過程をつうじてしつこく残存する共同性を民族と呼び、あまりしつこくないがゆえに内化あるいは同化しあった共同性が、支配・被支配の軸に沿ってタテの序列にまとめられたものを階級と呼ぶとすれば、日本社会は、もともと肌の色の違わない――つまり人種差の小さい――人びとからなる小社会間の抗争から出発したがゆえに、インドやアメリカとは違って、相対的に、人種・民族問題よりは階級問題あるいは階級闘争の目立ちやすい社会に、展開していったのである。

　こうして私たちは、民族と階級という、19世紀から20世紀にかけてのヨーロッパと世界を揺るがした、大きな問題にも眼を向けることができる。ヨーロッパの資本主義は、国民すなわちネイションという近代的に再編された共同性を、基盤にも単位にもして発展したものであった。だから、前章で見たように、それらは最初から国民国家単位で競合し、たがいに戦争しあいながら世界中を植民地化して、19世紀の後半にもなると、いわゆる植民地再分割の世界戦争に突入しようとしていたのである。

　資本主義各国で19世紀をつうじて急速に成長してきた労働者たちは、これにたいして「労働者階級に祖国はない」との立場から国際主義すなわちインタナショナリズムを打ち出し、とくに第二インターをつうじて帝国主義戦

争に最後まで反対しようとした。しかし、第一次世界大戦直前になって、ドイツ社会民主党が「祖国防衛」の戦争に賛成する立場を打ち出し、対抗的にフランス社会党も同様の立場を打ち出して、第二インターの崩壊につながってしまったことは有名な史実である。ロジェ・マルタン・デュ・ガールの小説『チボー家の人びと ── 1914年夏』がその様子を生きいきと描いている（Martin du Guard, 1936 = 1946）。国際労働運動の背後にあった当時のマルクス主義は、階級的団結の幻想にとらわれていて、当時まだヨーロッパ諸国民を引き裂いていた民族の怖さを知らなかったのだ。

　その後のイタリア、ドイツ、日本におけるファシズムの恐ろしさ、労働者のインタナショナリズムを引き継いだはずのソ連の「大ロシア排外主義」、結果としての中ソ対立や国際共産主義運動の崩壊などをつうじて、私たちはようやく、階級の幻想から解放されるとともに民族の呪縛からも解放されようと努めるようになっている。しかし、社会膨張という社会形成の根源から発した諸問題の解決のためには、民族と階級の問題を根底から乗り越える、さらに高度な社会理論が必要なのである。

2.6　階級闘争史観から民主社会史観へ

　階級闘争史観の誤りは、社会の階層性が共同性をふまえずに、むしろそれを破壊しつつ現れてくるかのように考えたところにあった。もっとも卑俗な資本主義史観が「共同体の崩壊と資本主義の発展」というとき、その歴史過程の単線的なとらえ方のうちにその誤りが典型的に現れている。

　資本主義の成長は、たしかにムラ（村落共同体）やマチ（都市共同体）など前近代的共同性を破壊しつつ起こるが、同時に共同体に埋没させられていた諸個人を解放し、一方的にせよ彼らを包摂するより大きな共同性を広げつつ進むのである。都市あるいは農村から出て最初に事業を起こした市民すなわちブルジュワは、工場制手工業つまりマニュファクチュアから機械を導入して工場制大工業へと進む過程で、商品および労働力市場という、古い共同体を捨てて集まってきた諸個人を包摂するより大きな共同性をつくりだしていった。

この大きな共同性にうえに、たしかに資本家階級（ブルジュワジー）と労働者階級（プロレタリアート）とのタテの関係を軸とする階層性が築かれていくが、それにたいして労働者階級は、労働組合を結成して階級闘争を挑むとともに、他方では普通選挙を要求して、商品・労働力市場に民主主義を加えたより大きな共同性をつくりだしていく。こうして市民社会は、資本家階級が主導する資本主義社会（ブ・ル・ジ・ュ・ワ・社会）という階層性と、労働者階級を含めた全構成員の民主主義社会（シ・テ・ィ・ズ・ン・社会）という共同性とによって、立体的に構成されていくことになるのである。

　階級闘争史観は、ブルジュワ社会とシティズン社会という、この市民社会の二重性を明確に把握することができなかったばかりでなく、この二重性の基底に、民族と階級という、社会膨張のダイナミズムに発する、より深刻な問題があることをも透視することができなかった。シティズン社会は、人類史的な視野からすればまだまだ限定された共同性で、ヨーロッパの主要ネイションが、世界のほとんどの地域を植民地化しつつ、たがいに争いあいながら築き上げていったものにすぎなかったこと、20世紀の二回の世界大戦とその後の米ソ冷戦をつうじての核戦争による人類絶滅の危機は、この延長上にもたらされたものであったことを、私たちは忘れるべきでないであろう。

　社会膨張のダイナミズムをつうじて生み出される、より大きな共同性とより大きな階層性との弁証法的な関係、その背後にある暴力の問題、それに突き動かされて起こる共同性間の内化、同化、異化の問題、その結果として起こる民・族・と・階・級・の・問・題・こ・そ、社会理論の根本問題である。そして、この問題を解くためには、私たちは、社会の共同性と階層性との相克から発する膨張のダイナミズムが、より大きな共同性のうえにより大きな階層性を載せたより大きな階級社会を築き上げていく面ばかりでなく、共同性と階層性との矛盾を緩和するためにいくつかの重要な社会統合装置を編み出し、それらによって社会をシステム化していく面をもみなければならない。

　共同性と階層性との相克は、この意味で、社会にシ・ス・テ・ム・性を創発させ、社会膨張に新たな構成作用を発生させていく。民主社会史観は、この面を詳細に考察することをつうじて、初めて現代的な民主社会を分析し、把握する

に耐えうるものとなっていくのである。

3　宗教・国家・市場・都市

3.1　平等と不平等の矛盾を緩和する

　農耕を始めて富の蓄積が可能になるとともに、共同性としての社会同士が衝突して階層性を生み出すようになり、共同性と階層性の相克から社会膨張のダイナミズムが発生して、大きなピラミッド形の社会すなわち階級社会が形成されはじめる経過と、そこから生ずる民族と階級という大きな問題の解決の方向についてみた。それを貫いて人間の社会史における暴力という深刻な問題があるが、それと対決するためにも、私たちはまず、共同性と階層性とはなぜ相克するのかという問題に取り組まなければならない。

　相克の理由は、簡単であるが、人類史の存在理由にかかわるほど重要なことだ。共同性は、皆がいっしょに生きているということだから、平等の感情と緊密に結びついている。性と年齢にもとづく自然分業は、この感情に抵触しないかぎり許容される。のちに高度に複雑化した社会で、自然分業を社会的に補強し、拡大したり固定したりしたものが性差別（セクシズム）や年齢差別（エイジズム）として非難されるようになるが、そのことについてはまたあとで触れることにしたい。

　共同性と結びついた平等の感情はそれなりに強い惰性をもっているので、すでに述べたように、共同性の内部にある程度の社会分業が生じても、それを必ずしも不平等とは感じない。不当であるという認識と結びついた不平等感が生ずるのは、やはり暴力が介在することによって顕在化した階層性にたいしてである。このことは、人間の社会が複雑化すればするほど社会分業の結果としての地位と役割の分化は生じざるをえないが、そのさいそれを不平等と感ずるかどうか、を決定する要因としても重要である。社会が市民社会を乗り越えて民主社会になっていけばいくほど、そういう不平等感は少なくなっていくものと期待していい。

　さしあたりは、共同性と結びついた平等感と、何らかの形で暴力を背景と

する階層性と結びついた不平等感との、葛藤が重要である。この葛藤は、ほんらい社会は共同性を基礎とするものという認識からすれば矛盾なので、人びとがこの矛盾を何らかの形で納得しなければ社会を維持することはできない。そこでこの矛盾を、何らかの形で必然的なもの、できれば社会にとって望ましいもの、悪くてもやむをえないものなどとして人びとに受け入れさせる、何らかの装置が必要になってくる。これらによって社会は自らをまとめて維持していく、つまり統合していくので、これらは社会統合の装置といっていい。

　そういうものとしてまず考えられるのは宗教と国家である。これらは、農耕の開始すなわち農業革命以前から人間がおこなっていた、言語その他を用いるシンボリズムと深く関係する、その意味で高度に人為的な装置である。これにたいして、富すなわち余剰農産物その他の発生とともに人間がおのずからおこなうようになっていった財やサービスの交換、すなわちもっとも広い意味での市場は、むしろ人間の自然の発露のように見えるが、人びとがいわば下から自然発生的につくりだしていった装置として、社会膨張と、とりわけ社会のシステム化にかかわる重要な働きをしつづけてきた。

　宗教や国家と市場とはしばしば対立的に作用する。すなわち、宗教や国家が努める社会統合にたいして、市場はしばしばそれを攪乱するように働くので、宗教や国家はそれを制御して自らの望む社会統合を実現しようとするために、社会の中心としての都市という新たな装置をつくるようになる。そして、文明が都市を中心にして生起し、社会のシステム化もそこから展開するようになるのである。

3.2　宗教は最初の社会統合

　社会の共同性にもとづく平等感と階層性にともなう不平等感との矛盾を説明し、納得しあう最初の方法は、社会がそれらの由来についての物語をつくり、それを語り合うことであった。われわれがある神を奉じてこのような生き方をしていたところ、別の神を奉じて違う生き方をする人びとが現れたので、われわれの神はその神を征伐して人びとを救い、われわれのシモベとし

た。シモベとの交流も進んで社会の一体感が増したころ、また別の神を奉じて違った生き方をする人びとが現れたので、われわれの神はさらにその神をも従え、人びとを新たなシモベとした。

　これは、2.4で述べた共同性の排除と包摂のダイナミズムからすれば、人びとのあいだの類似性が強く同化が優先しておこなわれえた例であるが、肌の色などで人びとのあいだの相違性が強く異化がおこなわれざるをえないばあいには、物語はそれに合わせてつくられる。いずれにしても包摂と排除がそうとう進んで、神がみの神やそれらすべてを超越する絶対者のようなものが考えられるようになると、絶対者や神がみの神によって世界がこのようにつくられ、諸物と人びとがこのように配置されて今日のような世界と社会の秩序になったのだという、いわゆる創世神話のようなものができてくる。日本民族も古代ギリシアの人びとも古代イスラエルや中国の人びとも、皆このような神話を語りながら、それぞれの、膨張して大きくなる社会の統合を図っていったことは明らかである。

　こうした神話を語るということは、もちろん口先だけでなく全身でおこなわれることなので、語りは歌や踊りともなり、そこから儀式が生じた。人びとは生活のために働かなくてはならないから、こうした儀式は特定の時に特定の場所でおこなわれるようになり、そこから時間と空間の聖と俗の分割もおこなわれるようになる。というよりも、このようにして人びとに固有な時間と空間が作られていく。民俗学の用語でいえばハレとケの創出、ヴィクター・ターナーの用語でいえばコミュニタスとストラクチュアの創出である（Turner, 1969 = 1976）。

　聖別された場所には教社 —— 教会や寺院や神社などを一括してこう言おう —— が建てられ、特定の時にその周りで儀式つまり祭がおこなわれるようになり、教社や祭をとりしきる聖職者と、ふつうの、いわば俗職者との区別もなされるようになって、それを中心にすでに進んできていた社会分業の相互確認もおこなわれる。神話と儀式の解釈はやがて教義 —— それを文書化したものが聖典 —— となり、教義と教社と聖職者とがそろって聖俗分割のおこなわれた世界と社会を統合するようになれば、これがすなわち宗教である。宗

教はこの意味で、社会統合の最初の装置であり、最初の社会統合そのものなのである。

デュルケムは、この意味で、社会は人びとの集合意識によって成り立つのであり、集合意識そのものなのだといった（Durkheim, 1912 = 1975）。人びとは、宗教という集合意識 ── それが狭い意味での意識だけでなく、その意識のもとにおこなわれる諸行為をも含むことは明らかである ── によって、共同性にもとづく平等感と階層性にともなう不平等感との矛盾を乗り越えて一体となるのであり、そのようにして社会は合意すなわちコンセンサスをえて統合されていくのである。

マックス・ウェーバーは、このようにしてつくられる、基本的に非合理的なシンボリズムの装置が、人びとが生きるために毎日おこなわざるをえない経済活動、すなわち私たちの用語でいえば市場とどのように関係することになるのか ── それを抑止するのか促進するのか、そのどちらかであるとしてどのようなメカニズムで ── を、つまり合理化のあり方と進み方を、社会史の進展を左右するカギとして重視した（Weber, 1920-21 = 1962-）。その一例を、私たちは前章3.1ですでにみている。

3.3　宗教の物化したものが国家

宗教はそれじたい社会の全身的な世界認識であり、世界創造であるが、教義を見れば明らかなように、そのなかには経験的な ── すなわち現実世界と対応させられうる ── 部分と、そうでない超越的な ── すなわち人間の願望その他が言語的に表出されたもので現実世界に対応物のない ── 部分とがある。宗教というシンボリズム全体のなかでは超越的なものが経験的なものを統御しているが、社会が膨張して複雑になり、経験的な部分が増えるにつれて、それらが超越的なものの統御から脱けだして、相対的に自律する傾向が強まってくる。

この場合でも、共同性としての社会どうしが衝突して現れる暴力が、決定的な役割を果たした。暴力は、あらゆる幻想を打ち砕き、強いものを勝たせ、弱いものを粉砕する。戦略戦術に長けた智将の活躍で多少は左右されるかも

しれないが、基本的には「神のお加護」など関係なく、生産力に裏付けられた武力でまさったものが勝つ。これは最高度に経験的な真実だから、社会はどれも、武力を担う軍隊を装備し、それを維持するために徴税し、徴税その他の実務を管理するために、指導者あるいは支配者のものか社会全体のものか区別のつかない行政装置——ウェーバーのいう家産官僚制——をもたざるをえなくなる。

　小さい社会では、例えば邪馬台国の卑弥呼のように、シャーマン性を帯びた宗教者が、こうした軍隊や家産官僚制の長を兼ねていたが、これらの規模が大きくなるとそんなやり方ではとうていすまなくなり、宗教者からは相対的に独立した為政者が軍隊と家産官僚制の指揮をとるようになっていった。いわゆる国家の成立である。国家の長がいわゆる王で、社会膨張が進んで国家が巨大になり、帝国となると、それが皇帝となるが、王や皇帝もその権威は宗教から借りようとし、広い意味での神政がそのごも長く国家の一般的な統治形態となっていく。

　こうして社会統合の装置としての宗教のうち経験的なもの、すなわち現実世界にふれてそこに働く力——とくに暴力——を制御せざるをえないものが、軍隊とか家産官僚制とかいう具体的な形をとって定在することになるので、国家は宗教のうちの、そういう物理的な力の行使にかかわる部分が独立したもの、いわば宗教の経験的社会統合にかかわる部分が物化あるいは物象化したものということができる。物化とか物象化というのはマルクスやウェーバーの言葉であるが、デュルケム的にいえば「もののように」なったものということができる。国家が「階級支配の道具あるいは手段」となるのは結果としてのことなので、そういう道具主義あるいは手段主義的な考え方では、国家が今日でももっている、なにか超越的な力を理解することはできない。宗教的なものの力が弱まった今日、国家は逆に、権力の装置であるだけでなく、かつて宗教のもっていた権威の力を引きずっている面もある。

　王や皇帝のもつ特異身体としての性格にも、ふれておかなくてはならない。国家が宗教から相対的に独立して以後もなお宗教の権威を借りつづけるために、社会は特定の身体を経験的世界と超越的世界との境界線上の一点に祭り

上げ、特異点上の特異身体とした。この身体はしばしば「神の申し子」であったり「化身」であたりすると同時に、生身の人間として繁殖しなければならないので、数十数百どころか数千の后や側室をもったりし、それでも「世継ぎ」をえられない悲喜劇を演じなければならなかった。

3.4 人間的自然としての市場

　宗教や国家が社会を統合しようとしてもっとも手こずったのは、おそらく人びとがモノやサービスを勝手にやりとりしてしまうということであった。人は昔から家族のなかで、身体やモノをやりとりして生きてきている。女と男が身体を与えあうのも、男と女が —— その見返りとしてにかぎらず —— 食べ物や衣類を与えあうのも、子どもができて二人で一所懸命に乳や食べ物やその他の保護を与えるのも、すべて愛情のやりとりで、これは時として家族の範囲を超えて環節的社会の内部にまでおよんでいた。このやりとりを感情 —— 愛情は時に嫉妬や憎悪などに転化する —— の交換という意味で交感と呼ぶとすれば、交感がすべての経済行為の基礎であった。

　社会が農耕をおぼえて生産力にゆとりが生ずるようになると、こうした交感が、環節的から有機的となっていく社会の各所に広がりはじめ、時として他の社会とのあいだにも発生したりするようになった。何らかの理由で一人で生きていかざるをえなくなった女が身体と引き換えにモノやサービスを求める売春や、社会と社会との戦争の結果生まれた奴隷を売買する行為もこうしたなかで生じたはずで、交感は、こうした諸行為をも含みながら一般的な交換に展開していった。だから、交換という行為とその連鎖として生ずる市場とは、社会存続の基調をなす人間的自然の発露のようなものだった。

　かつてカール・ポランニィは、人間の身体や労働力まで含めてあらゆるものを商品化していく資本主義的交換の場、すなわち市場を「悪魔の挽き臼」と呼び、このような交換は近代資本主義の侵略を受ける以前の社会にはなかったものだと主張した（Polanyi, 1957 = 1975）。資本主義世界市場への「大転換」以前には、多くの社会で経済的行為は社会のなかに埋もれていて、恥も外聞もなく貨幣換算される露骨な取引がおこなわれることはなかったのだ

という。それはそうだったろうが、彼の主張は、私のいう交感から発した広義の交換が、環節的から有機的へと転化しつつ拡大していく社会の内部に広がり、他の社会とのあいだにも広がっていったことを否定することにはならない。広義の交換は、すでにして生物的であるばかりでなく、かぎりなく社会的であり、近代資本主義になって顕在化する露骨な商品交換よりも、はるかに浸透力のあるものであった。

　ゲオルグ・ジンメルや高田保馬はすでに、こうした交換の無制限な波及力に注目し、文明化の前後をつうじて始まった交換の連鎖が、家族や民族という基礎社会のうえに市場という派生社会を広げ、やがて世界的規模に拡大していかざるをえなかったという見方を提起している（Simmel, 1890＝1969; 1908＝1969、高田保馬, 1948）。交換はそれ自体なんらかの約定や規範を生み出していくので、慣習法までもが法であるとすれば、この法は、商法専門から出発した田中耕太郎がかつていったように「世界法」に展開せざるをえない（田中, 1932-34）。そして、田中自身「法あるところに社会あり、社会あるところに法あり」という格言をくり返していたわけだから、この田中の説を用いて高田がいうように、市場を基礎とする人間の社会はやがて世界社会となっていかざるをえないはずのものであった。

　この視点は、宗教や国家がけっきょくは市場を統御しきれず、市民社会への道を拓いていかざるをえなかった歴史の経過を見るうえで、かぎりなく重要なものである。そのためにも、私たちはつぎに、都市という、市場社会の市民社会への展開の軸となっていった、社会統合のいわば究極の装置をみておかなければならない。

3.5 社会統合の要としての都市

　人間的自然の発露としての交換は、売買春や奴隷売買なども含みながら、社会のいろいろな所に、そして時には社会と社会との境界領域などにも、その場をつくろうとする。多くの人はそこにやってきて交換し、また自分の居所に帰るわけだが、やがて交換そのものを専門としてその場に住みつく者も出てくる。人がもってきたものを買い、それを他の人に売るので、彼は、そ

のときまでに流通するようになっていた貨幣を仲立ちとして、この買いと売りをおこなう。これが商人の原型であり、大げさに言えば商業資本の原型である。

　商人が住みつくと、その生活を支えるいろいろな人もそこに住みつくようになるから、そこに農民の集落とは違った性格の ── つまり農業には従事しない人びとの ── 集落ができることになる。これがいわば交易都市の原型である。

　宗教や国家からすると、人びとが勝手に動き回り、勝手なところにこうした交易都市のようなものをつくっていくのは、社会統合上望ましいことではないので、自分たちがもともとつくろうとしてきた支配の拠点にこれらの市場をできるだけ集め、管理すると同時に徴税の対象とするようになる。教社や王宮などのまえや周りにできる、日本語でいう門前町や城下町などが、交易都市を併合して複合的な都市となっていくのである。

　都市はだから一般に、神殿や教会や寺院などの教社と、その威光を借りて現実の支配をおこなう王の宮殿と、多くのばあいその前の広場に展開される市場とを中心として、その周りに住みつく家臣団や商人や職人やその他の非農業従事者たちの住居からなり、それらを区画し人びとの往来を可能にする道路と、多くのばあいこれらの全体を囲って外敵などから防御する城壁などからなることになった。英語の borough、フランス語の bourg、ドイツ語の Burg などはいずれももともとこうした城砦都市を意味し、中世いらいのものであるが、洋の東西を問わず古代から、都市とはだいたいこんなものであったことが、さまざまな遺跡や中国の北京など今でもその名残をとどめている都市にみることができる。

　都市の第一の特徴は、都市基盤すなわちインフラストラクチュアであった。特定の場所に教社や宮殿などの大きな建物や住居を集中して建て、多くの人びとが集中して住むためには、上水の導入や下水の処理を初めとする基本的な諸設備が必要となる。これらは、聖職者や王侯貴族に寄り添って生き、彼らに生活手段や生活上の便宜を提供してきた人びとによってつくりだされ、改善を施されつづけた。道路づくりなどのことを土木技術 civil engineering と

いい、こうしたさまざまな技術とその成果を文明 civilization というようになるのは、こうした経過に起因している。

　そして第二に、都市の最大の特徴は、それが、こうした農業以外の仕事に従事して生きる居住者を生み出し、増やしつづけたことであった。教社や宮殿を建築するためにはそのための技術者や労働者が必要だったし、それらの材料やその他の生活資料・生活手段を都市にもたらしたのは、輸送業者や商人たちであった。とくに商人たちは、都市と農村のあいだばかりでなく、場合によっては他の社会とのあいだも行き来し、都市の建設と発展に大きく貢献した。こうした宗教や軍事以外のことに携わる人びとこそ市民 citizens と呼ばれるようになる人びとの原型であり、彼らがつくりだしていく社会こそ市民社会 civil society と呼ばれる社会の原型であったのである。

3.6　都市を中心とする社会のシステム化

　こうして、共同性と共同性との衝突をつうじて階層性を顕在化し、大きくなる共同性と高くなる階層性との矛盾を抱えながら膨張する階級社会は、社会統合の究極の装置としての都市を中心に、システム化することによって矛盾を回避するか、少なくとも緩和しつづけていくことになる。

　都市という装置の開発は、第一に、社会に、都市と農村からなる、あるいは都市を中心にその周りに農村が広がる、という形態をもたらした。デュルケムは、その社会形態学のなかで、社会には容積と動的密度がある、といっている（Durkheim, 1895 = 1978）。つまり、人をどれだけ住まわせられるかという観点からすると、都市は明らかに農村よりもはるかに容積が大きく、しかも同じくらいの容積の —— 同じくらいの人口の —— 都市を比較すると、例えば、門前町でもの静かな都市と商業都市でひっきりなしに人がゆきかう町とのあいだには、明らかに動的密度の差がある。こういう観点は、レヴィ-ストロースのいう「冷たい社会」と「熱い社会」の対照にもつながる。

　都市という装置の発展は、しかし第二に、社会にそれまでになかった形態を与えたにとどまらなかった。述べてきたように、都市は、社会統合の装置として宗教から相対的に自立した国家が、宗教の権威を借りながら、人間的

自然の発露として猥雑さも孕みながら蛇行する市場をおさえこむとともに利用しつつ、社会統合の実を上げようとして生み出したものであった。これはいわば、宗教という文化の威光を着つつ、政治が、市場として動き回る経済を制御し、有利に回転させるために、都市を中心にして社会を再編していったということで、ここにすでに、文化、政治、経済、社会という社会システムのもと —— 下位システム —— が現れている。

　宗教、国家、市場、都市の関連づけとそのあるパターンへの収斂、つまりシステム化していく社会が地球上のどこでもほぼ同じような構造をとり、その構造をとりながらどの社会システムもできるだけ膨張しようとして、結果としてたがいに接触したりしながら興亡をくり返したというのが、文明化して以後の人間社会の基本的な動きである。これがいわゆる帝国の興亡であり、20世紀の初めまでもつづいた人間社会の前半史なのである。

　2500年ほどまえのギリシアで、さまざまな事情が重なった結果、帝国の支配が弱くなって都市の国家としての自立が進み、市民たちが自治のために民主主義の原型を開発するとともに、哲学など、それと関連したさまざまな文化を創出し展開するという事態が発生した。しかし、この早熟的な市民社会は、市民たちが帝国的な生活を捨てきれず、奴隷労働などに依拠して消費的な生活を送り、せっかくの学問を生活の生産と結びつけてさらに発展させていくことができなかったばかりでなく、周辺の帝国と覇を競って争いつづけたりしつづけたために、けっきょくは地中海沿岸にそのご興った帝国に吸収されてしまった。

　西ヨーロッパで、帝国の支配が弱くなった諸都市から市民たちが成長し、ギリシア市民の遺産にも学びながら、ほんとうに帝国的システムを乗り越える新しい社会システム、すなわち市民社会さらには民主社会のシステムをつくりはじめるのは、早くっても11-12世紀からである。だからつぎに私たちは、帝国というシステムがどんなものであったのか、文明化の初期から誕生していた市民たちがどうしてそれを克服して、自分たちの社会システムを立ち上げることができなかったのか、をみておかなければならない。

4 一次システムとしての帝国

4.1 帝国の意味

　帝国が、共同性と階層性の相克、およびそこから発する平等感と不平等感との矛盾を緩和しようとして、宗教、国家、市場、都市という装置を重層的に用いてつくられる社会システムであるといったが、帝国という言葉の意味については解説が必要である。

　この言葉は、昔からかなり多義的に用いられてきたが、とくに2000年にマイケル・ハートとアントニオ・ネグリが『帝国』という本を出して有名になっていらい（Hardt & Negri, 2000＝2003）、彼らの真意とはあまり関係なく、ますます多義的に用いられるようになった。いちばん多いのは、古代のローマ帝国を念頭において、アメリカが帝国のようにふるまっているといったり、中国も伝統的に中華帝国としてふるまってきたので、アメリカに対抗して今後ますます帝国化していくであろう、といったりするような場合の使い方である。

　ハートとネグリの帝国論の真意は、主権者の視点からの現代社会分析にあたって重大な問題なので、Ⅳの冒頭で取りあげる。ここではまず、古代ローマ帝国や中華帝国を念頭において、アメリカや中国のような現代の大国のふるまいを批判するために、帝国の語を比喩的に用いるのはしかたないとしても、その歴史的社会科学的な意味は正確に理解しておかなければならない、ということを肝に銘じておこう。

　帝国はほんらい上に定義したような社会システムで、人間の社会が歴史上最初にとることになったシステム性の形態と構造である。この意味で私は、これを人間社会の一次システムと呼びたいと思うが、システムという言葉をこのように人間社会の高度で複雑なまとまり ── 統合形態 ── という意味で用いるならば、人類の社会史にはこれまで二つのシステムしかない。帝国と民主社会。私は、この4で帝国の特徴を明らかにし、つぎの5で、市民社会から発展する民主社会が、それを完全に超克する二次システムであることを明らかにする。この二つの社会システムの交代過程、つまり帝国から民主社

会への移行過程で、さまざまな「帝国」的現象が生じたし、今でも生じている。

　それが帝国主義である。西ヨーロッパ諸国が大航海に乗り出し、世界のほとんどを征服して近代社会の基礎をつくっていったとき、これら諸国の背景にはすでに市民および市民社会の台頭があったが、市民と市民社会はまだ生成の途上だったので、多くのばあい王が先頭に立ち、王たちはそれまでの帝国のイメージにとらわれながら征服を進めた。こうして、ポルトガル「帝国」、イスパニア（スペイン）「帝国」、オランダ「帝国」、イギリス「帝国」が生まれた。これらのうちオランダあたりから市民性が強くなり、イギリスはついに17世紀のピューリタン革命と名誉革命とをつうじて、基本的に市民社会を基礎とする「帝国」となるが、それでも18世紀から19世紀にかけて大イギリス（大英）「帝国」としてふるまいつづけた。

　これらの「帝国」に反発し、最初に植民地の独立を果たしたのはアメリカで、事実上近代最初の共和国となったアメリカは、そのごスペインやポルトガルからの中南米諸国の独立を直接間接に支援した。しかし、ヨーロッパ大陸では、イギリスに反発して大革命後のフランスも「帝国」となり、遅れじと立ち上がったドイツも「帝国」となったし、アジアでは、かろうじて植民地化をまぬがれた日本も「帝国」──「大日本帝国」──となって、19世紀末に米西戦争などをつうじて「帝国」化したアメリカもこれに加わり、これら「帝国」としてふるまうブルジュワ（資本主義）諸国のあいだで、幸徳秋水やホブスンやレーニンが批判したような帝国主義と帝国主義戦争が展開されたのである。

　こうした市民社会生成途上の「帝国」的現象と、もともとの帝国とは、歴史的社会科学的にははっきりと区別されなくてはならない。では、帝国とはもともとどんな社会システムだったのか？

4.2　宗教の諸形態

　文明の生成とともに形成されはじめた帝国の最初の装置は、なんといっても宗教であった。すでにみたように、言語その他を用いるシンボリズムを身

に着けていた人びとにとって、膨張しながら矛盾を深刻化させていく社会と世界のなかで生きていくすべは、それらについて、物語をつくり、語りあいながら納得していくことをつうじて以外ありえなかったであろう。これらの物語に、個々の人の生や老いや病や死など、カール・ヤスパースのいう人間の限界［極限］状況についての、さまざまな感動的物語が織り込まれていればなおさらのことである（Jaspers, 1950 = 1954）。

　過去のヨーロッパの学者には、反発しながらでも、キリスト教という一神教が最高の宗教という考えが無意識のうちにもあって、例えばコントのそれのように、人は拝物教から多神教をへて一神教に進化してきたのだというような説が唱えられた。拝物教の典型は、森羅万象あらゆるものに魂が宿るとするアニミズムのようなものであるが、これはこんにち、人間中心の世界観を排し、人間をその一環とみて自然界の相互依存や循環を大切にしようとする環境思想との関連で、あらためて高く評価されたりしている。

　多くの社会では、社会分業が進み、社会と世界の分節化が進んでくるにつれて、さまざまな領域をつかさどる神がみが生み出され、それらを統括する最高神のもとにおける神がみの秩序や争いなどが語られる、多神教が生み出されていった。神がみの秩序や争いのうちに、人間世界のさまざまな出来事や人間のさまざまな願望などが象徴的に表現されていく、つまりシンボライズされていくのは、人間社会のシステム化との関連でもきわめて自然なことである。これらの多様性をすべて否定し、唯一の超越神による世界の創造やそのなかにおける人間の特殊な地位と役割を主張する一神教は、風土論などの推定を援用すれば、砂漠のような極度に厳しい環境のもとで、つねに生か死かを意識しつつ生きざるをえなかった人びとによってのみ創造されえたのかもしれない（和辻, 1972）。いずれにしても、ユダヤ教やキリスト教やイスラームは、人間社会史のあらゆる展開可能性が参照可能となってきた今日では、相互に、また他の宗教その他にたいして、ますます寛容にならざるをえないし、ならなければならない。

　インドや中国では、多神教をふまえて、あるいはそれらのかたわらに、大宇宙すなわち梵（ブラフマン）や天と、かりそめに生きるにすぎない人間の

我執（アートマン）や達観とを対照する、いわば無神教とも呼ぶべき宗教あるいは宗教的世界観が生まれた。生老病死の輪廻から解脱しようとする仏教も一つの生き方であるが、大自然に生まれて生きるために働き、老いて楽しみを知り、死に憩うのが人生なのだから、生まれるのも死ぬのも善いのだとする老荘の考え方つまり老荘思想も、アッケラカンとしていてかえって私たちに勇気を与える（『荘子』大宗師篇第六の二[3]）。

　仏教にいう仏は、ほんらい人が修行を重ねて到達する身体の状態であり、あらゆる欲望を制御してたんに生きることに集中し、余力のすべてを煩悩に惑う人びとの救済に捧げて、時がきたら恬淡と死ぬという行為の連鎖であった。しかし、とくに大乗のルートで、諸仏は神がみのように序列化されて軍隊もどきとなり、権力者に利用されて支配の道具となった。こうした動きへの批判から生まれた禅のような根源回帰も、日本の鎌倉時代以降に生じたさまざまな宗教改革も、権力と闘いながら、いつかまた権力と妥協して支配のイデオロギーと組織として利用されていったのである。

4.3　特異点としての皇帝の身体

　こうした諸宗教に共通していたのは、これが宗教の定義でもあるわけだが、超越的なもの、すなわち人間が直接間接に経験しえないものを想定し、それらが経験的世界を支配しているというシンボリズムである。人間社会の、まだよく自然とそれ自身を制御しえない弱さが、その背後にあった。

　こうしたシンボリズムをつうじて経験世界としての人間社会を統合していくために、人間社会は、それを構成する諸身体のなかから特定の身体を選び出し、それを、経験世界と超越的なものとの境界線に位置する特異点に、いわばせり上げていくことを必要とした。この身体が主と呼ばれる特異身体で、その最初のせり上げ方はいろいろとあったが、諸社会が接触しあって膨張の

　3　「夫れ大塊我を載するに形を以てし、我を労するに生を以てし、我を佚するに老を以てし、我を息わしむるに死を以てす。故に吾が生を善とする者は、乃ち吾が死を善とする所以なり。」（金谷治訳注『荘子』第一冊、岩波文庫、1971、pp.183-184）。

ダイナミズムに入って以降の、王の王のせり上げ方は、基本的に2.4に述べたようなものであった。神あるいは超越者の化身であったり申し子であったりするこの王は、卑弥呼の例にそくして述べたように最初は宗教者それ自身であったかもしれないが、しだいに独立した存在となっていった。

　膨張する社会は、この王をかつぎ上げて、軍隊を編成し、それを維持するために徴税の仕組みをつくり、それが生み出す組織そのものの管理と社会全般の管理とを結びつけて遂行していくために、それに適した人びとを選んで家産官僚制を作り上げていく。王はもちろん、軍隊の長であるとともに家産官僚制の長である。宗教から相対的に独立して以後も、彼はその支配の正統性を確保するために宗教の権威を必要とするが、聖職者はむしろ彼に仕える形になり、兵士と官僚は相互に独立であったりたがいに兼ねあったりしながら、王侯貴族の身分という階層を形成していく。

　こうして生成した国家が、農業を基礎として独自な動きをつづけようとする市場を、灌漑治水などによる農業の規制や都市への市場集中などによって統制し、都市を中心に農村の広がる形態のうえに、文化的政治的経済的社会的に重層化する構造を載せた、王国のシステムをつくりあげていった。そして、これらの王国の衝突と併合がつづくと、王の王のせり上げあいから、現実世界から離れることはないにしても、社会システムが大きくなるだけにそれだけ超越性の度を増した、王の王の……王としての皇帝が誕生する。

　皇帝が、ますます度を高める超越性と逃れられない現実性とを媒介するために、巨大なハーレムをつくったり、さまざまな意味で暴君化したりしたことについては、いろいろに語られてきている。皇帝には、こうした内的な苦悩とともに、帝国 ── すなわちその至上命令Imperiumが行き届かなければならない範囲 ── に自らを知らしめねばならないという、いわば外的な苦悩があった。古代エジプトなどでは、そのために王は、そこから威光をえていた宗教の神がみ、つまりオシリスやイシスの像を各地に建て、それにたいする崇拝をつうじて自らへの忠誠をえようとしていた。それがやがて、キリスト教の威光を借りようとした帝国ではキリストの磔刑像を掲げた教会となり、仏教に威光を借りようとした帝国では巨大な仏像や寺院、などなどの教社と

なっていった。

　帝国主義は、形成途上の不完全な市民社会が、帝国のやり方をまねようとして出てきたものだといったが、例えば日本「帝国」の形成期に、天皇がしきりに行幸をおこないながら全国各地に「御真影」をばらまいたり、社会主義の理想に反して巨大な社会帝国主義となったソ連で、国内各地ばかりでなく東欧などの衛星諸国にも、レーニンやスターリンの巨大な像がぞくぞくと建てられたりしたことなどが、関連して思い起こされる。

4.4　普遍宗教と帝国の興亡

　帝国は、こうした特異身体としての皇帝を担ぎながら、宗教の威光を借りてその理想を世界に広めようとし、可能なかぎり膨張しようとして興亡をくり返した。紀元前5世紀からしばらくの間はヤスパースのいう「枢軸時代」であり（Jaspers, 1949＝1964）、古代のギリシアでは哲学が、イスラエルではユダヤ教が、インドではウパニシャッド哲学や仏教が、中国では儒教や道教が形成された。ウェーバーのいう普遍宗教の出現であり、文明帝国の大成と世界制覇への意思表明である。

　古代ギリシアは都市国家であったが、その文明は地中海沿岸東寄り一帯に広がってヘレニズムとなり、それを基礎に、古代ギリシアの宿敵ペルシア帝国を滅ぼして、インド外辺にまでおよぶ大帝国を築いたのは、アレクサンドロス大王のマケドニア王国（334-324bc）であった。アレクサンドロスが古代ギリシア哲学の大成者アリストテレスを師とし、生来の奴隷を容認するその哲学の批判者で、「元祖世界市民」と呼ばれるディオゲネスまでも保護しようとしたことは、有名である（山川, 2008）。しかしこの帝国は、大王の急逝によって分裂と衰退をはじめ、やがて古代ローマに吸収されていった。

　アレクサンドロスの遠征の直後、インドのガンジス河下流域マガダ国から起こったマウリア朝（317-180bc）は、アショーカ王（268-232bc）の時代にパキスタンからインドア亜大陸にかけての地域をほぼ統一するが、アショーカ王はこの過程での残虐な殺戮の連続を深く反省して仏教に帰依し、以後はダルマ（法）による統治をめざすようになったといわれる。しかし、この帝国

もその後は安定せず、分裂・縮小をくり返して、やがて消滅していった。仏教はその後、個人の悟りをめざす上座部仏教 ── ウェーバーのいう達人宗教 ── として主としてインドの南から東南アジアに伝わる一方、一般民衆の救済をめざす大乗仏教 ── ウェーバーのいう大衆宗教 ── として中央アジアや東アジアに伝わり、インド亜大陸ではヒンドゥー教に吸収されつつ、一部は密教として中国、日本、チベットなどに伝わっていく。

インドでアショーカ王の治世が終わってまもなく、中国では最初の統一帝国秦（221-206bc）が起こされ、これを嚆矢としてその後、漢（202bc-8ad）、後漢（25-220）、三国時代をへて隋（581-618）、唐（618-907）、宋（960-1127）とつづく中華帝国の歴史が開始された。帝国形成の過激さに一部の儒者などが抵抗したため、秦の始皇帝が、いわゆる焚書坑儒によって、春秋戦国以前からの儒教の古典や儒者たちを弾圧したことは有名である。しかし漢以降は、帝国は一般に古典を整理編纂したり、それらをもとに新たな学問を興したりしつつ、道教や仏教も取り入れながら内部の統治と外部侵出のイデオロギーを練り上げていくことになった。

他方、地中海沿岸では、紀元前後をつうじてローマ帝国（27bc-395）が形成され、最初はギリシア文化を受け継ぎつつ、その後の法典のモデルとされるローマ法をつくって統治を維持しようとしたが、帝国発足直後に中東でユダヤ教の宗教改革をつうじて形成されたキリスト教が、四福音書に描かれた神秘的ながらも人間的な物語をつうじて急速に人びとのあいだに浸透し、4世紀にはついに公認され（313）、国教化される（380）。ローマ帝国はその後東西に分裂し、西ローマ帝国は417年には滅亡するが、東ローマ帝国は1453年までつづき、いわゆるギリシア正教の伝統をロシアなどに伝えていった。

4.5　帝国の興亡から最終崩壊へ

7世紀に入ると、ユダヤ教やキリスト教など一神教の伝統をもつ中東で、旧約聖書のと同じ神話をもとにした新しい宗教として、イスラームが起こった。教典のクルアーンは、唯一不二のアッラーフが、最後の預言者ムハンマドの口を借りて語ったものとされ、信徒に呼びかける形で書かれている。聖

処女マリアが神の子を懐胎してキリストを生んだというような、人間世界では通常はありえない話を介してではなく、直接にアッラーフと個々の信者がつながるため、明快な一神教として人びとの心をとらえた。砂漠の多い地域で、隊商のような移動性の高い経済行為をしていた人びとを中心に広がり、610年の布教開始から、メッカからメディナに聖地を移動した622年のヒジュラをへて、630年にはアラビア半島を統一するにいたった。

　その後、ムハンマドの死後、後継指導者となった4人のカリフによるイスラーム帝国の拡大が続いたが、4代目アリーが暗殺されたあと、その政敵であったムアーウィアがみずからカリフに就任し、カリフ位を世襲化してウマイヤ朝（661-750）を起こした。この王朝の正統性を承認したスンナ（慣習）派と、アリーの正統な後継を自負するシーア派との対立が、ここから生まれた。ウマイヤ朝では8世紀半ばにアッバース家による革命が起こり、バグダードを首都として中央アジア、インドにまで版図を広げた巨大な帝国アッバース朝（750-1258）が起こった。しかし、アンダルス（スペイン）は後ウマイヤ朝として最初からこれに乗らず、9世紀以降は地方がしだいに自立しはじめ、10世紀には北アフリカのファーティマ朝がアリーの後継（シーア派）を奉じて対抗し、イスラーム帝国は分裂時代に入った。バグダードでは10世紀半ばにシーア派王朝ブワイフ朝によって支配権が握られ、11世紀半ばにはそれを滅ぼしたセルジューク朝がカリフにスルターンの称号を与えられて支配権を握ったが、その衰亡後13世紀半ばに、形骸化していたアッバース朝はモンゴル帝国に滅ぼされた。

　モンゴル帝国は、中央アジア大草原の遊牧民族が、素朴な天信仰を基礎とするシャーマニズムにもとづき、十人隊、百人隊、千人隊という社会単位をふまえて築き上げた、史上最大の世界帝国である。最盛期には地球上の陸地の約25％を支配し、1億人を超える人口を配下に置いた。普遍宗教をもっていたわけでもなく、高度な文明や複雑な社会組織をもっていたわけでもないモンゴル社会が、この驚異を成し遂げたのは、社会単位ごとに生産力と武力をまるごと持ったまま縦横に移動したそのスピードによって、13世紀のユーラシア大陸に広がっていた諸帝国と諸社会の虚を突いたからであった。

この帝国はやがて中国を征服して元朝（1271-1386）となり、その後、明（1368-1644）をへて清——1616年に後金として起こり、36年に改称して、明滅亡後に全土を支配——につながる中華帝国の歴史の、いわば後半部にはずみをつけた。清の歴史はその後延々と20世紀にまでつづき、孫文の辛亥革命によってようやく1912年に最終崩壊する。他方西では、13世紀末に東ローマ帝国とルーム・セルジューク朝との国境地帯から現れたオスマン君侯国が、14世紀以降急速に成長してオスマン帝国となり、15世紀半ばには東ローマ帝国を滅ぼし、16世紀の最盛期には中央ヨーロッパから北アフリカに広がる大帝国となっていた。オスマン朝の宗教は基本的にはイスラームだったが、イスタンブールを拠点として東西にわたる広大な地域を支配し、ヨーロッパの近代化に蚕食されながらも、これも延々と20世紀まで存続し、ようやく第一次世界大戦後の1922年に最終崩壊した。

4.6　膨張の必然性と補給の限界

　こうみてくると、帝国はすべてできるかぎり膨張しようとし、しかしそのエネルギーと資源がいつまでもつづかず、やがてはすべて崩壊していったことがわかる。

　帝国はなぜできるかぎり膨張しようとしたか。それは明らかに、その宗教が普遍的であればあるほど多くの——というよりも、すべての——人間の救済を志向したからである。それらはたんなる理念であって、じっさいにはかぎりなき征服の野望が働いていたのだ、といえば、それはそのとおりである。人間のやることはすべて、ウェーバー流にいえば理念と利害関心 Idee und Interesse にもとづくものであり、マルクス流にいえばイデオロギー Ideologie にもとづくものだ。しかし、唯物論に慣らされた現代人と違って、古代的——なんらかの超越者を信じる——人間にとっては、宗教はそのまま理想でもあり現実でもあったし、今でもあるのだ、ということは認めておかなければならない。

　では、帝国はなぜいつまでもつづかず、すべて崩壊したのか。これは明らかに、帝国の生産力基盤が基本的には農業であり、余剰をもって武器と装備

をつくり、軍隊を派遣したとしても、それに補給をつづけるには限界があったからである。特異身体としての皇帝がその軍隊と家産官僚制を維持するためには、帝国が大きくなればなるほど膨大な資源を必要とする。農業には限界があり、皇帝が職人や商人を動員して経済や市場の規模を拡大し、活性化しようとしても、あくまでも農業が基本の生産様式には越えられない線があったのである。

　この点、明快な天信仰と遊牧生産力をもとに史上最大の帝国を築き上げたモンゴルの業績は、あらためて驚くべきものである。明快な天信仰が征服の一点に人びとの意識を集中し、それに向けて人と家畜と武器と住居——つまり武力を含む生産力の総体——が、千人隊のような社会単位で縦横無尽に驚異的なスピードで移動したことがその原因であるが、こうしたことは13世紀のユーラシア大陸でしか起こりえなかった。現代では、コンピュータの発達によって、小さな単位で人びとが素早く移動しつつ経済活動やその他の社会活動を展開することが可能になっていて、「新しい遊牧民（ネオノマド）」の出現だとかいわれているが、これはまた別の話である。

　帝国はこうして、世界中に大きな都市をつくり、高度な文明を発達させたが、その展開には限度があった。念のためにここで、これまでは視野に入れてこなかったアメリカ大陸にも、現在発掘研究中の古いものを措くとしても、マヤ（古典期300-900）、アステカ（14c-1521）、インカ（13c-1533）のような帝国の興亡があったことに、言及しておかなければならない。これらは、帝国の歴史が人類史上に普遍的なものであることを示していると同時に、それほど強くない帝国が、曲がりなりにも市民の台頭を背景にした「帝国」主義的侵略軍のまえには、あまりにももろかったことを示している（和辻, 1950, 前篇）。そして同様のことは、これまでみてきたように、もっと古い歴史をもち、もっと強力でもあったアジアの諸帝国にも、もっと時間をかけてではあれ起こったのである。

　では、けっきょく帝国の最大の弱点はどこにあったのか。いうまでもなくそれは、諸帝国が、みずからつくった大きな都市の市民たちに行動の自由を与え、彼らの知恵とエネルギーを引き出して社会を活性化させることができ

なかったところにあった。そして、じっさいにそうしたことが起こった過程を追究していくと、私たちは不可避的に人類史上第二の社会システムとしての市民社会さらには民主社会に行きつくことになる。

5 二次システムとしての民主社会

5.1 主体としての市民

　これまでにみた諸帝国の諸都市の市民はもとより、古代ギリシアの諸都市の市民とも異なる、まったく新しい市民が登場してくる過程については前章Ⅰ-2でみた。新しい市民の特徴は、なんといっても、自らを、世界解釈の、自然理解の、そして社会形成の、主体として、その意味で真の主権者として立てたことである。

　本章1で私たちは、市民から始まる主権者がどのようにして自らの社会をとらえることができるのかをみた。そのときに指摘したように、人間を最初に世界把握の主体として立てたのは、デカルトのコギト（「われ思う、ゆえにわれあり」）であった。ただこれにはまだいろいろな不十分さがあったので、その後のカントやフッサールやその影響を受けた人びとの知的努力に学びながら、私たちはここまで、社会をとらえようとしてきた。この流れと並行して自然理解について人間を主体として立てていったのは、ベーコンの実験論やニュートンやライプニッツの微積分学をふまえた、万有引力論とそれをふまえた古典力学等々の形成であり、19世紀の末以降は相対論や量子論を柱にした新しいパラダイムの展開であった。

　社会形成については、ピューリタン革命を目撃したホッブズが、帝国や王国が滅ぼされるか倒されれば、あたりは「万人の万人にたいする戦い」の自然状態となること、それを避けるためには強大な力に主権をゆだね、レヴァイアサンのような国家をつくらねばならないこと、これがうまく行かないと国家は、支配そのものが暴力にほかならないようなビヒモスにならざるをえないこと、を指摘した（Hobbes, 1651＝1954-88）。その後の名誉革命を目撃したロックが、王制と妥協しながらも、市民が、議会と議院内閣制によって、

自らの労働にもとづく正当な所有（財産）を守れるのであれば、それが市民という主権者の政府であり国家であるといえることを主張したのは、不完全ながらも一歩前進であった（Locke, 1690 = 1968）。

　1755年にポルトガルのリスボンで大地震があり、津波と火災によって大きな被害が出、ヨーロッパの広い範囲でも揺れを感じたことから、ルソーはその影響もあって、人間は、もともとそのなかにあった自然に帰るべきだ、と主張するようになったといわれている。その延長上でルソーは、不平等が発生する以前の自然状態を理想とみなし、社会を形成するのであれば人びとの「一般意志」にしたがってなされるべきだ、と主張した（Rousseau, 1754 = 1957; 1762 = 1954）。しかしルソーのこの考え方は、フランス革命時のジャコバン派からロシア革命時のボルシェヴィキその他にいたるまで、少数の前衛による人民意志の独断的推測とそれにもとづく独裁に利用されたのが現実なので、今日では基本的に採用されえないというべきである。

　こうして、普遍的市民を社会形成の主体として立て、それが現実となるようにたゆまぬ努力をつづけてきたのは、けっきょく、19世紀イギリスのチャーティスト運動いらいの普通選挙運動家たち、普通選挙の実現をめざして運動した労働者、女性、少数民族その他の人びとであり、この人びとの運動の正当性を理論化し、擁護してきた多くの政治理論家や社会理論家なのである。この点にかんして、優れた資本主義批判家たちや社会主義理論家たちにどのような弱点があったか、植民地解放に取り組んだ理論家たちや実践家たちはどんな考えをもっていたかなどについては、Ⅰの3, 4, 5で述べた。

　前章6で述べたようにほんとうの民主社会はまだこれからであるが、これらすべてをふまえて、民主社会とは、ではどんな社会システムなのか、を確認してみよう。それは、先取りしていっておけば、社会の平等と不平等との矛盾を緩和し、社会をシステム化していく装置としての宗教、国家、市場、都市の一つひとつについて、帝国的なものを徹底して乗り越えていくことにほかならなかったし、今もなおそうなのである。

5.2 宗教の内面化から無神論へ ── 科学技術の発達

　社会形成のうえで、とりわけ帝国形成のうえで、宗教がいかに重要な役割を果たしたかを述べたが、真の主権者のもととなった新しい市民の最初の仕事は、この宗教から自らを解放することであった。

　西ヨーロッパでは、西ローマ帝国の滅亡後、強力な帝国が形成されず、キリスト教がカトリックとして一元的な支配をめざしたものの、十字軍などの失敗でかえって批判を呼び起こし、各地に宗教改革の動きが起こって、16世紀以降、新教すなわちプロテスタンティズムの流れが有力となったことは、良く知られている。プロテスタントは、教皇を頂点とするローマ・カトリックの聖職者組織が、免罪符の販売で私腹を肥やすなどの腐敗をはびこらせていることに抗議（プロテスト）し、聖書の内容に立ち帰ってほんらいの教えを呼び戻すよう訴えた。

　カトリックの巨大組織という外面的なものを離れ、信者各人の内面にキリストの教えにたいする信仰を確立しようとしたこの動きが、人間を個人という主体として立てることに大きく貢献したことについては、ウェーバーをはじめ多くの人びとが指摘してきている（Weber, 1920＝1989）。この宗教改革にたいしてカトリックは対抗宗教改革を開始し、組織を再編しながら信者の信頼を取り戻そうとしていくが、17世紀の、どちらかといえばカトリックの強いフランスでおこなわれた、デカルトの方法的懐疑とコギトの定立は、個人を主体として立てることの、いわば徹底して合理的なヴァージョンであった（Descartes, 1637＝1997）。

　デカルトの思想を同時代のブレーズ・パスカルが、デカルトはコギトを立てたあと、世界を建て直していく出発点として完全無欠の神 ── だから神が存在しないなどということはありえない、というのがデカルトの有名な「証明」である ── に言及するも、そのごはもう神を必要としていないと批判するが、おそらくはデカルトの意図をも越えて、近代思想はパスカルのいったとおりに展開していく（Pascal, 1669-70＝1959）。デカルトはまた幾何学と代数学とを結びつけた解析幾何学の創始者としても有名であるが、コギトが座標系を立て、そこに微積分学などを用いて現実世界の動きを投影しはじめれば、

もはや神がいようがいまいが、合理的な自然理解すなわち自然科学はおしとどめようもなく発達しはじめるのである。

　いわゆる科学技術革命論が主張してきたように、科学と技術とは、その基本発想からしても、また歴史的にみても、ほんらい別べつのものであったが、資本主義の発展とりわけ産業革命の進展にともなってしだいに融合するようになっていった（芝田, 1971）。神話や宗教にもとづく非合理的な世界認識のもとでは、雨乞いや病気治療などのために魔術がおこなわれていたが、近代の市民は、科学技術にもとづいて世界を解釈し、自然から人間身体、さらには社会や文化から人間精神の内面までをも、変えていこうとするようになる。

　こうして、宗教は、合理的世界解釈のもとでは根拠がないだけでなく、人びとの現実認識を妨げる有害なもの、さらにいえば人びとを現実から逃避させるアヘンのようなもの、であるとして、無神論が登場してきた。無神論につながる多くの哲学書や文学・芸術作品などは、今日まで市民の文化の重要部分を構成するものとして比重を増しつづけてきている。しかし同時に、科学技術には、デュルケムが宗教の重要な機能とみなした社会統合の働きが少なくとも明示的にあるとはいえないこと、ヤスパースが人間の限界状況とした生老病死などの不可避性についても人を納得させるものがあるとはいえないこと、そして何よりも現実として、今日にいたるまで世界中の多くの人びとがなおなんらかの宗教によって生きていること、なども認められなければならず、この点でも、市民をもととする主権者の課題はまだまだ多く残されているといわなければならない。

5.3　国民国家の形成と民主主義の普及

　宗教から自らを解放しつつ主体化する市民たちは、新しい共同性として国民（ネイション）を立ち上げ、そのうえに市民たち自身の国家を立てようとした。いわゆる国民国家（ネイション・ステート）の形成である。そのために市民たちは、国家を宗教から分離しようとした。いわゆる政教分離である。これは多くの国で今でもさまざまな程度に不完全であるが、原則としては否定できなくなってきているのが趨勢である。それよりも、こんどは国民それ

自体が宗教まがいのものの対象になり、ナショナリズムという深刻な問題を引き起こすことになるが、それについてはI-2.5や本章の2.5でふれたし、本章の最後でもふれることになるであろう。

　市民たちは国家を自分たちのものとするために、議会を改革するか、それがない場合には新しくつくる。そしてそこで、憲法をつくり、政治の基礎とする。いわゆる立憲主義である。憲法はふつう、人権宣言と国家形態と政治の基本手続きを述べた部分からなる。人権宣言としては、イギリスのマグナ・カルタや権利の章典、アメリカの独立宣言と憲法修正10ヵ条、フランスの人と市民の権利宣言などがもとで、多くの国の憲法はこれらをもとにつくられていく（高木・末延・宮沢, 1957, 高橋, 2007）。国家形態としては、(立法)議会を一院制にするか、二院制にするか、行政の長を議会が選ぶ議院内閣制にするか、主権者が直接選挙する大統領制にするか、などで差が出てくるが、司法の独立を認めるいわゆる三権分立が基本とされてきている。議院内閣制がいいのか大統領制がいいのか、司法の独立といってもその長を行政の長が指名する場合が多く、それで独立が保障されるのか、などの問題があるが、民主国家の基本はこのようなものである。

　軍についていえば、アメリカやフランスの例や多くの民族解放運動の例のように、革命の過程で市民あるいは主権者たちが自ら組織した場合が多く、それが基本というべきであろう。ドイツや日本の例のように皇帝や天皇を立てて組織された軍は、そのご深刻な問題を起こしている。民族解放運動の例でも、軍の指導者が独裁者などになって支配をつづける場合には、そのごの民主化が進まず、今日でも問題になっている。これらの経験をふまえて、民主国家の軍は、市民あるいは主権者たちの意志にもとづいて組織され、文民統制（シヴィリアン・コントロール）のもとに置かれるのが原則である。

　主権者の議会と首相あるいは大統領のもと、官僚制は、位階制（ハイアラーキー）的に組織された官僚の、それぞれの位置における地位と役割（権限と責任）を明確化した、合理的なものとなった。イギリスの例のように、市民革命が王制と妥協して立憲君主制となり、古くからの家産官僚制を引きついだ場合には、その合理化のために長年におよぶ多大な努力が必要とされ、

ジェレミー・ベンサムの功利主義などはじつはそのために生まれたのだともいわれている。しかし、アメリカの例のように基本的に新しく組織された官僚制でも、特定地位にともなう権限が既得権益化したり、役割分担意識の過剰からたらい回しなどの無責任が生じたりして、ウェーバーが道を拓いたような官僚制批判の必要性は今でも衰えていない（Weber, 1921-22 = 1960-70）。民主社会では官僚自身が主権者なので、外部からの批判ばかりでなく、主権者たちの、内部告発などを含む不断の改革努力が必要である。

　民主国家は、さらに長い眼でみてそれ自身を維持するため、初等、中等、高等と積み上がる教育制度を形成し、発達する科学技術をもとに次世代を教育しようとする。これには国家が資本の意を受けて労働力を養成するという意味もあるが、そればかりではない。国家は、国民を統合し、時として軍事力を用いてでもそれを維持、場合によっては拡大するために、宗教教育が駄目ならばなんらかの道徳教育をおこなうべきだという議論が、これまでいろいろな国でくり返しおこなわれてきた。しかし、まさに教育そのものの普及をつうじて、そもそも国民国家同士の戦争は愚かなのではないか、いやそもそも人類は戦争という手段でもめごとを解決するのをやめなければならないのではないか、という議論が広がってきているのが現実である。この問題を、私たちはこの章の最後で議論しなければならない。

5.4　普遍的市場化と止めどない産業革命

　市民たちは、宗教から自らを解放し、自分たちの国家を建設しようとするまえから、市場を拡大する経済行為を活発化しつづけていた。もともと市民は都市で商業や手工業にたずさわる人びとだったわけだから、これは当然のことである。だから、まず市民たちの市場拡大活動を取りあげ、そのうえに宗教からの解放や国民国家建設を乗せていくべきだという考え方にも、根拠がないわけではない。そのほうが唯物論的だということもできる。しかし私たちはあえて、帝国形成の順番どおりに、市民たちが宗教を否定し、それに権威づけられた国家を否定して、新しい国家を建設していく過程をみてきた。これにはいくつかの理由がある。

第一に、市場拡大のうえに市民たちがルネサンスや宗教改革を展開していったのが事実であるとしても、市民たちをバックアップして大航海をおこなわせ、アメリカ大陸やアジアに市場を拡大しようとしていったのは、最初はポルトガルやスペインの王室であった。しかも彼らは、アメリカでははなはだ乱暴なやり方で先住民の文明帝国を破壊し、アジアでは、さすがにすぐにとはいかなかったにしても、既存の文明帝国を浸食し、可能なところから植民地化していった。これに加わったオランダやイギリスやフランスの場合は、しだいに市民の主導性が強くなっていったにしても、征服と植民地化のやり方は基本的に暴力的なものであり、けっして市場そのものの論理に従ったものなどではなかった。西ヨーロッパにおける資本の原始的蓄積と市場形成が、アメリカやアジアから略奪してきた富の集積がなければありえなかったことは、今日では常識である。

　第二に、市民革命と初期産業資本の形成に先行したイギリスが、植民地の大半を手中にしたうえで18世紀半ばから世界に先駆けて産業革命に入り、「世界の工場」になっていったことは事実であるが、これも、王制と妥協したイギリス市民国家の「大英帝国」的ふるまいを前面に立てることなしには、ありえないことであった。産業革命の開始をみてアダム・スミスは、「見えざる手」を信頼して自由貿易を世界に広めるべきことを訴え（Smith, 1776＝1969)、これにたいして、市民革命に遅れをとったフランスのケネーは、農業を中心に経済全体の相互連関と循環を重視すべきことを主張し（Quesnay, 1766＝1966)、さらに近代国家建設に遅れをとったドイツのフリードリッヒ・リストは、スミスの「万民経済」と「交換価値」にたいして「国民経済」と「生産力」を対置したが（List, 1841＝1970)、こうした論争もけっきょくは西ヨーロッパという「コップのなかの嵐」にすぎなかった。西ヨーロッパから巻き起こった普遍的市場化と止めどない産業革命の動きは、植民地化に抵抗していたアジアの帝国や、イギリスの植民地状態から独立したアメリカ合州国も含めて、世界全体を巻き込んでいったのである。

　資本主義的な世界市場の形成と産業革命の波及をつうじて、市民社会の生産様式は一変した。土地と気候に拘束される農業や、価値そのものを生産し

ない商業とちがって、工場制大工業を中心とする諸産業は、有利な土地に工場や事務所を建てて、商品化された労働力を好きなだけ雇い、あらゆるものをほとんど無制限に生産することができるようになった。生産力の無限増大の可能性が出てきた。帝国はその使命にしたがって無限に膨張しようとするも、その補給力に限界があり、必ずどこかで衰退していったのをみたが、市民社会の経済には原則としてこのような限界がなくなったのである。ここに、市民社会が民主社会という第二次社会システムを生み出していく、もっともはっきりした理由がある。すなわちそれは、生産力をどこまで増大させるかを基礎として、そのうえにどのような社会をつくるかをみずから決めていかざるをえないのであり、その意味で本質的に自己言及的であり、そうあらざるをえないのである。

　資本主義は、国民として広げられた共同性のうえに、資本家階級（ブルジュワジー）と労働者階級（プロレタリアート）との対立を生み出した。この意味では市民社会も、国民の範囲での、市民の平等と階級的不平等との矛盾への対処という、社会膨張のダイナミズムに突き動かされて展開しはじめた。ブルジュワジーとプロレタリアートとの階級対立の要に、資本による労働力の搾取 —— 表面上は合法的な雇用契約の裏側で、資本が生み出される剰余価値の全部を取得してしまう —— があるという理論が現れ、劣悪な労働条件に抵抗して闘っていた労働運動を活性化し、その延長上にプロレタリアートによる国家権力の奪取と新国家建設という展望が示されて、19世紀から20世紀にかけての世界史を大きく動かしたことについては、前章4.5でみたとおりである。これにたいして他方では、労働者 —— そして女性や少数民族など —— も対等に政治に参加させるべきだという普通選挙運動が展開され、けっきょくはこちらの線で、市民社会が、階級社会としてばかりでなく、各人にさまざまな地位と役割を割り振る社会システムとしての民主社会としても発展してきていることをも、前章でみた。

　民主社会は、科学技術の発達と国民国家運営をめぐる民主主義という理念のもとで、現実に生起してきているこのような諸矛盾を、みずから解決していかざるをえない社会システムとして展開してきているのである。

5.5 巨大化する都市と市民の疎外 ── マルチチュードとサバルタン

　市民社会は、社会形態としては、市民すなわち都市の民の社会であるから、都市の形態を社会全体に広げたものである。もちろん、農村がなくなるわけではないが、都市が拡大していくうえに農村も都市化してくるので、社会全体が都市のようになるのは、多くの先進社会を見ても明らかである。社会学のシカゴ学派が都市的生活様式という言葉を広めたが（Wirth, 1938＝1978）、市民社会とは都市的生活様式が全体に行き渡る社会だということもできる。

　都市および都市的生活様式の特徴は、道路、上下水道、ガス、電気、公共交通機関、電話など通信網、などのインフラストラクチュアが整備され、どこに行っても同じような生活ができるようになることである。その前提として、これらのインフラが整備されていれば、どこにでも政府機関ばかりでなく民間企業などが立地するはずで、したがって雇用機会があるはずだ、ということも含まれる。しかしじっさいには、どの国でもインフラの均等な整備のためには時間がかかっており、そのうえに立地をめぐる企業などの利害打算が加わって地域間格差が生まれ、人口の過密・過疎問題が発生しているのも現実である。市民社会の形態学的管理の問題は、こんごとも民主社会形成の大きな問題の一つでありつづけるであろう。

　肥大し、巨大化してきた都市には、人口流動性の増大にともなって共同性── というよりも共同意識 ──の弛緩という問題が生じた。デュルケムは、社会分業が拡大し、社会が巨大化して有機性の度を増すにつれて、かえって集合意識が弛緩し、アノミーすなわち規範意識の欠如が広がってくることを心配していたが（Durkheim, 1893＝1967）、この心配がまさに巨大都市のちまたで現実のものとなってくる。学ぶために、また職を求めて、大都市に流れ込んでくる人びとが、隣人とたがいに知り合うこともないようなアパートに住み、住民登録をしたとしても地域への一体感はなく、普通選挙制の結果せっかく与えられている選挙権にも関心のないようなケースが増えてきた。

　主権者であるべき人びとが原子のようにバラバラに［原子化］され、大都市を中心に普及してくる新聞、ラジオ、テレビなどのマスメディアに操られて群集行動に走ったり、逆に無気力になり無関心── アパシー ──にとらえ

られて、「声なき民の声」などという形で政治家に利用されたりするようになる（松下, 1959-1969）。市民が疎外されて大衆になるのであり、それに乗じてマスコミや政治家による大衆操作が出現するのである。社会が経済的不況などで危機的状態にあるときに、大衆化した主権者をマスコミなどによって操作し、人種排撃や自民族中心主義を「現代の神話」にして、「（ドイツ）第三帝国」とか「大日本帝国」とかいう現代の独裁制をつくりあげる動きも出た。ファシズムはイタリア語のファッショ（結束）から出た言葉であるが、テロリストの攻撃にたいして国民の「結束」を呼びかけ、一方的な戦争を強行したりするような主権者無視の政治は、現代のアメリカでも起こっている。そういうときに主権者はいわば脱主権者化され、主権者でありながら事実上主権を奪われた人びとの群、すなわちマルチチュードになってしまうことについては、Ⅰの6.5でみた。

　そのとき、他方で、植民地状態から自らを解放してからまだそれほどの年数をへていない途上諸国には、下積みとして無視されてきて実質的にまだ主権者になりえていない膨大な数の人びと、すなわちサバルタンがいるといった。この人びとの圧倒的多数は、植民地解放後の諸国に、開発強行のために国内経済のバランスを無視して凄まじい勢いで膨張させられてきた都市の、底辺部と外周部にスラムをなして住み、正式な経済統計などでは把握されないインフォーマル・エコノミーによって生活している。世界的に広がった都市社会としての市民社会は、途上諸国や新興諸国では圧倒的にこのような相貌を呈していることも、忘れられてはならないであろう。

5.6　市民社会の根本矛盾はどこにあるのか？

　市民社会とは、主体化した市民が、普遍宗教よりも普遍的な科学技術と教育制度のもと、国民という共同性を立ち上げて、市場を世界中に広げつつ産業革命を遂行し、都市を拡大しつつ農村をも都市化していく社会システムであることを、みてきた。これは、帝国という第一次社会システムにつぐ第二次社会システムとしての民主社会の初期形態であり、まえにも指摘したように、人類は文明化して以後、端的にいってこの二つの社会システムしか知ら

ないのである。

　では、帝国の矛盾が、普遍宗教によるその無限膨張性と、農業が基本生産様式であることからくる補給力の限界とのあいだにあったのにたいして、市民社会の矛盾はどこにあるのか。19世紀以来、それは、国民として広げられる共同性と、そのうえに形成される労資対立という階層性とのあいだにあるという見方が有力で、それを裏付ける階級闘争史観とそれにもとづく社会主義革命論が、20世紀後半にいたるまでの世界を動かした。しかし、私たちがみてきたところでは、本当の矛盾は、国民と階級対立との矛盾を抱えるこうした市民社会どうしが、たがいに争いあいながら、まだ帝国の支配下にある諸地域をつぎつぎに植民地化し、最後は有力市民社会間の「帝国主義戦争」と「冷戦」で、人類そのものを絶滅の危機にまで追い込んだことにあった。

　本章2.5などでも述べたように、国民という共同性の根は深く、おそらくは人類の社会進化の基礎にある生物進化の層 —— 血筋、体型、肌の色など —— にまでさかのぼるものである。このうえに、いつ頃から使い始めたのか判然としない言語や、農業革命いご環境に適応しつつ選択を重ねて形成されてきた生産様式などによって、まず特定集団 —— エトノスethnos —— が形成され、近代初期以降、相当数の類似のエトノスが、出版技術の普及などをつうじて共通化されていく言語 —— いわゆる国語 —— と、それを用いておこなわれる市場的経済諸活動の範囲 —— 局地的市場圏 —— とをつうじて統合されて、形をなしてきたのが国民である（Anderson, 1991 = 1997）。だからそれは何重にも運命的なもので、時として人はそれに命を捧げても良いと思ったりする。

　市民社会は、こうして、国民〔至上〕主義すなわちナショナリズムという対立しあう特殊性と、科学技術と教育制度、民主主義、世界市場、地球的都市化を柱とする普遍性との矛盾である。資本家階級と労働者階級の対立も重要であるが、労働者階級の国際主義（インタナショナリズム）は、第二インターの崩壊や、中ソ対立のあげくのソ連崩壊と中国の現実主義化などによって事実上破綻し、資本家階級とりわけ大資本家は今や、社会主義圏の崩壊に

よって文字通りの現実となった世界市場で、したい放題の事業と投資 ── というよりも投機 ── をおこなって巨万の富を築いているのが現実である。巨大資本の投機などによる世界経済の混乱を防ぐためには、諸国民国家が団結し、巨大資本を規制していく必要があり、そのためには各国民国家の内部で主権者が主導性を発揮して、よい政府をつくっていく必要がある。

しかしこうしているあいだに、市民社会システムは、もっと大きくてもっと深刻な問題を抱え込んでいることがはっきりしてきた。それは、一つには、このシステムが、それ以前とは比較にならぬ規模とスピードで環境を破壊してきて、地球生態系の急激な変化が今や人類社会そのものの存立基盤を脅かすようにすらなってきたということであり、二つには、このシステムのもと、大資本の横暴を押さえながらこの問題を解決していくために必要な世界中の主権者の団結が、米ソ冷戦終結後に広がってきたグローバルなテロリズムによって根底から脅かされ続けている、ということである。

民主社会の前提としての市民社会の差し迫った問題はじつはここにあるので、私たちはつぎに、節をあらためてこの問題を検討し、そのうえで、これまでに展開してきた社会膨張にかんする諸理論をまとめなければならない。

6 暴力の制御と社会・生態システムの形成

6.1 産業革命と環境破壊

市民社会が興した産業革命が、工場制大工業を中心にして科学技術の発達を取り込み、原則として無限の生産力拡大に道を拓いたことを、5.4 でみた。18 世紀半ばにイギリスで始まった産業革命は、19 世紀以降、フランス、ドイツ、アメリカ、日本、イタリア、ロシアなどに波及し、これら諸国の帝国主義化をひきおこして、20 世紀前半に第一次および第二次の世界大戦を勃発させた。産業革命は、これら国民国家間の争いをつうじて、すでに激しく環境ばかりでなく人間そのものを破壊しつづけてきており、第二次世界大戦末期にアメリカで開発され、日本の広島・長崎に投下された原子爆弾はその集約の一つであった。

第二次世界大戦後は、アメリカとソ連を中心に核軍拡競争がつづき、冷戦の拡大は、1962年のキューバ危機を頂点として、人類を絶滅の危機にまで追い込む。この危機にたいして、日本や欧米諸国の主権者たち、およびインドや中国をはじめ独立あるいは自立した第三世界諸国から、激しい抗議運動や平和運動が起こり、米ソは核兵器開発の相互規制に入らざるをえなくなった。しかしこのかんに、植民地解放を達成した第三世界諸国は、政治的独立を経済的自立で裏付けようとして、全力をあげて開発政策や経済成長政策を展開し、これらを取り込みながら成長競争をつづけようとする米ソ両陣営と、それぞれの内部での国民国家間の成長競争をつうじて、環境破壊は各国内部から国境を越えて地球全域に拡大しはじめた。

　人間の文明そのものがすでにして環境破壊であった、とよくいわれる。たしかにそうだが、文明帝国の環境破壊は、生産力基盤が農業であったためにその膨張力に限界があったように、緑地帯を砂漠にするようなことはあっても、一定限度以上に広がることはなかった。しかし、地球上から本来の意味での帝国が消滅し、ほとんどの植民地が独立してからの産業革命は、文字どおり、工業を中心とする近現代産業の生産力無限拡大を野放しにしてしまった。森林を初めとする生態系、大気圏、河川・海洋圏などには、もともと国境などない。日本のような海洋国家も、公害や廃棄物を規制の緩い途上諸国に「輸出」したり、公海に投棄したりして、環境破壊はあっというまに地球的規模に広がってしまった。これらのうえになによりも、地球上で各国が消費する化石燃料その他が二酸化炭素を放出し、これらがいわゆる温室効果ガスとなって地球温暖化をもたらしてしまっていることが、現代の地球生態系の危機を象徴している。

　市民社会の矛盾は今や、国民という共同性のうえに形成されるブルジュワジーとプロレタリアートの階級対立どころか、科学技術、民主主義、世界市場、地球的都市化の普遍性と国民国家間競争との矛盾をも越えて、世界的民主社会化と地球環境破壊との矛盾にまで深まってきてしまっているというべきである。ようやく自分たちの〔国民〕社会の主権者にはなっても、現代的「帝国」の独断専行によって脱主権者化されてしまう主権者たち、普通選挙

制の未施行や不完全によっていまだに主権者になりえていない人たち、要するに基本的民主社会化の趨勢のなかで、いまだに世界社会はもとより自国社会においてすら十分な意味での主権者となりえていない私たちは、この矛盾の深まりにたいしてどのように対処すべきなのであろうか。

6.2 社会の生態系内在性と社会・生態システム観

　2.1の終わりで、人間社会が何をしようと、どうなろうと、それもまた自然の一部にすぎないのだ、といった。この冷厳な現実に立ち向かわなければならない。

　民主社会が国民的に分かれてそれぞれ固まり、争いあって地球生態系を危機に陥れてきたが、これも自然の流れといえば流れである。民主社会は地球上いたるところに都市を広げてきたが、そもそも都市は、自然のなかにつくられる人工物の集積のようなもので、とくに近代以降、鉄筋コンクリートの部分が多くなれば、自然のなかのオデキというか、もっと端的にいえばガンのようなものである。地球の航空写真、さらには衛星写真が、砂漠化が進む一方、都市がほとんど無秩序に拡大してきている様子を映し出している。こうした地表を囲む海洋の汚濁が進み、大気の汚染が進み、地球温暖化が進んできているのも、自然進化の現局面といえばいえる。

　人間とその社会は、こうして生態系内在的であり、いずれにしても自然の一部なのだから、今よりももっとスピードを上げながら地球環境の破壊が進み、多くの社会の存続がむずかしくなって、せっかく核戦争の危機を乗り越えたようにみえる人類が絶滅するのも、自然と社会を含む地球進化の筋道なのかもしれない。その意味で、自己言及から出発した近代社会は、本質的に再帰的なのであり、そのやることなすことのすべてがみずからに帰ってくるのである（Beck, Giddens & Lash, 1994＝1997, Giddens, 1991＝2005）。いずれにしても、人間社会はいつか、どのようにしてか、必ず滅びる。その意味では、私たちがこれまで懸命に考察してきた社会進化もすべて空しいのであり、一切は空(くう)なのである。普遍宗教のほとんどには多かれ少なかれそのような洞察があるが、とくに仏教にもっとも鋭く現れているこのような認識を、私た

ちは心のどこかにいつももっていなくてはならない。

　しかし、仏教では、一切の形あり色あるものはすべて空しい（色即是空）といったあとに、ただちに、だからこそ一切は形あり色あるのだ（空即是色）とつづける。一切は空しいのだが、だからこそ、そのときどきにあるものは、私たちの一貫した視野、あるいは世界直観のなかでは意味があり、美しくみえたり、真にみえたり、善きものにみえたり、あるいはそれぞれその反対——醜偽悪——にみえたり、それぞれの中間でどちらかになにほどか寄ってみえたり、するのである。だから私たちは、つねに一切皆空であると思いながらも、同時に、美しいものを求め、真なるものを守り、できるかぎりすべてを善くしていこうとする。

　基本はそれ以外にない。本章1で私たちは、西洋哲学の伝統にしたがって、主権者が社会を、どのようにしたらとらえられるのか、あるいはとらえるべきなのかをみたが、それもこうした視野のなかに置いてみればなおさら現実味を増してくる。また、4.2で私たちは、大自然に生まれて生きるために働き、老いて楽しみを知り、死に憩うのが人生なのだから、生まれるのも死ぬのも善いのだ、という老荘の考え方にふれた。これは一切皆空という世界観を人生観に展開したものであるが、こうした世界観人生観を意識の基底にすれば、すべてはアッケラカンと、曇りのない視野に明瞭にみえてくる。すると私たちには、あらためて、美しいものを求め、真なるものを守り、できるかぎりすべてを善くしていこうとする意欲が、湧き起こってはこないであろうか。

　何が美であり、真であり、善であるかをめぐっては、もちろん、主権者のあいだに必ずや意見の相違が生じ、論争が生じるが、そうしたすべてを民主主義的に決めていくことこそ民主社会の本領である。そういう意欲と覚悟で、この章で追究してきた社会形成の、社会膨張のダイナミズムをふまえながらもそれをはるかに越える、より複雑で大きなダイナミズムを見直してみると、社会システムがあらためて地球生態系のなかにその一部として、すなわち社会・生態システムとして見えてこないであろうか。問題は、民主社会を、人間のみの社会として考えず、この宇宙に浮かぶ地球と、その表面に生きて人

間の生命を支えてくれているあらゆる動植物との共生——symbiosisとは、symphonyが音の交響であるように、生命の響き合いである——として考えることである。

6.3　社会形成を貫いてきた暴力の現段階

　しかし、社会・生態系としての民主社会に向かおうとしている人類社会に、今、生命を否定する暴力が広がっている。

　私たちは、これまで、小さな社会が衝突しあって階級社会に膨張していく過程で、暴力が役割を果たしたことを見てきた。部族社会と部族社会とが衝突し、王国ができていく過程でも、王国と王国とが衝突し、大きな王国となり、それらの衝突がくり返されて巨大な帝国ができていく過程でも、暴力が働いていた。帝国間の抗争は、それだけしだいに大きくなる暴力の抗争であった。いや、市民社会が生まれ、国民国家を押し立てて抗争するようになってから、暴力はますます組織的になり、「合理的」になり、「科学的」になって、第一次世界大戦から第二次世界大戦にかけて、毒ガスが生み出され、戦闘機が生み出され、大量投下爆弾が生み出され、ついには原子爆弾が生み出された。

　一つの国家あるいは国民国家は、暴力を独占し、内部の「治安」は維持するが、他国とは戦争する権利があるものと考えられてきた。第二次大戦後、世界は自由主義陣営と社会主義陣営に分かれ、内部では争わず、陣営間の冷戦、時に限定された熱戦を戦った。かつて欧米日の国民国家に植民地化されたり、従属国化されたりした諸国は、植民地解放や独立のために闘い、第三世界あるいはアジア・アフリカ・ラテンアメリカ諸国として自立しようとしたが、いずれかの陣営に引き込まれることが多かった。その米ソ冷戦のシステムが、1990年前後に、ソ連東欧の崩壊で消滅した。

　旧ソ連東欧では、強制的にソ連に併合されたり、意図に反して連邦国家などに編入されていた諸国が少なくなかったため、民族運動が起こり、独立国家になるケースがあい次いだ。こうした動きが旧ソ連東欧以外にも波及し、とくにアフリカでは内乱や内紛になるケースが続出し、国連の役割がそれだ

け期待されたが、国連はそれに見合うほど強化されなかった。そのあいだに、中東のイスラーム原理主義を背景とするテロリズムが世界に広がり、2001年9月11日にはアメリカのニューヨークとワシントンで同時多発テロが起こった。そして、これにたいするアメリカの「テロとの戦争」が、逆説的に、グローバル・テロリズムをますます世界に広げる結果となってきた。

　2011年から、北アフリカから中東にかけて民衆の民主化運動が広がったが、チュニジアでの限定された成功をのぞけば、その多くはまだ成功していない。かえって、シリアからイラクにかけての地域にテロリストの支配地域が広がり、これら地域からの大量の難民がヨーロッパなどに流出するとともに、この現象などを利用して「イスラミックステートIS」がテロリズムを輸出する動きが強まっている。普通の都市で普通の生活をしている一般市民に危害を及ぼすこの無差別テロは、現在の世界全体を恐怖と不安に落とし入れている。

6.4　暴力の現段階に責任があるのは誰か？

　近現代世界の形成過程を見るかぎり、グローバル・テロリズムが広がる暴力の現段階に責任があるのは、国民国家を押し立てて世界中を植民地化・従属地域化した欧米日市民社会である。スペイン、ポルトガルはもとよりオランダ、イギリス、またフランスも、植民地主義に乗り出した当初は市民社会ではなかったかもしれないが、オランダ、イギリス、フランスは市民革命を経由したのちも、いやそののちこそ徹底して植民地主義を推し進めた。それ自体が植民地解放から出発したアメリカ合州国が、モンロー主義以降中南米の独立諸国を従属の構造に巻き込んだばかりでなく、キューバやフィリピンを植民地にして列強の植民地主義に加担したことも忘れられてはならない。

　東アジアで北海道や沖縄を強制的に編入しただけでなく、台湾を植民地にし、朝鮮半島を「併合」し、さらに東北部から中国全土を、さらには東南アジア諸国までを従属国あるいは植民地として支配しようとした日本も、天皇主権の憲法のもとで市民社会とはいえなかったにしても責任は免れない。ヨーロッパで、統一が後れたがゆえに植民地主義競争にあとから加わり、成

果の少なさもあってファシズムやナチズムに転化して、第二次世界大戦を引き起こしたイタリアとドイツの責任も重大である。

　ロシア革命で帝国主義列強を抜け出し、労働者農民の新しい社会を築くと銘打って期待されながら、結果として巨大な社会帝国主義に膨張し、近隣諸国に大きな被害を及ぼしたロシアも、責任を免れない。世界中を植民地あるいは従属国化し、植民地・従属諸国の犠牲のうえに戦争をくり返したあげく、第一次と第二次の世界大戦に世界中のほとんどの独立国を巻き込み、第二次大戦後は核軍拡競争をつうじた米ソ対立で人類を絶滅の危機にさらしたこれら諸国こそ、計り知れない暴力の積み上げをつうじて暴力の現段階のもとをつくったのである。これら諸国はいずれも、現代的知の最先端と総体を担う学者や知識人を抱えているのであるから、彼らの交流をつうじて歴史認識を共有し、それぞれの主権者たちにそれを伝えねばならない。

　そのうえで、とくに中東地域については、前章5.3で述べたように、この地域を植民地化し、自国の戦争のために利用したばかりでなく、パレスチナ問題を生み出し、周辺の多くの国で独裁政権の樹立と維持を許してきた、イギリスとアメリカの責任は大きい。その他の欧米諸国や日本もそれぞれの局面で問題解決や和平の動きにからんでいる。第一次世界大戦から第二次世界大戦にかけてのイギリスの、アラブ人向け、ユダヤ人向け、仏露向けの三枚舌外交と、第二次世界大戦後アメリカが中心になって推進してきた国連決議181号を軸とする政策が根本の原因なのであるから、欧米日先進諸国は正確な歴史認識にもとづいて、まずパレスチナの人びとが主権を確保することを助け、並行して周辺諸国の人びとが主権者として民主社会を築いていけるよう、あらゆる支援をしていくべきである。

6.5　圧政打倒・非暴力抵抗・焼身自殺と自爆攻撃

　そのうえでとくに、これまでの経過に義憤を感じ、ISなどのテロ組織に加わろうとする若者たちに、私たちは訴えねばならない。

　アルベール・カミュの『正義の人びと』が描いたように、19世紀ロシアのナロードニキは、あくまでも圧制者を標的とし、そのために人びとのなか

に隠れ、機会を見つけて飛び出して圧制者を倒そうとしたもので、あくまでも人びとのためにという意識を強く持ち、人びとを傷つけることを警戒していた（Camus, 1950 = 1953）。20世紀に入って、イギリスで学び、南アフリカでキャリアを開始したマハトマ・ガンディーは、大英帝国の圧倒的な支配を覆すために、インドに帰って非暴力の抵抗を始め、長い年月をかけて人びとのあいだに支持を広めていき、第二次世界大戦後、自らは暗殺されるも、インド亜大陸 ── インド、パキスタン、バングラデシュ ── を大英帝国の巨大な力から解放した（Gandhi, 1960 = 1970-71）。

　その方式とエートスに学んだマーティン・ルーサー・キングは、19世紀に奴隷状態から解放され、20世紀にかけて女性にも投票権が与えられたとされながら、実質的に投票権を行使できなかったアメリカの黒人たちを、非暴力の大運動に立ち上がらせ、1964年の公民権法をつうじて投票権獲得に成功させた（King, 1964 = 1966）。同時に獲得したさまざまな差別撤廃条項にかんしては、そのご今日に至るまで確実に遵守されているとはいえないが、この勝利は、そのごの人種差別、性差別、年齢差別などの撤廃に大きく道を拓くものであった。この運動に参加した若者たちは、あらゆる人種をつうじて、そのごヴェトナム戦争に深入りし、若者を徴兵して泥沼の戦いに送り込み続けていた連邦政府に反対する運動を展開し、ヴェトナムから兵を撤退させ、ヴェトナムの人びとの民族解放闘争の勝利に貢献した。ヴェトナムに送られたアメリカ軍は最大時50万を超え、投下された爆弾の総量は、第二次世界大戦における投下爆弾の総量を超えたといわれている。

　この過程でヴェトナムでは、アメリカの傀儡政権である南ヴェトナム政府の圧政に抗議する僧たちの焼身自殺が展開された。とくに、1963年6月に最初の焼身自殺をおこなった僧ティック・クアン・ドックの、燃えさかりながら従容として死んでいく姿は、テレビをつうじて全世界に放映され、当時のアメリカ大統領ジョン・F・ケネディは、それを見てヴェトナムからの撤退を考えたといわれている。しかし、同年11月の彼の暗殺後、後継したジョンソン大統領のもとでヴェトナムへの介入が深まったため、ヴェトナムではそのご10人ほどの僧と尼僧が抗議の焼身自殺をした。この波紋はアメリカ

にもおよび、1965年3月にアリス・ハーズが最初に、アメリカのヴェトナムへの介入に抗議する焼身自殺をおこなうと、そのご7人があとを追った(Herz, 1966)。日本でも1967年の11月、由比忠之進が、アメリカのヴェトナム介入を支持する佐藤栄作内閣に抗議して、焼身自殺した（比嘉, 2011）。

　焼身自殺は、仏教的な背景もあるとはいえ、自殺の方法としてはもっとも悲惨なものとされている。それにもかかわらずこれらの人びとがこの手段に訴えたのは、テレビがようやく主要メディアになりかけた時代に、想像を絶する規模の兵員と武器で小国ヴェトナムの解放を阻もうとした大国アメリカの凶暴に、文字どおり決死の覚悟で抗議しようとしたからであった。

　これにたいして、1980年代前半から中東で多発するようになったいわゆる自爆テロは、もともと携帯あるいは着装可能な爆弾を用いて自死の覚悟で敵を襲い、敵にできるだけ大きな打撃を与えようとするものである。人びとが、自分たちの解放を阻んでいるのがある国であると考えるばあい、その国の大使館などにたいして自爆テロをおこなうのも、抗議あるいは自己解放の手段として最適であるかどうかはともかく、まったく理解されないわけではない。しかし、敵の警戒の度が高まっていくにつれ、自爆テロの範囲が無制限に広がり、対象も不明確となり、一般市民に危害を加える無差別テロとなっていったことは否定しえない。そのうえで開き直り、自分たちの「戦争」に参加しない者はすべて敵であるなどというにいたっては、理不尽の極みである。

　人間の解放をめざす者は、人間という生命のこの世界 ── 宇宙に浮かぶ地球生態系 ── でのより良き展開を志向しているはずであるから、くり返し初心に戻り、すなわち自己言及をくり返し、生命を大切にするべきである。世界中の人びとが植民地あるいは従属状態から少なくとも一次的には解放され、主権者としてそれぞれの歴史と文化をふまえて自らの社会をつくろうとしている現在、ジハード（聖戦）の方向を自己破壊的人間破壊的な方向に向けてはならない。歴史の趨勢が各社会および人類社会の民主化にほかならないことが明らかになってきているなかで、人間解放を図る者がどのような行動を取るべきか、あらためてアッラーフに問うべきである。

6.6 暴力を制御しつつ社会・生態系の形成へ

こうして、西洋思想の伝統でいえば方法的懐疑から理性批判をへて現象学的還元にいたる全身活動あるいは反復的自己言及活動、東洋思想の流れに即していえば色即是空空即是色を透視する、いわば日常生活のなかの禅をくり返しつつ、私たちは、社会とは何かについての直観すなわち全身的洞察を得る。それは極度に単純化すれば、図2のようである。

すなわち、社会とはなによりもまず共同性であり、皆が一緒なのであり、平等なのであるが、じっさいにそれを維持するために動き出すと、いろいろな種類の階層性が発生し、上に立つ者が下に置かれる者をさまざまな形で圧迫することになる。そのため、下に置かれる者は不平等を感じ、いろいろな形で抵抗し、さまざまな形で反乱を起こす。こうして、社会はいろいろな矛盾を抱え込むことになり、それらを緩和して自らを維持するために、さまざまな装置をつくらざるをえなくなる。

歴史的にみて、代表的な装置は、宗教、国家、市場、および都市である。

図2　社会・生態システムへの展望

すなわち人びとはまず、言語活動を中心とするシンボリズムによって、矛盾をもつ社会の成り立ちを全身的に —— 言語のみでなく歌や踊りで —— 語り合い、納得しようとする。その高度化したものが宗教であり、物語すなわち教義を教社を中心に演技することをつうじて、社会に聖俗分別を基礎とする秩序を形成する。

　社会が大きくなるにつれ、宗教のこの社会統合機能は物象化され、さらには物化されて、[家産] 官僚制を実体とする国家となっていくが、このさい他の社会との接触による抗争がほとんど不可避的にからむので、現実にはこれに軍隊が重なるか、あるいは並立する。このかんにも市場が社会の基底を揺さぶるので、国家は自らの中心として都市をつくり、それを中軸として社会をシステム化していく。こうして文明が形成されていくので、文明とは少なくとも社会システム内的にはたえざる文明化の過程であり、暴力を制御していく過程である（Elias, 1939 = 1978, 奥村, 2001）。

　巨視的にみれば、社会システムは、宗教と皇帝の国家すなわち帝政と市場と都市とによって媒介された帝国から、科学技術・教育制度と民主主義と世界市場と世界的都市化によって媒介された民主社会の方向に展開してきた。市民社会システムは、この途上で生じた過渡的なものであり、科学技術と世界市場を広げつつも、統合の限界から複数の国民国家を形成し、それらのあいだで互いに争いあいながら他の地域を植民地あるいは従属地域化したため、20世紀の前半に二度の世界大戦を起こし、後半には、核帝国主義と核社会帝国主義との抗争によって全人類を絶滅の危機にまで追い詰めた。

　核社会帝国主義の自壊によってかろうじて絶滅を回避した21世紀の世界で、社会システムの地球生態系への内在性が急速度に可視化され、地球環境問題の解決が迫られている。そのなか、帝国主義秩序の崩壊をつうじて、各地で民族紛争が盛んとなり、とくに中東を中心として、システム形成の低層に滞留する貧困と一神教的宗教のからんだ全身的抗議活動が活発となって、世界に広がっている。

　人間身体はもともと地球生態系の一部である。貧困という身体的社会問題とテロリズムという身体的抗議活動とは、近現代社会の自己言及性と再帰性

の帰結であり、近現代社会の今日のあり方に責任のある旧帝国主義と旧社会帝国主義は、誠意をもって問題の平和的解決に当たるべきである。世界中の主権者は、自分たちの社会の民主化をつうじて、民主的政府の連携で旧帝国主義および旧社会帝国主義勢力に問題解決を迫るとともに、自爆攻撃を手段とする抗議活動にたいしては民主主義の原点に戻るよう働きかけていかなければならない。そうして、暴力を制御しつつ地球的規模の社会・生態システムを形成していくことこそが、社会形成の現段階に見合う実践の形態なのである。

III　グローバル化と情報社会変動

1　米ソ冷戦終結後の現実

　米ソ冷戦の終結が宣言され、東欧「社会主義」に次いでソ連が崩壊して以後、めまぐるしく動く世界のなかでしきりにグローバル化が論じられてきた (Robertson, 1992＝1997, Sassen, 1996＝1999, Beck, 1997＝2005, Tomlinson, 1999＝2000, Giddens, 1999＝2002, Stiglitz, 2002＝2002)。社会的言説の常として、その意味はさまざまであり、その背後にある戦略もさまざまである。いろいろな人びとが、いろいろな角度から激変する構造の意味を読みとり、それによって、自他の身体に埋め込まれている「主体化」の規制を解除しつつ、それらを新たな方向に主体化して、構造が固形化していく方向に影響を及ぼそうとしている。

　そもそもグローバル化とは何か？　極度にマクロな展望をとる者はいうだろう。アフリカの中部に出現した人類の祖先が、地球上に拡散してきた過程そのものがグローバル化であり、今われわれはそれを、モノや人の行き来に加えて、ほとんど光のそれに近づいてきた速度の情報のやりとりをつうじて、目の当たりにしているにすぎないのだ、と。

　文化人類学者というよりは自然人類学者がとりそうなこの言説は、一見冗談のように見えながら、その背後にじつは、われわれ人類に長いあいだつきまとってきたある恐怖を隠している。それは明らかに人種とか民族とかいうものにかかわる恐怖である。何百万年もかけてここまで来たものの、われわれはある意味で、果てしない殺しあいをくり返してきた。果たして人類は本

当に一つの「種」なのだろうか？　そうであるかどうかはともかく、一つの「種」であるかのように、いつか殺し合わないでもすむような共同性を打ち立てることができるのであろうか？

　それほどマクロな展望はとらないものの、少なくとも有史以後の歴史を視野に入れる者はいうであろう。農耕を覚えて定着するようになって以後も、人類はたえまなく交流と交換を続け、織物を編むような形で社会の基礎を広げ続けてきた。文明はそのうえに花開き、それ自体を確立し、その基盤を広げようとして帝国化したが、農業が生産力の基盤であったあいだは拡張に限界があった。16, 7 世紀以後に西欧に現れて世界に広がってきた工業を基礎とする文明のみが、あらゆる限界を突破し、数世紀のうちに世界に広まって、他のあらゆる文明を滅ぼすか、生き残ろうとする者には自らにたいする同調を強いてきたのである、と。

　文明史家や文明論者に好まれてきたこの言説は、言うまでもなく今日、「文明の衝突」というキーワードとともに、あらためて生々しい意味を帯びてきている（Huntington, 1996＝1998）。西欧から発した工業を基礎とする文明は、南北アメリカ、アフリカ、アジアにあった多くの文明を滅ぼしたばかりでなく、仏教、儒教、ヒンドゥー教などで統合された多くの文明を自らに適応させることに成功し、イスラームを統合原理とする多くの社会をすら事実上市場化と工業化の流れのなかに引き込んだ。ただ、前三者で統合された諸社会に比べれば、イスラームで統合された諸社会のなかには、おそらくはその一神教性の徹底性のゆえに原理主義への回帰の性向の強い部分があり、今日の世界の危機のもっとも大きな発生源の一つを作り出している。

　グローバル化にかんする第三の言説は、西欧近代に発したこの文明の、経済的政治的構成に関係する。20 世紀の最後の四半世紀に普及した学説によれば、それは、資本主義世界経済と国民国家間抗争とからなる世界システムであり、初めから世界経済として展開してきた資本主義と、そのヘゲモニーをめぐって争う有力国民国家とがつくりだす、変転してやまない中核・半周辺・周辺構造であった（Wallerstein, 1974＝1981; 1980＝1993; 1989＝1997; 1995＝1997）。そして、すでに 20 世紀初めから普及しはじめていた学説によれば、

この構造は19世紀の末までに、中核に位置する有力国家と、それらを押し立てた独占資本とが世界をそれぞれの版図として分割しつくし、その再分割をめぐって争いあう帝国主義の段階にまで達していた（幸徳, 1901, Hobson, 1902＝1951-52, Ленин, 1917a＝1957）。

　第一次世界大戦が、この世界再分割をめぐる争いの調停不能性の結果であったというのは、周知の言説である。この言説は、近代世界システムの矛盾の暴力的解決の不可避性を見抜き、そこに主意主義的に介入して、このシステムの社会主義的構造転換を企図したものであった（Ленин, 1917b＝1957）。その結果、最初の「社会主義」国が誕生し、それが、その後に形成された独裁体制によってではあれ、もちこたえて軍事大国化したことにより、資本主義世界経済と国家間抗争からなるシステムは、その立脚地域が制限され、中核・半周辺・周辺構造も縮小の局面に入ったようにみえた。第二次世界大戦後の、「社会主義」ソ連による東ヨーロッパ諸国への傀儡政権の樹立、中国、北ヴェトナム、北朝鮮における「社会主義」政権の樹立と、それらの初期におけるソ連型の模倣とソ連との同盟形成、さらにキューバにおける同様の動き、などは、この局面を急速に拡大していくもののようにみえた。

　しかし、ウォーラステインがすでに指摘していたように（Wallerstein, 1995＝1997, p.129）、この過程は、近代世界システムの側からみれば、そのなかに、いっけん資本主義的でない、下位的な中核・周辺構造ができたにすぎず、それを含む中核・半周辺・周辺構造全体のその後の動きは、その再編と矛盾の爆発とさらなる再編の過程であった。すなわち、第一次大戦後、世界は、アメリカや日本も含む戦勝国のいくつかを中核としてブロック化され、「社会主義」ソ連もブロックの1つとなったために、復興後膨張する余地を失ったドイツの暴力的な反発を招き、これに、やがて追い込まれたイタリアや日本が同調して、世界再分割に動機づけられた、より大規模な帝国主義戦争の再発となる。そして、この、第二次世界大戦の結果、アメリカとソ連という、強化された中核を焦点として世界システムの構造再編が行われ、「2つの世界」とそのあいだの冷戦という、ブロック化の新たな段階が始まったのである。

　この段階のうえで、「社会主義」の側からはその「世界システム」の夢が広

げられ、それが植民地や従属状態から解放された途上諸国に希望を与えて、「第三世界」の台頭を視野に入れた世界システムの再編と超克が論じられたのも、周知のことである。アメリカとソ連の冷戦が、第二次大戦末期に開発・使用された核兵器の蓄積と性能向上を軸に過激化し、人類絶滅につながりかねない核戦争の可能性を可視化したことから、世界的に広がった平和運動が新たな世界システムへの展望を拡張し、下支えしたことも疑いを入れない（庄司、1999, p.36）。しかし、やがて中ソ対立や中国とヴェトナムとの対立などをめぐって、「社会主義世界システム」の虚構性が見えはじめ、東ヨーロッパ諸国でのあいついだ民主化運動の結果、ソ連社会帝国主義の実態も可視化されて、20世紀「社会主義」は急速にその影響力を低下させていく。

　資本主義世界経済とそのヘゲモニーをめぐる国家間抗争の側からみれば、これは、社会主義ブロックがその内部分裂を顕在化させ、全体としてしぼんでいく過程であり、それと反対に資本主義経済が拡大して、アメリカ以外の有力国家にもヘゲモニーを手にする機会が増大するということである。すでに西ドイツや日本は、戦後の経済成長を基礎に経済面からのヘゲモニーをそれなりに行使してきていたが、1970年代から80年代になると、福祉国家を整理・縮小したイギリスが、市場の拡大と民間活力の活性化にヘゲモニーを行使しはじめ、この「新自由主義Neo-liberalsim」は80年代のアメリカに飛び火し拡大して、市場拡大の反面としての「小さな政府」や「再産業化re-industrialization」のイデオロギーとなり、加速度的に改良されていくコンピュータを鍵とする情報経済の展開の、呼び水となっていくことになった。この過程でフランス、イギリス、西ドイツなどに広がった西欧社会民主主義の現実主義化は、こうした市場経済の拡大とそれをふまえた情報化、とりわけコンピュータの多用を核とする電子情報化の動きを加速するものであった。

　1980年代半ばに、ソ連がゴルバチョフの登場とともに「ペレストロイカ（改革）」のきっかけをつかんだとき、事態はすでに、ソ連にとって最悪に近いものであった。資本主義世界経済は市場拡大と電子情報化によって急速に盛り返しはじめ、「社会主義世界システムは崩壊した」とする中国は、「改革開放」に踏み切り、「市場社会主義」に向かって経済成長の道を歩みはじめてい

た (庄司, 1989, p.63-65)。アメリカへの軍事的対抗の必要上から軍事面に圧倒的に傾斜していたソ連経済は、家電製品や乗用車の絶えざる改良と更新を動力とする大衆消費経済のレベルにすら到達しておらず、硬直した国家計画システムのもとでは、「グラスノスチ（情報公開）」も市場経済のもとにおけるような効果を持ちえなかった。

　それでも、ゴルバチョフが、政治面から、しかも理念的に、改革を叫ぶだけでなく、それよりも、中国の改革開放におけるように、実態経済を活性化することが先決であることに気づき、実施していたら、事態は異なった方向に進んでいたかもしれない。が、彼は、レーニンいご最良の民主的・開放的指導者ではあったかもしれないにしても、その思惟方法と政治手法においてはあくまでも「政治主義」的であり、その意味で最後のレーニン主義者であった。こうして、レーニンによって創始された政治・経済システムは最後のレーニン主義者とともに崩壊し、資本主義世界経済のなかに、政治主義的に、いわば虚勢を張って、かろうじて維持されていた中核・周辺構造が消滅して、全世界の市場化が始まったのである。

　20世紀を特徴づけたブロック化の動きが最終的に消滅し、全世界の市場化のうえに、今や地球的規模で進展しはじめた消費経済化と電子情報化の過程、それらを基礎に社会、政治、文化のあらゆる面に及びはじめた画一化と、それへの反応としての、さまざまな形態の多様化の動き、そうした米ソ冷戦終結後の現実を貫いている中枢的な過程こそ、今日グローバル化と呼ばれているものの基本的内包にほかならない。

2　市場社会化の徹底

　グローバル化とは、それゆえまず第一に、全世界の市場化であり、世界社会の市場社会化にほかならない。カール・ポランニィのいわゆる「大転換」(Polanyi, 1957 = 75)、すなわちイギリスを中核として産業革命を基礎とする全世界の市場化は、19世紀をつうじて、なお互酬や再分配を基礎としていた多くの経済 (Polanyi, 1977 = 1980) を、多かれ少なかれ強制的に、市場交換の

ネットワークに巻き込んだが、まだ多くの不徹底を残していた。それだけでなく、この過程でイギリスは、フランス、ドイツ、アメリカ、ロシア、日本などの競争相手を呼び起こし、中核の複数化を前提にした世界経済のヘゲモニー争いは、帝国主義戦争をつうじて20世紀のブロック化の時代を生み出し、第二次世界大戦をつうじてブロック化は、アメリカを中核とする資本主義世界とソ連を中核とする「社会主義」世界との対立にまで単純化された。その「社会主義」ブロックからまず中国が「市場社会主義」を志向して抜け出し、ついでソ連・東欧を版図とする社会帝国主義が崩壊することによって、全世界の市場化、世界社会の市場化が決定的となったのである。

　20世紀のブロック化の時代にも、各ブロックの勢力拡張に動機づけられた市場化の動きがそれぞれの内部で進んでいたことは、いうまでもない。もともと植民地化や従属国化は多くの場合そのためのものであり、それによって、対象地域に存在していた互酬や再分配の経済は、破壊されるか、そうでない場合でも変形されて、市場経済に組み入れられた。第二次世界大戦後にアジア・アフリカで植民地解放が進み、多くの民族が政治的に独立すると、それを前提にした旧宗主国の経済的支配温存の動きが顕在化し、「新植民地主義」が批判される一方、すでに多くの民族が政治的独立は達成していたラテンアメリカでは、アメリカを中核とする「従属の構造」が指摘され、批判されたが（Dos Santos, 1978 = 1983）、これらの過程は、アメリカを中核とする、より大きな資本主義世界経済のなかで、基本的な市場経済化が着実に進んでいることを示すものであった。

　20世紀の後半に、一時は「世界システム」を自称するまでに拡大した「社会主義」経済は、もともと不完全にしか発達していなかった市場経済と、残存していた互酬や再分配の経済のうえに、独裁的な権力によって、国家・集団所有を前提とする国家計画（ゴスプラン）という、新たな強制的生産割当・再分配のシステムを敷いたものであった。中央集権的なこのシステムのもとで、市場や伝統的な互酬や再分配の仕組がどの程度まで残存し、どのような機能を果たしていたのかについては、具体的な研究をつうじて明らかにされていかなければならないが、はっきりしているのは、「国家社会主義」と

呼ばれた、この強制的生産割当・再分配のシステムが、一定期間は、強行的な工業化と、それを前提にした全社会の軍事化、とくにソ連の場合には、核軍拡を軸としてアメリカにも対抗するほどの軍事大国化、のために機能したということである。

　それゆえ、ここでわれわれは、市場経済化と産業主義との関係について、短く考察しておく必要があるであろう。20世紀の最大の発見の1つは、産業主義、すなわち工業化とそれを基礎にした全経済・全社会の再編が、市場経済を前提にせずにも行われうること、いやむしろ、国家社会主義のような強制的生産割当・再分配システムのもとでのほうが、より速く効率的に行われうることである、という主張がかつてなされた。この主張は、すでに1930年代にジョージ・ソウルによってなされ、第二次世界大戦後は、いわゆる産業社会論者たちによって、米ソ両体制の、産業主義への「収斂」を展望する方向に展開されたり、民族解放を成し遂げた諸国の「近代化の近道」を論ずる方向に展開されたりした（Soule, 1933, 清水, 1966）。

　結果として、米ソ両体制の収斂はならず、ソ連方式で近代化を急ごうとした途上国の多くもその後は挫折を経験したわけだが、中国のケースが典型的に示しているように、非市場的工業化あるいは非市場的産業主義の試みは、ある程度まで進展したところで、やはり市場経済の必要性を浮かび上がらせることになった、といえるであろう。上に述べたようにソ連では、このような認識に到達したときに、すでに国家社会主義のシステムはどうにもならないほどに硬直しており、それを「政治主義」的に改革しようとしたために、システムそのものが崩壊してしまったのである。システム崩壊後のロシアの市場経済化あるいは資本主義化がほとんど「アナーキー」であるといわれるのは、逆説的に、ある程度まで進んだ産業主義と市場経済との結びつきの必然性を示していよう。

　ソウルのもう1つの論点は、産業主義が生産様式であるとともに生活様式であり、工業化を基礎とした全産業の変革、すなわち、農業の産業的経営やサービス産業全般の発展と拡大を含む、広義の産業化が進めば、それに伴って、われわれの生活様式がそれを前提としたものに不可避的に変わってこざ

るをえない、というものであった。生活様式としての産業主義あるいは産業主義的生活様式は、シカゴ学派の社会学者たちが問題にした都市的生活様式（Wirth, 1938＝1978）の普遍化されたものであり、人間の生活に必要なもののほとんどが産業によって市場をつうじて供給され、そのために人間生活の全体が商品の消費であるような様相を呈してくる生活様式である。その意味では、現代社会の展開をこの角度からそのご問題にしてきたのは、広い意味での消費社会論であるということができよう（Baudrillard, 1970＝1979, 内田, 1987, 間々田, 2000）。

　全世界の市場化、世界社会の市場社会化は、世界社会の消費社会化を不可避にする。それはまず、「コカコラリゼーション」とか「マクドナルド化」という言葉に象徴されるような、外食産業や、日用品や衣料品を扱うコンビニエンス・ストアやスーパーマーケットなどの進出として現れ、それらを模倣し、それらに対抗する自国産業の出現をつうじて、あらゆる社会の生活様式を変えていく。この過程は、その社会の産業構造がどのようであったか、あるか、にかかわらず起こり、広がりながらそれをさまざまな程度に変えていく。日本や西欧先進諸国のように基本的に自立した産業構造がすでにあった場合には、この過程はそのなかに飲み込まれながら浸透してそれ全体の色調を変えてきたし、多くの途上国の場合には、この過程は、それを飲み込んだり支えたりするだけの産業構造がもともとなかったがゆえに、輸入依存度を高め、その全体をますます従属的なものとしてきた。

　「市場社会主義」中国をこの過程がどのように変えていくか、われわれは今、目撃中である。少なくとも今までのところ、この過程が、まだ基本的な統治力を失っていない「社会主義」政権のもとで「改革開放」として進められ、他方での、強引とも思われる強力な工業化・経済成長政策と並行して進められているためか、この国では、表面的な消費社会化の背後で産業構造が空洞化していく、という一方的な現象は起こっていない。「社会主義」システムが崩壊したあとのロシアで、市場経済化がアナーキーに進行し、一部の都市のみで消費社会化が過剰に進展している、という現実と対比されるべきであろう。いずれにしても、グローバル化の基底としての市場社会化に伴う消

費社会化は、ほとんどの社会において、まず生活様式を変え、しかるのちにそれにたいする産業構造あるいは生産様式の適応ないしは変革を迫るという、一見したところ史的唯物論の基本テーゼとは逆のような進み方をしてきている。

　その意味でこの節の最後に、われわれは、最初の消費社会化への、マルクス主義理論の「適応」ともいえるレギュラシオン理論が、グローバル化に伴う消費社会化にどの程度適用可能であるかについて、短く考察しておく必要があるであろう。周知のように、アグリエッタに発するこの理論は、20世紀の初めに、高度の生産力水準に達したアメリカの資本主義が、予想される隘路を回避するため、労働者を、労働力の供給者としてばかりでなく、生産される商品の消費者としても見直し、生産と消費の全過程をつうじた資本蓄積の持続と拡大の道を開いたことを、明らかにしたものであった（Aglietta, 1976＝1990）。このいわゆるフォード主義は、その後の不況と第二次世界大戦をくぐり抜けて先進資本主義諸国に広がり、戦後の経済成長とそれをふまえた消費社会化の、一般的な「調整」様式となった。そして、1950年代以降の経済成長からバブル崩壊まで、比較的順調な拡大の続いた日本経済のもとでは、「トヨティズム」のような形で、これを越えて、生産過程そのものにおける労働者の自発性から主導性をすら可能にする様式が現れたのではないかとされ、いわゆるポスト・フォーディズムをめぐる論争が展開されたのである（山田・須藤編, 1991）。

　バブル崩壊後の日本が、本格的回復の見通しの依然不透明な不況に低迷している今、ポスト・フォーディズムは論外であるが、グローバルな市場社会化に伴う消費社会化が進展するなかで、フォーディズム的な調整様式が、先進諸国以外の諸社会にどの程度広がりうるのかについては、注意を払わなければならない。とくに、日本からアジア・ニーズをへて中国にまで広がりつつある東アジアの経済成長のなかでは、外からの市場社会化と表面的な消費社会化を受けとめ返し、それを下支えするだけでなく、取り込んで独自文化的に展開するような産業構造が形成されるかもしれず、グローバル化の主導権を部分的にせよ奪い返すかもしれないような、調整様式が生み出される可

能性がないとはいえないからである（庄司編, 2004, Ⅳ）。

「市場社会主義」中国のこれからの展開は、この意味で今後しばらくのあいだ、グローバル化の1つの焦点であり続けるであろう（同書、Ⅶ）。

3 電子情報社会化の進展

グローバル化とは、しかし第二に、市場社会化をふまえた情報社会化であり、とりわけコンピュータ化をふまえたネットワーク化としての電子情報社会化である。

マクルーハンの「グーテンベルグの銀河系」やハバマスの「公共性の構造転換」を前提として、現代的な情報社会化は、新聞の普及によるマスコミュニケーションの成立に始まった、としてよいであろう（McLuhan, 1962＝1986, Habermas, 1962→1990＝1980→1994）。リップマンのいった「疑似環境」としての「コピーの世界」が発端であり（Lippmann, 1922＝1987）、電気通信技術の発達にもとづくラジオやテレビの開発と普及によって、それが短期間のうちに映像中心の無限膨張的なものに拡大されたことが、すべての出発点である。この過程で、20世紀中葉における映画産業の世界的な発展が大きな役割を果たしたことも、いうまでもない。

20世紀の後半になると、これに加えて、VHFからUHFへの利用電波の拡大ばかりでなく、人工衛星の発達による無線通信圏の地球的規模への拡大と、有線放送網の形成による通信範囲の緻密化が大きな役割を果たした。UHFによる地域放送が多チャンネル化への道を開いたとすれば、衛星放送はそれを地理的に広い範囲をカヴァーするものに拡大していく。これによって、使用言語の相対的なグローバル性の程度に応じて、世界放送も可能となる。さらにこの過程で、無線から有線へという、一見逆行的とも思われる展開が大きな役割を果たしたことも、忘れられてはならないであろう。

ケーブル・テレビに象徴される有線放送網は、最初は、無線の電波が届きにくい地域にたいする、難視聴対策であった。しかし、各地にネットワークが形成されていく一方、衛星放送が発達してくると、前者を、無線放送であ

る後者で結びつけ、それまでのものよりも確実で、巨大なネットワークを形成することが可能になってきた。この間に、それぞれの地域における、文化振興、アイデンティティ形成などをねらった、独自コミュニケーションの動きが活発となるとともに、選択可能性の増大に向けて多チャンネル化への動きがいっそう進み、それと同時に、各地域ネットワークに向けての、より広い範囲にかかわるニュース配信の事業が産業化されて、アメリカのケーブル・ニュース・ネットワークCNNのような、その後の展開で地表全域をもカヴァーする究極のネットワークが形成されてきたのである（庄司編, 2004, Ⅱ）。

　こうした事態の展開をにらんで、イギリスのBBCのように、ニュース報道中心の世界放送を開始するところも出てきた。これら世界放送の発展によって、あらためて言語（英語）帝国主義の問題がクローズアップされてきているが、マスコミ面からみた情報社会のグローバル化が始まったことは間違いないであろう。

　コンピュータの開発・改良とネットワーク化は、この意味での情報化とは独立に登場し進展してきながら、電子情報化（デジタル化）の面からそれを革新し、グローバル化の上位内包としての電子情報社会化を急激に展開してきている。

　周知のように、真空管を用いた最初のコンピュータは、巨大で、実用性から遠いものであった。しかし、トランジスターを用いはじめて集積回路ICへ、さらに超大規模集積回路VLSIへと技術進歩が続くにつれて、コンピュータは、急速に小型化するとともに性能を上げていき、大型コンピュータのまわりに本体・端末構造を形成する必要もなくなった。それとともに、汎用性の高い操作システムOSが開発され、それに乗せて動かすワープロ、表計算、データベースなどのプログラムが開発されて、英語を基礎としながらも、それに乗せて対応関係を形成すれば、原則としていかなる言語でも広義のコンピューティングができるようになってきた。日本語や中国語のような、表意文字を多数用いる言語でも、タイプライターの機能をはるかに上回る作文・編集の作業ができ、それを基礎に大半の知的作業を1台でこなすことができるようになった小型コンピュータ、とくにパーソナル・コンピュー

タの出現は、工作人homo faberであるとともに英知人homo sapiensとして進化してきた人類の歴史のなかでも、画期的な出来事であろう。

　そして、いうまでもなくさらに画期的なのは、これらのパソコンが通信回線でたがいに結びつけられ、原則として無数でありうるサーバーを介して、中心をもたない巨大なネットワークを形成するようになったことである（村井, 1995, 1998）。インターネットに代表される、この、通信のグローバルなネットワーク化は、郵便、電報、電話、ファクシミリと発展してきた間接的パーソナル・コミュニケーションの速度を、諸個人の所在地にかかわらず光速に近いレベルにまで一挙に引き上げるとともに、マスコミをそのうちに引き込んで、諸個人の広げる情報空間を基礎にもった、文字どおり無限膨張的な情報空間にまで急速に拡大してきた。図書、資料、絵画、映像など伝統的情報空間を構成してきた情報のうち、この空間にまだ載せられていないものが多数あるとはいえ、これまでに開発されてきた、およびこれから開発されるであろう技術を前提にすれば、考えられるあらゆる情報を包摂するグローバルな情報空間が遠からず形成されることは、間違いないであろう。

　新聞によるコピーの世界から出発した現代的情報空間が、1世紀あまりのあいだに、外延的にも内包的にも無限膨張的な実質的現実、すなわちヴァーチャル・リアリティになってきたことの意義は大きい。インターネットについては、そこに載せられている情報の全体、あるいは情報空間の全貌を見ることが、どの個人からしても不可能であるがゆえに、新聞が果たしてきたような、一定の視角からであるにはせよ、統覚的機能をもって現実を総体化するメディアの喪失につながりかねない懸念もある。しかし、上に見てきたように、インターネットは、マスコミのグローバル化に先行されながらそれを引き込みつつ発展してきているのであって、結果として形成されるグローバルなネットワークは、新聞、ラジオ、テレビはもとより、研究と教育のシステムをつうじて発展させられてきた諸科学や哲学までをも包摂するものとなってきている。感受力の早さの反面で表面的となりがちな新聞やテレビの統覚機能ばかりでなく、より包括的で長期的な総体化を志向する諸科学や哲学の統覚機能も、やりようによってはむしろ発展するであろう。

また、インターネットについて、それが、従来のような人間諸身体の近接や相互作用を前提にしなくとも、親密で持続性の高いパーソナル・コミュニケーションを可能にするところから、地理的限界を突破した共同性が地球上に縦横に形成される反面、それらはいずれも部分的あるいは個別的で、すべてを包摂する総体性はかえって見えにくくなる、という議論がある。その意味でインターネットは、われわれを、マクルーハンのいった「グローバル・ヴィレッヂ」に近づけるどころか、かえってそこから遠ざけるというのである。しかし、これも、インターネットを、それだけ切り離して内側からのみ見ているからで、それが実際には、これまで展開されてきた諸関係や諸集団を引き込んで、それら相互の諸関係を強化しつつ重層的に総体化していく面もあることを見逃している、一面的な見方といえよう。

　問題はそれよりも、情報化につぐ電子情報化が、前節で見た市場社会化の、とりわけ20世紀後半の局面と平行して進められ、米ソ冷戦におけるアメリカ側、すなわち市場経済側の優位を促進しただけでなく、ソ連側、すなわち国家計画経済側に浸透してその崩壊を促し、ソ連・東欧の崩壊後は、グローバルな市場社会化に全面的に乗って、その徹底を駄目押しするとともにその質をかつてなかったほど高度なものにしてきている、ということである。グローバルな市場社会化は、この意味で、20世紀中葉における国家社会主義膨張への反動のように見えながら、けっして単純にそうなのではない。新たな市場社会化は、国家社会主義がなお「健在」と見られていた1960-70年代からすでに始まっていたのであって、それに新たな質を与えていた主な契機は電子情報化に展開しようとしていた情報化であり、この意味での電子情報市場化が米ソ対決におけるアメリカ側の勝利を決定的なものとしたのである。

　したがってわれわれは、電子情報市場化として進行しているグローバル化について、必ずその両面を見なければならないであろう。一方で、電子情報化はグローバルな市場社会化の徹底を駄目押しするが、そのことをつうじて逆に市場原理に貫徹され、この原理を利用してグローバルな支配力を強める大企業や大国に利用される。しかしその反面で、電子情報化は、市場原理に浸透してその性質そのもの、あるいはその現れ方を変え、大企業や大国に対

抗してグローバルな民主主義を押し進めようとする、ますますグローバルに視野を拡大しつつある主権者たちを生み出す。市場にはもともと、各自が労働し生産した成果を持ち寄って評価しあい、交換しあうという機能があり、大企業や大国は蓄積した資本や権力によってこの過程を支配していくわけだが、情報化、さらに電子情報化は、その公開化機能によってこの支配過程をますます透明で隠蔽しにくいものにしていき、それだけますますグローバルな主権者たちの活動を刺激していくからである。

　市場社会化の徹底のうえに進展する電子情報社会化としてのグローバル化の現段階は、まさにこのような意味で、グローバルな支配力を強化しようとしている大企業や大国の動きと、それらに対抗してグローバルな民主主義を広げようとしている主権者たちの諸活動との、のっぴきならぬ相克いがいのなにものでもないであろう。

Ⅳ　新帝国か地球民主社会か

1　グローバル化と新帝国の形成

　こうして、今日われわれは、グローバル化という大きな波に揉まれている。そしてこの波をつうじて、新しい帝国という未曾有の政治的磁場に引き込まれている。

　グローバル化とは、前章でみたように、米ソ冷戦終結後の世界に広まった三重の過程である。

　第一に市場化。ソ連・東欧が崩壊したことにより、それ以前から中国が市場経済化を意味する「改革開放」に踏み切っていたことから、世界に市場経済化に抵抗する大きな勢力がなくなった。そのため、すでに1980年代から、世界的な資本主義経済が、情報産業をキイ産業として、大きな新しい展開をとげてきていたということもあって（庄司編、2004、Ⅰ）、冷戦終結以前とは比較にならないほど徹底した世界の市場経済化が進んできている。

　第二に情報化。マスメディアの国際化はすでに冷戦終結以前から進んでいて、それ自体が冷戦終結の大きな原因の1つになった。冷戦終結後は、衛星放送の日常化などを基礎に、CNNやBBCを先頭とするグローバルメディアの普及が進んだ（同書、Ⅱ）。並行して進んだインターネットの普及は、メディアの多様化（マルチメディア化）を進めるとともに、情報発信の双方向性を強化してきている（同書、Ⅲ）。これらをつうじて、文化帝国主義の基礎としての英語帝国主義とそれにたいする抵抗も、イギリス英語、アメリカ英語、およびそれらのさまざまなポストコロニアル・ヴァージョンのあいだの複雑

な葛藤を伴いながら、総体として強まってきた（同書, VI）。

第三に電子化。電子技術の集約としてのコンピュータは、商品の開発、生産、流通、販売などから金融や通貨管理そのものにまで応用され、グローバルな市場経済化を加速してきている。他方、インターネットの普及と平行してマスメディアもデジタル化される方向に向かい、グローバルな情報化も電子技術によって何重にも加速される方向に向かっている。さらに、コンピュータそのものも人びとの生活のなかに広く深く浸透し、生活世界や身体そのものにまで大きな影響を及ぼしつつある（同書, IX）。

こうしてグローバル化とは、地球的規模で市場化のうえに情報化が進行し、それらが電子化によって何重にも加速されていく、グローバルな電子情報市場化のことである。

この電子情報市場化をつうじて、世界に新しい政治的磁場が形成されている。その磁極はアメリカにあるが、この磁場は明らかにもはや帝国主義の概念で扱いうるものではない。それには植民地もなく、植民地を奪い合う同格の相手もいないからである。それは、「人権」と「民主主義」をインペリウム（至上命令）として世界を版図に収める新帝国である。

2　新帝国の意味

マイケル・ハートとアントニオ・ネグリの労作（Hardt & Negri, 2000＝2003）以来、「帝国」はいわば世界の流行語となり、さまざまな人がいろいろな意味で用いてきている。しかしその大半は、ハートとネグリの理論の真意を理解していない誤用や乱用である。多くの人びとが、単純に、従来の帝国主義と同じ意味でこの語を用いたり、あるいは比喩的に現代世界における「ローマ帝国の再現」という程度の意味で用いている。しかし、地球社会の現状を理解するために概念の適切な使用は大切であるから、われわれは少なくとも、次の程度の区別くらいはしておくべきであろう。

第一に帝国。この語は本来、近代市民社会が出現する以前の、最大規模の社会の統合様式として用いられてきた。メソポタミア、エジプト、インド、

中国の古代帝国から、マケドニア、ローマの帝国などをへて、7世紀以降のイスラーム諸帝国、13世紀以降のモンゴル帝国とその分岐諸形態、さらには原アメリカのマヤ、インカ、アステカなども基本的には帝国である。その特徴は農業社会を基礎にした社会膨張の最大の統合様式で、なんらかの宗教を背景に特定身体を特異点に祭り上げ、多くは皇帝と呼ばれるこの特異身体への信仰と忠誠、およびそれらを強制し補強する軍隊の力をもって維持されるものである。帝国は、この統合様式の論理必然としてつねに無限膨張への衝動をもつが、農業中心というその生産力基盤からして不可避的にある限界内にとどまる。つまり、この帝国はつねに世界帝国すなわちグローバリティを目指しながら、ある限度内すなわちローカリティに留まるのである。ただしわれわれは、このタイプの帝国が、中華帝国を典型とするように、ごく最近まで、少なくとも20世紀までは存続していたという事実を忘れてはならないであろう。

　第二に、市民社会。これは、11-12世紀西ヨーロッパの自治都市に端を発し、ルネッサンスや宗教改革などをつうじてしだいに広まって、17世紀以降の市民革命で国民社会規模に広がり、欧米主要国の世界制覇とともに世界中に広まってきた社会形態あるいは社会統合様式である。帝国やその辺境における弱化形態としての封建制から自らを区別するために、宗教による統合を意識的に拒否し（政教分離）、存続し復活しようとする王制や帝政に妥協を強いられながらも、基本的には、都市民から国民社会の主権者に普遍化した市民による自治すなわち民主主義による統合を志向してきた。都市民から国民に進化していった階層の主力が資本制を創始し、工業主義から産業主義へと展開した新しい生産様式の担い手だったことから、生産力基盤を農業から工業さらには産業に移行させるとともに、株式会社方式をとる資本蓄積の無限拡大志向に引きずられてきた。しかし、株式会社の一株一票制と対照的に一人一票制をとる普通選挙制民主主義の普遍化とともに、その民主主義は少しずつ徹底したものになってきており、その意味で市民社会は民主社会に近づいている。宗教性を離れてあくまでも人間主体的にこの世界を理解し、機械論的な自然理解に基づいてさまざまな技術を発達させるとともに、科学技

術を含む知総体の内在的、すなわちなんらかの超越者に依拠しない、基礎付けを試みてきたのは、こうした動きの精神的基礎であるとともに結果である。この意味での民主社会は、まだ地球上のどの（国民）社会においても完成するどころか、その本質 ── 利点とともに恐ろしさ ── が十分に見えてくるまでには徹底しておらず、ほんものの民主社会問題はむしろこれからの課題である。

　第三に、帝国主義。これは国民国家に統合された市民社会の膨張の様式で、西ヨーロッパでは王制の形をとっていた不完全な市民社会のなかからこれへの動きが芽生え、国家間競争・対立・戦争をくり返したあげく、19世紀の末までに、この形をとるいくつかの国民国家とそれらを背景にした独占資本で世界をひとまず分割し尽くした。ホブスンやレーニンが定式化したのは、この局面での帝国主義である。ここまでの過程で、イギリス帝国、フランス帝国、ドイツ帝国、ロシア帝国、［大］日本帝国などが出現したわけだが、これらはもちろん古代帝国と同じ意味の帝国ではなく、実態としては資本制と工業・産業主義を基礎とする帝国主義であった。ここまでの過程でアメリカがこれらと同様の帝国と呼ばれなかったのは、中南米にたいする特異な支配力を背景にその他の地域に（フィリピンを除いて）植民地をつくらなかったことと、歴史的伝統として王制や帝政と無縁であったことによる（そしてこのことが、のちにアメリカを中心に新帝国が成立する条件の1つともなる）。（それはともかく）これらの帝国主義がその後、第一次世界大戦につぐ第二次世界大戦をつうじて死闘をくり返し、イギリス、フランス、ドイツ、日本などがたがいに力を弱めあったあげく、第二次世界大戦後に2つの新しい帝国主義を送り出すことになるのである。

　そこで第4に、社会帝国主義と新［核］帝国主義。第一次世界大戦の末期に誕生したソ連は、スターリン体制の確立とともに拡張主義をあらわにするようになり、第二次世界大戦後、東ヨーロッパにつぎつぎに傀儡政権を打ち立てて社会帝国主義となった。「社会帝国主義」はもともとレーニンが、社会主義を唱えながらイギリス帝国主義を支持しているフェビアン主義者をさして用いた用語であるが、この用語がソ連自身にはね返ってくるのである。ソ

連社会帝国主義の基盤は「国家資本主義」とも呼ばれたが、その収奪の程度はある意味で資本主義をすら超えていたから、素直に国家社会主義と呼んでおいていいであろう。これにたいして、他の資本主義（帝国主義）を圧倒的に引き離して抜きんでたアメリカは、真っ先に核兵器を保有し、敗戦国ばかりでなく疲弊した戦勝国をも従属的な関係において新(核)帝国主義となった。新［核］帝国主義の特徴は、ソ連社会帝国主義を主力とする共産主義陣営の「封じ込め」を大義名分として、先進資本主義（帝国主義）諸国までも従属的な関係においた、超国家的世界支配のシステムであった、ということである。この超国家的世界支配のシステムが、米ソ冷戦の終結とソ連・東欧陣営の崩壊とともに新しい帝国として現れてくるのである。

　そこで最後に、新帝国。これがハートとネグリの「帝国」に当たるが、ソ連・東欧の崩壊によって唯一の超大国となったアメリカが、その核・先端軍事力と情報を中心とする先端技術、およびそれらの「平和利用」としての圧倒的な消費文化によって、世界を支配していくシステムである。ハートとネグリは、これによって従来の国家主権概念に重大な修正が必要になったとみているし、その基盤として、全社会化し、かつグローバル化していく「生政治的生産」の機構ができあがってきつつある、とみている。私の用語でいえば、それこそが、電子情報市場化によって世界に展開しつつある、政治経済的 —— 政治によって経済的基盤を作り出しつつ、それによって政治的支配を貫徹していく —— であると同時に、社会文化的 —— 経済的基盤の創出が狭い意味での生産から消費にあふれ出し、全社会に波及して人びとの生き方すなわち文化のあり方をも根本的に変えていくような —— 支配のシステムである、ということである。新帝国がアメリカそのものを指すのか、それともアメリカが主要国 —— サミットがそう呼ばれるようになったように、このなかに含まれているのは今や先進諸国だけではない —— を巻き込んで世界に展開している支配システムを指すのかによって、概念は広狭二義に分かれてくるが、私は新帝国自体にそういう両面性があると思うので、あえてこの概念を伸縮自在に用いていきたい。そしてここでのポイントは、これを、ハートとネグリのように、「帝国」と呼ぶだけでは冒頭に述べたような用語の混乱を回避で

きないので、以上の概念整理をふまえて新帝国と呼ぶべきだということである。

3　新帝国の軍事帝国化

　新帝国は、フォーディズムを基礎とする大衆消費文化（「消費」）として世界に広がりはじめ、核兵器を中核とする強大な軍事力（「軍隊」）に裏打ちされて地球を制覇した。「消費」は、ファストフード、スーツとジーンズ、規格化された住宅、自家用車、テレビとケータイなどをつうじて、よく働き、よく消費し、フリーなセックスをして、古い家族のような固い殻をもたない柔らかい身体群をつくり出す。

　マンハイムや清水幾太郎は、1930年代のファシズムが人びとを「甲羅のない蟹」にしたといったが（清水, 1951, pp.98-104）、新帝国の「常態」下では人びとはさまざまな ── 時としてファッション的ですらある ── 柔らかい甲羅をもっている。新帝国の支配は、食衣住にかかわる単純な消費物資による場合ですら高度に情報的に行われるので、人びとを「甲羅のない」状態にする必要はないのである。しかしもちろん、「軍隊」が動員される「危機」の場合には、支配は、アフガニスタンやイラクにおけるように、裸の権力 naked power による、ほとんど原始的なものとすらなってくる。

　「軍隊」は、イデオロギーや宗教などからこうした文化を受け入れない対抗勢力が形成されるとそれに向かい、それらを降伏させたり、崩壊させたり、そうでなければ一方的に攻撃して「占領」する。（日本および東アジアに焦点を当てた「消費」と「軍隊」の使い分けの歴史的分析として、庄司編, 2004, Ⅳを参照。）

　「消費」をつうじてさらに行われているのは、柔らかい身体群の生き方を「人権」として神話化し、そのうえでそれらを「民主主義」という制度のなかに引き込んで「意思表示」させ、その単純集計された結果を「民意」として絶対化して、それを占有する特定身体による恣意性の高い社会システム管理を正統化する祭事すなわち「政治」である。「民主主義」の内実をなす選挙

制度に歴史的かつ社会的な多くの制約があり、それ自体がすでに特定選択肢への「民意」誘導となっていることが分かっていても、それそのものを変革することに「政治」の恣意的な圧力がかかっている。民主主義国アメリカの大統領選挙制をはじめとする選挙制度については、ロバート・ダールの誠実な反省的考察を参照するべきである（Dahl, 1998＝2001, 2001＝2003）。

　こうして、「消費」のうえに立ち上がっている「政治」をつうじて、このような社会システムを再生産する身体群を再生産する、生政治的生産と再生産が繰り返されている。

　アメリカを始めとする主要国の社会システムが、多かれ少なかれこれと似たような制約をもつとしても、それらが国連などの場でつきあわせられ、たがいに相対化されれば、新帝国のインペリウムは、多少なりとも自らを相対化する方向に修正される可能性をもつであろう。国際民主社会の役割はこの意味で小さくはない。しかし、その可能性に直面して新帝国は、しばしば国連を無視し、ますます「一国主義」的な方向に動くことが多くなった。

　9.11以降、新帝国は明らかに「軍隊」の方向に傾き、「悪」と見なす特定の対象のために、国連をも分断して国際的な軍事態勢を築き、現在の「皇帝」の恣意性でさらに歪曲されたインペリウムを貫こうとしている。その結果、アメリカの軍人や民間人ばかりでなく、これに協力してきている諸国の軍人や民間人、さらには国連や赤十字など国際機関の関係者にも犠牲が広がっている。

4　マルチチュードの主権者化と地球民主社会

　こうした事態を主権者の立場からどう考えるべきなのであろうか？

　第一に想起されるべきなのは、新帝国のもととなってきたアメリカ合州国自体、かつての植民地状態から独立戦争によって抜けだし、自ら掲げた憲法に基づく国づくり＝国民形成Nation Buildingをつうじて、主権者たる市民たちの共和に基づく統治を志向してきた社会である、ということである。すなわち、アメリカ自体、ポストコロニアルな民主社会をめざしてきた社会なの

である。

　もちろんこの社会は、もともと先住民を排除し、のちには掃討するか「保護区」などに幽閉する一方、アフリカから導入した黒人を対象に公然たる奴隷制を敷いて成り立った社会であり、その意味で何重にもインターナル・コロニーを敷きつつ成り立った社会であった。また、そのうえで対外的にも、19世紀にはヨーロッパに対抗して中南米を影響下におこうとし、スペインと戦ってフィリピンを植民地とするなど、ある程度まで文字通りのコロニアリズムの仲間入りもした社会であった。

　しかし、それと同時にこの社会は、深刻な内乱ののちに奴隷解放に踏み切り、その後も続いた元奴隷とその子孫や、その他の少数民族にたいする差別を自ら告発して、公民権運動やアファーマティヴ・アクション（差別撤廃行為）などによって、民族的あるいは性的などの差別を撤廃し、すべての構成員の平等を実現しようとしてきた歴史も持っている。このことを示すアメリカの良心派の率直な議論の例として、ハーバート・ガンスのものは今でも読む価値がある（Gans, 1968）。

　さらにこの社会が、第一次世界大戦後の国際連盟や、第二次世界大戦後に結成されて今日まで続く国際連合の、創設と維持と発展に果たしてきた役割は、最近の新帝国の国連軽視あるいは無視の姿勢にもかかわらず、認められなければならないであろう。

　20世紀の後半にヨーロッパでは、理想的なコミュニケーションの実現を目標に掲げたプロジェクトとしての近代はなお「未完」であるという、ハバマスの、いわば再生された近代主義にたいして、近代そのものが、その目標とされた諸理念をめぐる諸言説によって、人間の生の具体的存在態である身体を「主体」化し、しだいに明確となってきた資本と国家の搾取と管理のもとにおこうとする構造的企図であった、というフーコーやドゥルーズやガタリのポストモダニズムが優勢となった（Habermas, 1981＝1985-87; 1985＝1990, Foucault, 1972＝1975; 1975＝1977; 1976-86＝1986-87, Deleuze & Guattari, 1972＝1986; 1980＝1994）。そして、これを受けた旧植民地諸国（出身）の知識人のなかから、このポストモダニズムですら、ヨーロッパがかつて全世界を植民地

にしたという事実を完全にふまえていないかぎりでは不十分であり、近代の虚構性は旧植民地までも含む全地球的規模で暴露されなければならない、というポストコロニアリズムが現れて広まってきた（Spivak, 1988＝1998; 1999＝2003）。

ポストコロニアリズムがとくに強調してきているのは、旧植民地諸国を中心に今なお圧倒的なボリュームで存在する、下積みで、自らの存在を自ら語ることができない人びと、すなわちサバルタンへの配慮である。言説分析の射程からもはずされがちなこの人びとの「声なき声」を拾い上げるために、ポストコロニアリズムは、欧米で開発されてきたジャンルにとらわれない、自由な文化研究を展開してきている（Brydon, 2000）。そしてこの傾向は、うえにアメリカについて見たように、先進諸国にもさまざまなインターナル・コロニーがあること、とりわけフェミニズムによって照らし出された女性という大きなインターナル・コロニーや、それに関連するいろいろなインターナル・コロニーの存在への着目をつうじて、先進諸国の社会・文化研究にも浸透してきている。

こうしたポストモダニズムやポストコロニアリズムをふまえて新帝国に対峙しようとするとき、必要なのは、それによって支配されている膨大な数の人びとの群すなわちマルチチュードを、旧植民地諸国のみならず先進諸国にも存在する現代のサバルタンの集群と見なし、その内側に入り込みつつそこから自ら語るべき言葉を見いだすことである。それはほかでもなく、新帝国のインペリウムに苦しむ現代のマルチチュードを主権者化することであろう。

上にみたように、20世紀までの世界を支配した帝国主義は、ヨーロッパに発した市民社会が国民国家をなしてヘゲモニーを争い、全世界を版図としようとしたことから生じたものであった。市民社会が「帝国」化するのは自己否定であるが、この否定を植民地化された人びとが否定して —— すなわち「否定の否定」をつうじて —— 生み出したのが、ポストコロニアルな世界である。この世界はこの意味で、比較的長い歴史を持つものから形成途上のものにいたるまで、さまざまな程度と質の民主社会から成り立っており、それらがそれぞれ主権国家をなすことを前提につくられているのが、国連を ——

はなはだ不完全ながら —— 意志決定機関とする国際民主社会である。

　この国際民主社会の不完全さを補うため、地球上のさまざまなところに非政府組織NGOsがつくられ、より広い意味でつくられる非営利組織NPOsとならんで、いわば地球民主社会とも呼ぶべきものが緩やかに形成されてきている（次章参照）。地球民主社会には今のところ統一された意思決定機関はないので、平和や貧困や環境や人口などについて何らかの世界的な意思統一が必要な場合には、国連に依存せざるをえないであろう。その意味で現在の地球民主社会は、そのうえに国際民主社会が載るという二重構造をなしているということができる。

　新帝国のインペリウムに苦しむマルチチュードを主権者化するとは、それゆえ、二重構造をなす地球民主社会を強化して新帝国をその意思に従わせること、最終目標としては新帝国を地球民主社会に解消することである。この過程で主権者化したマルチチュードが国民国家の枠を超え出ていけば、その程度に応じて国連は世界政府あるいは地球政府的な働きを持つことになっていくであろう。

5　ヨーロッパと東アジア、とくに日本の負い目

　新帝国に対抗して地球民主社会を強めるために、そして地球民主社会を強化して新帝国をその意思に従わせるために、主権者は何をなすべきであろうか？

　第一に、ユーラシア大陸の両端を比較するべきである。

　ヨーロッパで、イギリスの労働党政権が、「第三の道」を唱えながら、アメリカの対イラク戦争になぜあれほど熱心に加担したのか、理解に苦しむ。明らかに、イギリスの主権者の大半は、政権のイラク戦争加担を支持していなかった。

　ヨーロッパ連合の主柱となっているフランスとドイツの姿勢は、この点で明白である。アメリカがイラク戦争を開始するために国連の同意を取り付けようとしたとき、ドイツがまず反対し、そのあとを常任理事国としてのフラ

ンスが受けた。これら諸国の働きかけによってロシアや中国も動き、国連はついにアメリカの戦争政策を正統化しなかった。米ソ冷戦終結前はもとより終結後初めて、国連が国際民主社会の意思決定機関としての役割をなんとかそれなりに果たして、「軍隊」に傾斜した新帝国のインペリウムを制止しようとしたのである。

　これと比較して、東アジアはどうか？　中国は、アメリカの戦争政策を積極的に支持しなかったが、経済成長とともにアメリカとの関係が深まっているためか、積極的な反対もしなかった。韓国は、国民の批判の高まりにもかかわらず、軍を出した。日本は、国民と国際世論の批判の高まりにもかかわらず、現憲法制定後初めて、「非戦闘地域」に自衛隊を「派遣」した。そして、これら3国のあいだに、こうした問題を話し合う場が決定的に欠けている。

　アメリカの戦争政策への対応を語り合うはるか以前のところで、東アジアには、日常の経済的利害を調整し、情報的、物的、人的な交流を活性化するための協議の場すら、きわめて弱くしか形成されていないのである。最近では、中国や東南アジア諸国連合ASEANがそれぞれの意味と範囲で経済圏や貿易圏を提唱しており、韓国にも「東北アジア経済センター」を検討する場が設けられている。おそらく日本が、こうした動きにもっとも後れをとっており、かつ消極的であるというべきかもしれない。

　日本の主権者として、私はこれを恥ずかしいことだと思う。日本がこうしたことに消極的でありながら、イラクへの「自衛隊派遣」まで行ったのは、第一に、その姿勢がいまだに強くアメリカ追随的だからであり、第二にその反面として、「アジア重視」をいいながらも口先ばかりで、本気で過去の歴史を反省し、東アジアから東南アジアにかけての人びとと、しっかりとした友好的な関係を築いていこうとしていないからである。

　こうした背景に、日本および日本人の、いまだにセミコロニアルな性格がある。第二次世界大戦末期に広島と長崎に原爆を落とされ、アメリカの援助のもとで戦後復興から経済成長の過程に入り、日米安保体制のもとで冷戦時代にも経済的繁栄を続けてきた日本および日本人は、評価の仕方によっては

アメリカをも凌駕する経済大国となったあとでも、政治的にアメリカから本当に自立する術を見失ったままでいるのである。世界がポストコロニアルとなり、さらにその先を展望しようとしているなかで、日本および日本人のセミコロニアルな性格が浮き彫りにされている。

　日本はこの点、もっとドイツを見習うべきである。ドイツは、原爆こそ落とされなかったものの、アメリカとソ連に徹底的にたたきつぶされ、東西分裂を強いられた。しかし、米ソ冷戦終結後は早い時期に統一を成し遂げ、社会民主主義と環境主義とでヨーロッパ連合の主柱となるにいたった。にもかかわらず、過去の歴史にたいする反省の意識は強烈で、ヨーロッパでも国連の場でも前面に出すぎてヘゲモニー的と見られることを警戒し、ねばり強いやり方で集団的決定に意思を反映させようとしてきている。かつて私がインタビューしたドイツの社会学者クラウス・オッフェも、ドイツの立場をこのように説明していた。

　セミコロニアルな性格を克服するために、日本はまず、アジアの方をしっかりと向き、過去の歴史にたいする正確な認識に基づいて、近隣諸国としっかりした友好的な関係を築いてゆくべきである。バブル経済の崩壊後長く続いている不況の克服もこの線で考えられなければならない。そのうえで、これを背景に、アメリカ追随的にすぎる姿勢を国連中心的でもっと主体的なものに転換していくべきである。憲法をめぐる論議もこの方向でなされていくべきであろう。

　セミコロニアリティの問題は、2に述べたこととの関連でいえば、第二次世界大戦後の新［核］帝国主義のもとにおける、それにたいする先進資本主義（国）の従属の問題である。その意味でこの問題は、イギリス、フランスなど大戦での戦勝国にも共通する問題と、ドイツ、イタリア、日本など敗戦国に共通する問題、およびこれら諸国が過去に行った帝国主義・植民地主義の戦後処理からくる問題との、少なくとも三層から成り立っている。日本ではとくに、この第二、第三の層との対決の不十分が今日の問題性の主因をなしていると思われるので、この点に焦点を当てた超大国と先進国（「大国」？）とのあいだの「従属の構造」問題を、きちんと明らかにする理論が

必要であろう。

　それに加えて米ソ冷戦終結後の今日では、この従属の構造そのものが、2で述べた新帝国の一翼になっていることを、鋭く解明する理論が必要である。

6　脱近代世界に向けての主権者の役割

　日本社会がどこまで市民社会になりえているか、日本帝国主義が近隣諸国を侵略したあげく敗北したあと、厳しい批判的議論が展開された。第二次世界大戦後に一時代を築いた大塚久雄や丸山眞男は、最後まで市民社会としての日本社会に否定的であった（丸山, 1982, 大塚, 1979）。しかし、ポストモダニズムやポストコロニアリズムによる近現代欧米社会の徹底的な相対化が行われてきている現在では、民主社会は、現状批判のために参照すべき理念の問題ではなく、当該社会の政治的条件にかかわる事実の問題である。社会が産業化して都市的となるか否かにすらかかわらず、普通選挙を基礎とする民主主義の制度が敷かれれば、社会は否が応でも民主社会となり、主権者は自らの意思で自らの社会のあり方を決めていかなければならなくなる。

　1987年民主化以降の韓国の民主社会化は、この点で明白であろう。急激な経済成長とともに大都市への過度の人口集中の進んできたこの社会では、都市と農村や中央と地方の格差問題や工業地帯や大都市での環境問題の深刻化にもかかわらず、いやそれがゆえに、大都市を中心にしてナショナル・レベルでの主権者意識と主権者行動の高揚がめざましく、金大中政権から盧武鉉政権にかけては政治的伝統の打破とすらみられる事態が進んだ。2000年代に私たちが行った経営者団体、労働団体、各種NGOなどにたいする聴き取りの成果からも、それが明らかであった（庄司編, 2006）。

　これと対照的に、中国については、ナショナル・レベルの政治的条件について民主社会化を語ることは、まだできない。改革開放以後、「政経分離」ともいえる方式で経済成長を進めてきたこの社会には、最近にいたるまで、「世界の工場」ともいわれるほど、製造業を中心に、安価で無尽蔵の労働力をあてにした、世界からの資本の集中がみられたばかりでなく、北京の中関村地

域などには突出的な情報産業の集中と展開すらみられた（庄司編, 2004, Ⅶ）。こうした事態を背景に、一部地域ではローカル・レベルでの公職について複数候補・無記名投票の選挙が始まっているといわれるし、産業化・都市化・情報化と政治制度とはどこかで調整されなければならないから、ローカル・レベルの民主社会化がナショナル・レベルに波及していくのも、そう遠い将来のことではないとみて良いであろう。2000年代に北京で行った複数の社会学者からの聴き取りでも、そのことが感じられた（庄司編, 2006）。

　北朝鮮や台湾という不安定要因を抱えながら東アジアが新帝国と対峙し、21世紀世界に地球民主社会への展望を拓いていくためには、西洋的近代の徹底的相対化をふまえたオルタナティヴの提起と、それを実現していくための地政学的戦略が必要である。

　西洋的近代へのオルタナティヴの呈示のために、東アジアは、資本の無限増殖のための、あらゆる「場所」の抽象的画一的「空間」化として進展してきた近代化（庄司編, 2004, Ⅷ）を、進行中のグローバル化すなわち電子情報市場化がさらに徹底しつつあるのか、それとも、それと地域の「文明」との「衝突」が、さまざまな文化的融合や化合をつうじて、それそのものを超えるような新たな文明の諸契機を生み出しつつあるのかを、見極めていかなければならないであろう。日本におけるアメリカニゼーションの両価性や、東南アジアで世界システムの周辺から半周辺へと這い上がってきた諸社会における、階層変動とそれに伴う言語や情報行動の地球・地域的（グローカル glocal）ともいえる方向への変容、および経済成長途上の中国に出現している電子情報市場化の逞しい特異な重層構造などは、後者の可能性を示唆しているのではないであろうか（同書, Ⅳ, Ⅴ, Ⅵ, Ⅶ, 参照）。

　こうした新たな文明の諸契機を守り育てていくためにも、東アジアは、急変しつつある世界システムのなかで、東アジアから東南アジアをへて、一方ではアジア太平洋へ、また他方では南アジアから西アジアへと広がる広大な地域を、新帝国の支配から自由にしていく地政学的戦略を持たなければならないであろう。19世紀の半ばまでほぼ一貫して中華帝国システムの支配下にあったこの地域では、その周辺から立ち上がって「大日本帝国」を築こう

とした日本の企図が失敗したあと、アメリカ中心システム（USセントリック・システム）が大きく張り出してきて、今やそれが新帝国のアジア的翼そのものと化している（同書, X）。この事態を認識し、それに対処するためにも、まずは東アジアから東南アジアにかけての諸国の対話と、それをつうじての存在から意識の領域におよぶ共同性の構築が必要なのである。

　対話と共同性の構築は、当面は政府間でも行われねばならないものの、これら諸国の民主社会化が進むとともに、いよいよますます国境を横断し階層を縦断して主権者たちのあいだで行われるようになっていく。そしてこれらの主権者たちは、今や世界のなかでもっともコンピュータとケータイとネットワークの利用頻度の高い、ネットワーク主権者すなわちネティズンたちなのである。

　グローバル化をつうじて立ち上がってきた新帝国にたいして、マルチチュードを主権者化することで対抗し、地球民主社会を形成していくことが重要であるといったが、述べてきたことから、それこそがまさにこうした東アジアのネティズンたちの仕事であろう。東アジアのネットワーク主権者たちは、自らが直接属する社会の事情を配慮しながらこの仕事を遂行しなければならず、そのために情報交換を繰り返してコミュニケーションの密度を高めていかなければならない。日本のネティズンたちは、日本の主権者がかかえる上のような問題性に厳しく対峙しながら、日本および世界のマルチチュードの主権者化に積極的に貢献していかなければならないであろう。

V　地球民主社会としての現代社会

1　なぜ地球社会でなければならないか？

　地球社会などというものがあるのだろうか？　それは定義の仕方により、定義の仕方は、決して恣意的なものではなく、われわれが生きる生き方の反省の仕方によって決まってくる。

　1) **国際社会の存在**　国際社会international societyが存在することについては、今日大方の人びとのあいだに異論はないであろう。今日の世界には、原則として互いに排他的に社会を統合する主権を持つ国家が200近くあり、それらは、人口規模からすれば十億を超えるものから一万前後のものまであるとはいえ、基本的には国民国家nation stateの形を取っている。すなわち、国民を基礎として成り立つ主権国家として、そのほとんどが国際連合United Nationsに加盟している。

　国際連合は、集合としての国民が国民国家に主権をゆだねているのとは異なり、国家に代表される諸国民のいわば調整機関にすぎないが、この機関は、安全保障から経済・社会・文化などにかんする諸問題の解決に向けての調整にさまざまな程度の役割を果たしてきており、そういう意味で国際社会は存在すると言っていいであろう。われわれは個人として、世界中の諸個人とさまざまな関係を持つことができるが、この国際社会のなかでは、それも基本的にそれぞれが属する国民社会の主権者であることをつうじて、なのである。

　2) **核戦争からテロリズムへ**　しかし、とくに第二次世界大戦後、20世紀の後半から21世紀にかけて、国際社会の仕組では正しく捉えることができ

ず、したがって解決することもできない、重大な問題が現れてきた。

　第一は、戦争と平和の問題である。第二次世界大戦末期に核兵器が開発され、現実に使用されてその威力が示されて以来、核兵器を保有する国家とそうでない国家とのあいだには、国家主権の発動たる戦争の遂行能力において画然たる差が生じた。核兵器を持たない国家は、事実上、核保有国家と「対等の」国家とはいえなくなった。そうこうするうちに、核保有大国間の核軍拡競争も急速に進み、人類絶滅のリスクを冒すのでないかぎり、核大国間の全面戦争も不可能なことが分かってきた。

　核超大国としてのアメリカとソ連のあいだの冷戦が終わり、ソ連が崩壊したあとも、世界各地で戦争は絶えないが、その多くが主権国家間の戦争というよりは民族紛争と呼ぶべきものである。民族紛争の多くは主権国家の傘の下にあり、それが強固であればあるほど、国際社会はかえって紛争の処理に手を出しにくい。

　2001年の9月11日以降、これに、超大国とその連携諸国とを標的とするグローバルなテロリズムと、それにたいする軍事力の発動——アメリカのいう「テロリズムとの戦争」——が加わり、事態は複雑さを増してきた。グローバルなテロリズムは、国連がグローバルな治安維持機構としての国連軍を正規に持っていれば、対処のしようもあるが、そういうものが成立するときは、おそらく国際社会そのものがそれ自身を超え出ていなくてはならないであろう。アメリカは、そういう方向に世界を進めるようには動いてきておらず、かえって国連を無視したり軽視したりしながら、自らの意に沿うような世界支配システムを構築しようとしてきている。

　3) 貧富の格差の複雑化　第二は、貧富の格差の問題である。第二次世界大戦後、アメリカとその援助を受けた同盟国が、戦勝国と敗戦国とを問わず経済成長の軌道に入り、これら米欧日の先進資本主義諸国は1960年代から70年代にかけて「ゆたかな社会」の域に入った。しかし、この過程で、独立するか、独立国として仕切り直して、国民形成 Nation Building の過程に入ったアジア・アフリカ・ラテンアメリカの諸国は、政治的独立に見合うような経済的発展をほとんどなしえず、先進諸国との貧富の格差はますます大

きくなった。社会主義国として独自の発展の道を進んでいるように見えたソ連東欧諸国や中国なども、「改革開放」が行われたり、体制崩壊が起こったりしてみると、想像していたよりも貧しかったことが判明した[4]。

途上諸国のなかでもっとも早く経済成長の軌道に入ったアジア・ニーズNewly Industrialized Economiesや、その後を追って成長の軌道に入った東南アジア主要国や、改革開放以後それらのあとを追いかけて急速な経済成長を始めた中国や、1991年の自由化をきっかけに経済成長の軌道に乗ったインドや、90年代から21世紀にかけてその後を追い始めたブラジルやロシアなどの動きによって、世界の経済構造は今や大きく変わりつつある。そのため、ゆたかな先進資本主義諸国と貧しい途上諸国との差だけがますます大きくなってきているとはいえなくなっており、途上諸国のなかからも、石油資源のために豊かな諸国ばかりでなく、経済成長の結果として豊かな社会を追い上げる諸国が出始めている。ただ、これら諸国のなかには、中国に鋭く現れているように、国民社会内部の貧富の格差が凄まじい勢いで拡大してきている例も現れている。

他方、1980年代以降、政府が新自由主義的政策を採ってきた先進資本主義諸国、とくにイギリスやアメリカでは、社会内部の貧富の格差があらためて拡大する傾向が強くなってきた。「揺りかごから墓場まで」を誇った福祉国家を捨ててしまえばイギリスはもともと格差の大きな社会であり、中間層の増大とともに階層構造がダイヤ形になるといわれたアメリカでは、中間層の両極分解とともに階層構造は砂時計（アウアグラス）形に変わってきたといわれてきた（庄司, 1999, pp.276-77n）。90年代半ばに55年体制が崩れ、自民党主導の連立政権のもとで政策の新自由主義的傾向が強まった日本では、21

---

[4] 私は庄司(1999)で、アミーンに依拠して資本主義世界の階級構造を粗っぽく描き (pp. 50-52)、そのなかで日本社会の階層構造が「中太り」となりえた理由を示した (pp. 91-93)。その後の経過をふまえて、地球社会の階層構造が「アウアグラス形を上部に乗せた巨大なピラミッド形」となってきたことを示し、そのなかに格差社会化してきた現代日本の階層構造を位置づけることに今取り組んでいる。

世紀に入っていこう「格差社会」化の傾向がさまざまな方面から指摘されるようになってきている。

こうして、世界の貧富の格差は、先進資本主義諸国と途上諸国の大半とのあいだの基本的な差に、産油国ならびに経済成長諸国とそうでない諸国とのあいだの途上諸国間の差、経済成長する途上諸国内部の差、および、とくに新自由主義的傾向の強い先進資本主義諸国内部の差が加わり、きわめて複雑な様相を呈してきている（Bhalla & Lapeyre, 1999 = 2005, Seabrook, 2003 = 2005, Bales, 2005）。そして、それらをつうじて重要なことは、石油や鉄などの基礎資源、食料、車両、船舶および航空機、ハードからソフトに及ぶ情報手段などの生産と流通を支配する多国籍企業の活動をつうじて、これらの格差が以前よりもますます強く、グローバルな機制によって生み出されるようになってきているということである。

4）環境破壊の地球規模への拡大　第三は、環境破壊の問題である。現代的な環境破壊は、第二次世界大戦とともに始まったといって良い。世界的規模に広がった戦争そのものが巨大な環境破壊であるが、この戦争の末期に製造され使用された核兵器は、人間と社会ばかりでなくその環境をも破壊したし、その後に展開された核軍拡競争は、繰り返された核実験をつうじて、地球上の各地を破壊し、放射能汚染にさらした。さらに、核エネルギーの平和利用として世界に普及した原子力発電も、その立地や運用をつうじて多かれ少なかれ環境を破壊したばかりでなく、スリーマイルアイランドやチェルノブイリや福島に象徴される事故をつうじて、人間と社会ばかりでなくその環境を破壊し、放射能汚染にさらしてきた。

いち早く経済成長を行い、ゆたかな社会を築き上げた先進資本主義諸国で産業的な環境破壊が進展したのは、こうした背景のもとでのことである。農薬の大規模使用による田園生態系の激変（『沈黙の春』Carson, 1962 = 1987）、鉄と石油を主要資源とする重化学工業コンビナートづくりの結果としての水質汚濁や大気汚染や土壌劣化（四日市喘息その他）、自動車の過剰使用による渋滞と騒音と大気汚染（公害「先進」都市東京その他）などがその主な形態であり、これらは、ゆたかな社会に入ったばかりの先進社会の住民や市民の生活

を脅かし、激しい住民運動や市民運動を呼び起こした。その結果、政府や企業は、さまざまな規制や防止策や緩和措置を執らざるをえなくなるとともに、コスト面その他から有利な場合には、環境破壊そのものを公海に投棄したり、規制の緩い途上諸国に「輸出」したりした。

　石油資源などをもたない途上諸国は、これらを引き受けながら、さらに工業化を進めるために、森林を伐採したり、田畑を高級魚の養殖場にしたりなどして、工業的にのみならず一次産業の分野でも環境破壊を進め、産業的な環境破壊の地球的規模への拡大をさらに進めた。旧社会主義諸国は、1980年代にいたるまで情報障壁が高かったことから事態は不明であったが、中国の改革開放が進み、ソ連のペレストロイカに伴うグラスノスチが進んでみると、環境破壊の実態は途上国と変わらないか、あるいはそれ以上にひどいことが判明した。こうして米ソ冷戦終結後の世界では、核エネルギーの軍事的・平和的利用による環境破壊のうえに蓄積した、石油エネルギーその他の産業的利用による環境破壊をつうじて、オゾン層の破壊や地球温暖化が進行し、環境破壊は文字通り地球的規模のものとなってしまっている。

　5）人口爆発と少子高齢化の錯綜　第四は、人口問題である。先進資本主義諸国のゆたかな社会化は、栄養状態や医療の改善をつうじてこれら諸国の人口を高齢化したが、他方で、仕切り直したり独立したりして国民形成と経済成長に進み始めた途上諸国では、貧困や宗教や家族計画の未普及などから人口爆発の状態が続き、世界の人口は、1950年の25億人から2011年の70億人まで、61年間に2.8倍にも増大した。これらの人口は、先進諸国から途上諸国に広がってきた経済成長の過程をつうじて、国境の内部でばかりでなく、ますます多く国境を越えても移動するようになり、国連によると、国際人口移動者（移民）は2013年時点で2.3億人、世界人口の3.2%に達したと言われている（林, 2014, p.192）。

　高齢化した先進諸国にはさらに少子化の傾向が現れ、日本のように移民の流入に障壁の高い国では、生産年齢人口の相対的減少から絶対的減少へ、さらには総人口の減少へと向かう傾向が現れている。他方、途上国のなかでも中国のように政策として出生率の抑制を進めてきた社会では、男女比のバラ

ンスが崩れたり、早熟的に高齢化に向かうなどの不均衡現象が現れてきている。中長期的に見れば、これらの現象は移民労働者を中心とする人口の国境を越えた移動を促進し、各国民国家の生政治的 bio-political な生産と再生産の基盤を揺るがしていかざるをえないであろう。

6) 世界社会概念の有効性と不十分さ　こうして、国際社会の枠を突き破る諸問題の噴出をつうじてつくられてきつつある新しい社会を定義する一つの方法は、それを世界社会 world society と呼ぶことである。この立場には、世界市民の立場から人類の歴史や平和を論じたカントから（Kant, 1784＝1974; 1796＝1985）、ジンメルをへて田中耕太郎や高田保馬にいたる流れがあり（Simmel, 1890＝1969, 田中, 1932-34, 高田, 1948）、最近では社会システム論の立場から諸社会システムを包摂する究極のシステムとして世界社会を考えるルーマンの立場もある（Luhmann, 1984＝1993-95）。それらに学びながら、この地球上に存在するすべての人間によって構成される社会を考え、それを世界社会と呼んでみよう。そうすると、国民国家や国際関係や国際社会などはすべて、そのなかの要因、あるいは行為体、あるいはサブシステムなどとして相対化されてしまうことになる。

　1970年代から80年代にかけて、いくつかの要因の相互作用のみで「成長の限界」を指摘するような世界動学 world dynamics が主張されたり、資源問題や環境問題を焦点に先進大国のエゴを通そうとする荒っぽいグローバリズムが主張されていたときには（Meadows, et al., 1972＝1972, US Government, 1980＝1980）、それらによって事実上主張されていた地球社会概念を批判するために、世界社会の概念は有効であった。それは世界に、社会システムの編成原理を異にする「二つの世界」があるばかりでなく、経済成長度や社会組織や文化内容を異にする多くの社会があり、国民国家や国際関係や国際社会などにも還元されないこれらの要因による複雑性を認識するためにも、優位性をもっていたからである（庄司, 1985）。

　しかし、米ソ冷戦が終結し、ソ連東欧世界が崩壊するとともに、地球環境問題がますます深刻になるにしたがって、世界社会概念に固執し、地球社会概念を批判し続ける理由もなくなった。世界に、情報化に加速され、さらに

電子化（コンピュータ・ネットワーク化）によって加速された市場化、すなわち電子情報市場化が広がるにつれ、「二つの世界」的システム編成原理の相違も急速に縮小し、途上国の経済成長や先進国・途上国を貫通する社会的文化的変容によって、文字通りの地球化すなわちグローバル化globalizationが進行し始めたからである（本書Ⅳ）。それをつうじて地球環境問題もますます深刻となり、われわれはもはや、世界社会が地球環境のなかに存在する、といって済ますことすらむずかしくなってきた。

7) **地球社会概念の必要性**　温暖化問題に象徴されるように、われわれの社会はもはやあまりにも地球環境を浸食しすぎており、その破壊の影響をもろに受け始めている。地球はもはや、人間社会の傍若無人な暴れ方に辛抱強く耐え、破壊の跡をじっくりと構えて修復していく余裕を失っている。人間は、生き続けようとするのであれば、地球環境をできるだけ内化し、それを含めた社会・生態システムの持続可能性を確立していくしかない。人間が自分の社会を地球社会global societyと呼ぶ本当の必要性が高まってきた。

地球社会の概念は、このようにして、国際社会の概念はもとより世界社会の概念をも超え出てゆく。地球社会は、国民国家や国際関係ばかりでなく、多様化した社会システム間の差異やさまざまな「南北問題」を内包するとともに、それらの内側にある、あるいはそれらを貫通して存在する、人種・民族問題や宗教・習俗・言語などの文化的差異をも内包しながら、地球環境を絶えず内化し続けており、その分だけ地球環境の包容力を縮小させ続けている。一方で食料生産の様式に占める栽培・飼育・養殖の比重が高まり、他方で大気圏総体の温度管理がゆだねられてくるなかで、われわれ人間は、自らを多様に集団化する社会編成原理の限界を克服しながら、否が応でも地球社会の定義に向かって進んでいかざるをえないのである。

2　社会の基本相から見た地球社会

地球社会が社会であることを論証し、いかなる社会であるかを示すために、社会についてのより立ち入った定義が必要であろう。Ⅱで述べたように、社

会とは、人間と人間との関係の共同性、階層性、システム性の重層であり、そのことをつうじてさらに、人間と自然との関係における生態系内在性との重層である。生態系内在性とは、人間の社会が地球上に生成し進化してきた生態系の内部でしか存続しえないことを意味する。

1) 社会の共同性と階層性との相克　社会はまず単純に、人びとが共に住む、すなわち生活を同じくするという意味での共同性から出発する。歴史的には、これは、ヒト homo sapiens の出現から農耕革命まで十数万年にわたって続いたバンドあるいはホルドの時代であり、デュルケム的にいえば環節的社会の時代である。ヒトは、夫婦と数人の子供とからなる「核家族」を単位として、それらが数個から十数個、時として数十個ずつ連接しつつ、食料を求めて移動しながら生き延びた。環節的社会は単環節から多環節へとくりかえし膨張しようとしたが、有機的となるほどの分業を発達させることはなかった。

　農耕革命による生産力の向上とともに、共同性は定着性を帯び始め、紐帯を血縁から地縁に広げて膨張し始める。Ⅱ-2で述べたように、定着性を帯びて膨張する共同性は互いに衝突するようになり、多くの場合は戦争をつうじて融合し、結果としてそのうえに階層性を築いていくようになる。異なる共同性の融合をつうじた階層化をとおして、優位に立つ共同性に潜在していた階層性が顕在化し、優位に立つ共同性の指導層を頂点とし、その被指導層、さらに劣位に立つ共同性の被指導層という、支配の階層性が生み出されていくのである。

　これが階級社会の発生であり、これを、生産力の向上による分業の発生とその固定化、およびそれをつうじての「私的」所有の発生という、内生的要因のみによって説明しようとすることには無理がある。社会の基礎が共同性である以上、より根底的なのは部族そして民族であり、階級は、それにすでに潜在するにせよ、多くのばあい部族・民族抗争をつうじて顕在化すると同時に創出されていくのである（庄司, 1989, pp.213-19)。

2) 一次社会システムとしての帝国　農耕革命による生産力の向上を基礎に、部族・民族抗争をつうじての階層性の累重が始まると、このような形で

の社会の拡大と立体化は「雪だるま式」に進むようになる。この時までに、人間が、何らかの超自然的な力を前提にして世界の創成を説明し、それをつうじて社会を編成していくシンボリズムを身につけていなかったら、雪だるまは各所でやみくもに作られ、無秩序に重ねられようとして崩れ去る、シーシュフォス的労苦を無限に繰り返していたであろう。

　Ⅱ-3で述べたように、宗教こそが、多数の共同性とそれらをふまえて成り立つ高い階層性を関連づけ、共に暮らす連帯性と支配し支配される分断性との矛盾を説明して納得させて、社会をシステム化する最初の装置である。各部族の神話がそれぞれの強さ・弱さに応じて関連づけられ、最後に勝者となった部族の神話を頂点としてまとめ上げられていった過程を見よ。宗教社会学が教えるように、宗教の世界観的側面を背景に宗教の社会統制的な側面は王・軍隊・官僚などとして社会的に物化され、国家となる。国家は、人間的自然の発露として無秩序に広がる市場を統制し、システム性の基礎を固めるために都市を築き、都市と農村とからなる文明的な社会形態を広げていく。

　こうして、Ⅱ-4で述べたように、多数の共同性と高い階層性とからなる関係性の集積を、宗教、国家、市場、都市に代表される諸装置によってシステム性にまとめ上げたものが、人間社会の第一次のシステム性であり、一次社会システムとしての帝国である。人間の一次社会システムが帝国でなくてはならないのは、そのシステム化が超自然的な力を前提とするシンボリズムに依存して行われており、それを此岸化するために人間身体の一個を彼岸と接する特異点に祀り上げ、皇帝とせざるをえなかったからにほかならない。帝国は、メソポタミアからアフリカ、ユーラシアをへて南北アメリカにいたるまで、歴史の舞台のほとんどでくりかえし形成され、20世紀の清朝やオスマントルコなどにいたるまで存続した。

　3）**二次社会システムとしての市民社会の地球化**　Ⅱ-5で述べたように、帝国に対立し、最終的にそれを駆逐することになる人間社会の第二のシステム性は、市民社会である。市民社会は都市と市場から現れ、人間復興、大航海、宗教改革などをつうじて力を伸ばし、市民革命によって絶対主義を倒して世界に普及し始めた。市民社会は、共同性を、市場の形で外面化し無限に

拡大しようとするとともに、恋愛神話をふまえた核家族として内面化しつつ極小化し、この分裂を、市場のメディアとしての貨幣から進化した資本による、共同性から近似的に自由となった労働力の雇用という形で結びつけ、資本・賃労働関係をふまえた新たな階層性を立ち上げていく（見田, 2006）。

　二次社会システムとしての市民社会も、この意味で重層する共同性と階層性との矛盾を媒介しつつ成り立つシステム性であるが、媒介の原理は、一次社会システムとは対照的に、第一に政教分離であり、第二に市民による普通選挙を前提にした民主主義である。超自然的な力を前提にしたシンボリズムは距離化され、自然の経験的で方法的な認識と操作を志向する科学技術と、多くのばあい三権分立の形を取る透明な国家がシステム統合の上からの装置となる。これを、普遍化していく市場での資本蓄積とそれに対抗する労働と小生産の活動、およびそれらをつうじて拡大していく都市的生活様式と社会形態の全般的な都市化、すなわち世界に向けての市場化と都市化とが下から揺さぶり続けていく。

　市民社会はこの意味で発端から普遍的で世界的なシステム性なのであるが、どの地域でもいきなりそのような普遍性は創出できなかったため、近似的な世界としての国民という「想像の共同体」を捻出し、それに乗せて市民社会システムを拡大していくというナショナリズムの方式が採られた（Anderson, 1991＝1997）。こうして、世界に向けて普遍化していく市場を前提にいくつかの有力な国民国家システムが立ち上げられ、それらが世界の他の地域を植民地化しつつ相互に争いをくりかえして、とりわけ20世紀の2つの世界大戦をつうじて国際社会、さらに、すでに述べた諸経過をつうじて世界社会を生み出してきた（Wallerstein, 1995＝1997）。そして、この過程をつうじて環境破壊が地球生態系の危機にまで深刻化し、社会の生態系内在性が百パーセント可視化されたことから、究極の社会概念としての地球社会が必要とされてきたのである。

　4）共同性の否定の否定としての地球社会　地球社会は、この意味で、まず共同性の相から見ると、さまざまな規模と編成と市民社会としての成長度とをもつ諸国民社会間の、全面戦争の事実上の不可能性として現れている。

日本とドイツとイタリアが同盟して、イギリス、フランス、アメリカ、中国、ソ連の連合と戦うというような戦争は、もはや不可能となった。核兵器の開発と核軍拡競争をつうじて、独占的に戦争遂行能力を肥大させ続けたアメリカとソ連は、冷戦のあげく熱戦の不可能性を認識せざるをえなくなり、核軍拡システムを経済的に維持できなくなったソ連の側の「撤退」によって「和平」した。

　もちろん、こうした基本的趨勢を背景に、共同性を切断する多くの紛争や戦争が起こっている。ソ連東欧体制崩壊のあとでは、ソ連社会帝国主義のもとで抑圧されていた諸国民諸民族の独立の動きが活発となり、同時にそれらのあいだに潜在していた民族紛争が表面化した。そして、それらに刺激されたこともあって、旧植民地主義「帝国」や旧帝国主義諸国に内在する民族紛争、およびとりわけそれらに植民地や従属国にされていた諸国で、かつての、外からの一方的な支配によってつくりだされた民族分断や民族併合を原因とする民族紛争が、あらためて激成されてきた。

　これらのうえに、9.11でアメリカの中枢部に及んだグローバルなテロリズムが広がりを見せている。そして、それに反応したアメリカの「テロとの戦争」は、アフガニスタンやイラクで、唯一の超大国が、問題と見なす国家を一方的な攻撃で崩壊させるという、新しい型の戦争を展開してきているばかりでなく、グローバルなテロリズムをさらに世界に拡散させてきている。

　こう考えると、地球社会は、その共同性の相からみるかぎり、ほとんどその体をなしていないといわざるをえないようにも見える。しかし、国際社会を前提にした国民社会同士の戦争が不可能となり、「二つの世界」を前提にした核超大国同士の戦争も不可能となったなかで、それらに抑圧されていた民族紛争やテロリズムが現れてきているということ自体が、現在の地球的な共同性の相なのである。その否定性を克服すべくアメリカが取ってきている「帝国」的なやり方が不適切ならば、地球社会の主権者たちは、その否定性とそのうえに成り立っているさまざまな階層性とを媒介しつつ、アメリカ「帝国」に代わる新しいシステム化の方法を見いださなければならない（Mann, 2003＝2004）。

5）階層性の複雑重層化としての地球社会　そこで第二に、地球社会を階層性の相からみると、経済的に見てその最上部にあるのは、依然としてアメリカ、日本、西ヨーロッパ主要国など、かつての帝国主義諸国であり、第二次世界大戦後反共同盟を組んで経済成長を続けた諸国である。これら諸国のあいだでは、西ドイツ、日本、イタリアなどがめざましい成長を続けた結果、米英仏の地位が相対的に低下するなどの変動が見られたが、1980年代以降アメリカが情報経済を中心に盛り返すとともに、ヨーロッパの統合が進んだ反面で日本の対米依存が進んだことから、米日とEUへの二極化が進んだ。さらにこれら諸国の内部では、情報経済に乗って上昇移動する者と乗れずに下降移動する者との分化が生じ、階層構造のアウアグラス形化（格差社会化）が進んできている。

　冷戦時代をつうじて資本主義諸国とは別の階層構造を形成しているかに見えた社会主義諸国は、中国の改革開放に次ぐソ連東欧の崩壊ののち地球的規模の階層構造に組み込まれた。途上諸国のうち1970年代から経済成長の波に乗り始めたアジア・ニーズは、シンガポール、台湾、韓国の順でその上部を地球的階層構造の上部に食い込ませてきている。80年代から90年代にかけて成長の軌道に乗った中国とインドは、一人あたり平均所得はまだまだ低いものの、圧倒的な総人口で乗ぜられた国民経済のボリュームで世界経済に大きな比重を占めるようになってきているばかりでなく、内部の格差を急速に拡大させてきている。旧ソ連のなかのロシア、中南米のメキシコに次ぐブラジルも、経済成長とともに内部の格差を拡大させてきている。

　こうして地球社会の外皮の背後に、アウアグラス形を上部に乗せた巨大なピラミッド形の、地球的規模の階層構造が形成されてきている。そして、それを形成してきて、今もし続けているのは、上に挙げた主要国に本拠を置く大企業 ── その多くが多国籍企業 ── である。コンピュータのハードとソフト、それらとグローバルなマスメディアに乗せる情報内容、世界的な航空輸送網と船舶輸送網、それらにつながる自動車産業と鉄道産業、それらを大動脈として世界中に展開する資源、機械、食衣住などにかかわる諸産業をつうじて、人の雇用とモノと情報とサービスの生産と消費が行われ、階層構造の

生産と再生産が行われ続けてきている。2.3億を超える移民とその中核をなす移民労働者は、国際社会の外皮をはみ出してしまっている地球的規模の階層構造の素肌である。

　6) **地球環境破壊的生態系内在性としての地球社会**　地球社会は、うえに述べた共同性と階層性とを媒介し、前者をより平和的な形にするとともに後者を納得できる形にするようなやり方で、システム化されていかなければならない。しかし現実には、それがまだきわめて不十分な状態のまま、生態系内在性の全般的な問題化に直面しているのが現実である。国民社会と国際社会については、前者のシステム化が高度に進み、それを前提に後者のシステム化もある程度進んできたところで、その外部に蓄積された負荷が環境問題や人口問題として激発し、生態系内在性が顕在化してきた。しかし地球社会は、すでにこのように深刻化した環境問題や人口問題を引き受け、初めからその生態系内在性を視野に入れてシステム化されていかなければならないのである。

　そこでまず、地球社会の生態系内在性を外部環境すなわち地球生態系の相から見てみると、市民社会の工業化と都市化とから始まった環境破壊は、大気汚染が酸性雨やオゾンホールの問題として国境を越え、水質汚濁が各国の河川から海洋全般に広がり、先進諸国から途上諸国に輸出された廃棄物や工場にくわえて、途上諸国自身の生み出す工場や廃棄物が急増するに及んで、文字通り地球的規模に広がった。この過程で、とくに途上諸国で、森林減少や砂漠化や野生生物種の減少も進んだ。地球温暖化は、工業化と都市化の地球的規模への拡大が、これらすべての環境破壊を引き起こしたあげく、それらを、それ自体に初めから内在していた温室効果ガスの排出の蓄積によって、いわば仕上げつつある現象であり、環境破壊の地球生態系そのものの危機への展開を象徴する現象である。

　温暖化問題への対処としての、気候変動枠組条約にもとづく締約国会議の取り組みの経過自体が、地球環境問題に対処するにあたっての、国際社会および国際社会的行動の限界を如実に示している。1992年の国連総会で採択され、94年に発効したこの条約については、95年から締約国会議COPが始

められ、97年のCOP3で京都議定書が採択されたが、2001年の政権交代とともにアメリカは冷淡になり、05年のロシアの批准によって発効はしたものの、温室効果ガスの排出を総量で1990年レベルに戻すという当初目標達成への展望はえられなかった。ようやく2015年のパリ協定で、産業革命前からの気温の上昇を2度よりかなり低く、できれば1.5度未満に抑える、21世紀後半に温室効果ガスの排出と吸収を均衡させる、などのことが決められたが[5]、先進国、新興国、途上国が協力しあってこの目標を達成できるかどうかは、なおこれからの課題である。

　7) **不均等人口増加的生態系内在性としての地球社会**　地球社会の生態系内在性は、その内部環境すなわち身体連鎖としての人口動態の相からしても、きわめて危機的に現れている。世界の総人口は、中位の推計で見て、2001年の61億から2050年の89億まで、半世紀で約1.5倍になる見通しであるが、これだけの人口を養い続けられるのかどうか、食糧の生産と分配は基本的には市場原理と各国の政策に任せられており、国連食糧農業機関FAOや世界食糧計画WFPの役割は調整的なものにすぎない。人口変動には、エイズなど感染症の対策やその他の保健衛生の実践が大きな影響を及ぼすはずであるが、これらも基本的には各国の政策にゆだねられており、世界保健機関WHOの役割は広報や調整のほか緊急対応的なものに留まっている。

　それでも増加し続ける人口がなんとか養われるとして、問題は、現実の人口増減が地域によってきわめて不均等に現れることである。日本やヨーロッパ諸国の一部はすでに人口減少の局面に入っており、先進諸国全体としても2030年頃を境に人口減少に転ずる見通しであるが、アメリカのような大きな「内なる第三世界」を抱えている国は必ずしもそうではない。途上諸国も総体として増加率を下げてくる見通しであるが、強い抑制策を採ってきた中国で30年代に減少への転換が起こる結果、増加するインドとのあいだで人口第一位国の逆転現象が予想されるなど、内部的には複雑な動きが展望されている。こうしたなかで、エイズ蔓延や飢饉頻発の恐れにもかかわらず、相

　5　『朝日新聞』2015年12月14日夕刊（東京4版）。

対的に高い率での増加が予想されているのはアフリカ諸国である。

　こうした趨勢をふまえて、少子高齢化しつつ人口減少に向かう先進諸国では、高齢者福祉と高い技術水準の経済・社会システムを維持するだけの、労働力の不足が深刻化してくる。このプル要因にたいして、つねに過剰労働力を抱える途上諸国の側には強いプッシュ要因があるので、国境を越えた大きな労働力移動が起こるはずであり、現にこれまでも大量の移民労働者の大群が生み出されてきた。しかし、国民国家と国際社会のシステムのもとで、福祉制度は国民国家の枠内につくられ、「人類憲法の前文」と呼ばれた世界人権宣言以降のさまざまな積み上げにもかかわらず、グローバルなシティズンシップの概念が各国で認められていないため、高齢者虐待から外国人労働者の医療拒否にいたるまでの、さまざまな人権侵害が世界中で起こり続けている。

　国民社会と国際社会を越えて地球社会の実在を認め、それを民主社会として、すなわち地球民主社会としてシステム化しようとする人びとが増えてくるまで、地球社会はその生態系内在性の両側面——環境と身体——から存亡の危機を問われ続けるであろう。

3　地球社会を民主化していく過程と運動

　地球社会はこのようにして、不安定な共同性と凄まじい階層性ばかりでなく、(地球)環境と(世界)人口——地球的規模の身体連鎖——に危機的に表出されている生態系内在性をも初めから視野に入れながら、システム化されてきている。地球社会のシステム性は、それ自体としてみようとすれば確かにまだあまりにも弱いが、国民社会と国際社会のシステム性の背後に、その限界を突き破りつつ形成されてきているのを見る必要があろう。その主なルートは、情報化、組織化、主権者意識、主権者行動の4つである。

　1）**地球的情報化とデジタル・ディバイドおよび言語の問題**　情報化について、マスメディアから見ると、20世紀後半から21世紀にかけて、テレビは先進諸国を中心に途上諸国の大半にまで普及した。それらをつうじて、米

英仏に拠点をおく通信社やCNNやBBCなどグローバルメディアの提供する映像が、世界中に配信されている。世界中の人びとが同様の映像を見て同一世界に生きていることを感じ始めている。アジアやアフリカの一部にはまだ識字率の低い国があるが、テレビはその問題をも乗り越える。世界についての映像の共有は、地球社会化を視聴覚の面から推進するもっとも基礎的な過程となっていくであろう。

インターネットの利用状況を見ると、しかし、アジアやアフリカには、中国やインドのような人口大国も含めて利用率の低い国が多く、デジタル・ディバイドの深刻さを想起させられる[6]。中国やインドでは、しかし、エリート層から、インターネットを利用して世界的に活躍する人びとが続出しつつあるから、この問題は、急速な経済成長を続けるこれら両国の内部格差の拡大と関連づけて理解されなければならないであろう。これからの見通しとしては、パソコンよりも廉価で簡便な携帯電話の普及が先行し、それによるインターネットの簡便な利用が広がっていくことが予想される。その場合には、新聞からテレビに主要メディアが移行したときの情報の簡便化がさらに輪をかけて進むであろうから、それによる世界像の簡便化に伴う諸問題に地球社会は直面することになるであろう。テレビやパソコンなどメディア機器の普及とともに、メディアリテラシーの教育が全地球的に進められていくことにならざるをえない。

これらをつうじてますます大きな問題となっていくのは、言語の問題である。米ソ冷戦がアメリカの勝利に終わったことと、その前後のインターネットの一般開放やグローバルメディアの急速な発達などが重なったことにより、事実上のグローバル言語としての英語の比重はいちだんと高まった。しかしこの過程で、すでに長年英語を公用語あるいは共通語として使用してきた諸国のなかから、シンガポール英語（シングリッシュ）やインド英語のように自国語化された英語の独自性を主張する声も上がり、最近ではグローバル英

---

[6] 2014年のインターネット普及率ランキング（対象193カ国）によると、日本90.58%、アメリカ87.36%、ドイツ86.19%、韓国84.33%なのにたいして、中国49.30%、インド18.00%である（http://ecodb.net/ranking/icts_internet.html）。

語（グロービッシュ）の事実上の成立についても議論されている。英語が事実上のグローバル言語になっていくにつれてこの傾向は間違いなく進み、グロービッシュとイギリス語やアメリカ語も含む各国語との距離がつくられていくであろうが、その場合でもグロービッシュと遠い言語を母語とする人びとが大きな不利益を被らないよう、いろいろな努力が重ねられていくことになるであろう。

　2）**国際組織の限界と「帝国」的世界支配システム**　次に地球的組織化についてみると、地球社会の組織化は、国際社会の組織化の原理的問題性を突き、その不十分さを克服しようとするか、それに代わるオルタナティヴを追求しようとする方向で行われてきた。第二次世界大戦後の国際社会組織化の要はいうまでもなく国連であるが、総会と安全保障理事会とを柱とするこの組織は、米ソ英仏中（台湾）を安保理の拒否権を持つ常任理事国としたことに象徴されるように、第二次大戦の戦勝大国が世界を再編し管理しようとして生み出したものであった。米ソ中心の世界再編にたいしては、しかし、中国、インド、および両国を含むアジア・アフリカ会議などが1950年代から異議を唱え、60年代には非同盟諸国会議が組織された。さらに国連への多くのアジア・アフリカ新興独立国の加入をふまえて、64年の第1回国連貿易開発会議UNCTAD閉幕のさいには77カ国グループ（G77）が結成され、新国際経済秩序NIEOを要求するなどの活動を展開してきた。

　アメリカ、イギリス、フランス、西ドイツ、日本、イタリアなど戦後の経済成長を謳歌した資本主義諸国が、途上諸国のうち産油諸国が結成した石油輸出国機構OPECなどの挑戦を受けて、1970年代の半ば以降繰り返してきたのが先進国サミットEconomic Summitである。国連でのソ連、中国との対決をよけて、経済問題を討議するとしながら高度に政治的な役割を果たしてきたこの会議は、70年代末以降、先進資本主義諸国に広がっていった新自由主義と呼応し、80年代から90年代にかけて、世界を市場化と情報化と電子化で再編していくうえで大きな役割を果たした。ソ連が、80年代の半ばから改革（ペレストロイカ）に乗り出しながら失敗して崩壊し、あとを引き継いだロシアがけっきょくサミットに取り込まれ、中国やインドまでしだいに

その近くににじり寄ってきているのは、国際社会における戦後的支配システムの大きな転換を完成させるものである。

　権力は大まかに一元化され、二つの世界が消滅したばかりでなく、第三世界もあやふやなものになってきた。ここに、国際社会を越える地球社会の支配システムとして、新しい「帝国」が形成されてきたとする主張の根拠もある（Hardt & Negri, 2000＝2002, Todd, 2002＝2003）。新帝国の中心はアメリカであり、アメリカの行動が新しい支配システムの作動のように見えるため、それを「アメリカ帝国」とか「アメリカ帝国主義」とか呼ぶ人びとが多いのだが、新帝国の構成と持続時間は、その時どきの政権の政策と任期を越えたものである。Ⅳで述べたように、アメリカが「建国以来の理念」とするものをふまえて世界に発するインペリウム（至上命令）が、国連をも手段化し、主要国のあいだに複雑な態度の分化を生み出しながら構成的に権力とその実践を産出していく。これにたいして盛り上げられてきているのは、かつての第三世界運動の流れを背景にもちながら、先進諸国と途上諸国とをつうじて再主権者化されてきている人びとの、サミットや世界貿易機関WTOの閣僚会議などにたいする激しい抗議デモである（野宮・西城戸編, 2016）。

3）イデオロギーから宗教への「改心」と主権者意識　そこで第三に、主権者意識についてみると、グローバルに見てやはり大きかったのは、1989年から91年にかけて起こったソ連東欧世界の崩壊である。アメリカは別として西ヨーロッパや日本の主権者の多くには、ソ連東欧諸国が大きな問題をもつとしても、異なった原理に基づいてつくられた社会が続いてきているということは、自分たちの社会にもなんらかのオルタナティヴがありうると考える証拠となる、という意識があった。しかし、東欧諸国が倒壊したあと、ソ連自身が改革に失敗して崩壊し、ユーゴスラヴィアの凄惨な解体過程や北朝鮮の足掻きを見せつけられるにおよび、「本来の社会主義」はもとより「オルタナティヴなシステム」にたいする信念すら根本から揺さぶられた、というのが実態であろう。日本では、日本的社会主義を主張して、憲法改正を阻止する3分の1の壁を守ってきた日本社会党が事実上消滅し、ヨーロッパでも、政権担当の実績のある多くの社会民主主義政党が、多かれ少なかれ新自

由主義的潮流と妥協するにいたった。

　マルクス・レーニン主義や毛沢東主義がまだある程度の影響力を維持していた途上諸国では、経済成長の軌道に乗りつつあった東アジア、東南アジア、南アジアの諸国を除いて、もともと宗教的であったこれらのイデオロギーから宗教そのものへの「改心」が起こったといってよい。「イデオロギーから宗教へ」の意識転換とともに、自分たちの貧しさがたんに物質的なものとしてばかりでなく、根本的に誇りを傷つける精神的なものとしても見えてくるのであり、教義と日々の信仰からしてもっとも鋭くそうであったのがイスラームの世界なのである。アメリカがイラクへの戦争に踏み切った2003年の半ば、アメリカの調査機関ピュー・リサーチ・センターが公表したデータでは、「正しいことをしていると信頼できる指導者」として、パレスチナでは71％（多答方式で第1位）、ヨルダンでは55％（同第2位）、パキスタンでは45％（同第2位）、インドネシアでは58％（同第3位）の人びとが、アルカイーダの指導者とされるビンラーディンを挙げていた[7]。

　「文明の衝突」などといわれたが、人びとは、長い時間をかけて世界に広まってきた信教の自由と政教分離の原則から後退するつもりなのか。先進諸国の主権者はもとより、途上諸国の大多数の人びともそうではないであろう。混迷の現状を打破するカギは主権者の概念そのものにある。問題は自治であり、自己決定であって、全社会的規模でそれを実践するために、人びとは、一人一票制の普通選挙にもとづく民主主義の制度を世界に広めてきたはずである。この制度を、それぞれの文化的伝統 ── とくに宗教的伝統 ── をもつ社会に根付かせていくためにも、自治あるいは自己決定が尊重されなければならない。中国はやがて自らのやり方で民主主義の制度をつくっていくであろうし、イスラームの影響の強い国ぐにの多くもそうするであろう。テロリズムにたいしては、Ⅱ-6で述べたように、「テロとの戦争」というような乱暴なやり方ではなく、民主主義を前提にテロリストを人びとから孤立させていくような、毅然としながらもきめの細かい闘いが行われていくことにならざ

　7　『朝日新聞』2004.1.1.「民意はどこへ」。

るをえないであろう。

4）NGO／NPOによる対抗地球社会形成としての主権者行動　以上すべてをふまえて、主権者行動は、国際社会のシステム性の不備を是正するために、そしてそれを乗り越え、地球社会のシステム性を高めつつそれを地球民主社会とするために、世界中で行われてきている（Kaldor, 2003＝2007）。

　まず非政府組織NGOについてみると、オックスファムはすでに1942年、ケア・インタナショナルは45年につくられており、戦争による飢饉や戦禍の被害者を救済するのが目的だったのが、途上諸国の貧困者や災害被害者への援助に活動を広げて現在に及んでいる。NGOの語は国連憲章第71条の規定に発するといわれているが[8]、実際のNGOはそれ以前から活動していたことになる。また、この規定のため、NGOは国連の経済社会理事会と結びつけて考えられることが多いが、広い意味では、戦後世界の平和維持に大きな役割を果たしてきた日本発の原水爆禁止運動関連の諸団体や、イギリスの核非武装キャンペーンCND（Campaign for Nuclear Disarmament）なども忘れられてはならないであろう。1960年代以降は、戦後の政治経済の展開を受けて、アムネスティ・インターナショナル、世界自然保護基金WWF、グリーンピース・インターナショナル、国境なき医師団などから地雷禁止国際キャンペーンにいたるまで、人権、環境、医療、平和などをめぐる多くのNGOが設立され、世界中に活動を広げてきている。日本でもAMDA（アジア医師連絡協議会）やピースウィンズ・ジャパンなど、相当数のNGOが活動している。国連の経済社会理事会と諮問・協力関係を持つNGOは、2014年時点で3000余あり、いくつかのカテゴリーに分けて指定されている。

　以上に加えて、米欧では以前からそうであったが、日本でも1990年代か

---

[8]　国連憲章第71条は以下のとおりである。「経済社会理事会は、その権限内にある事項に関係のある民間団体と協議するために、適当な取極を行うことができる。この取極は、国際団体との間に、また、適当な場合には、関係のある国際連合加盟国と協議した後に国内団体との間に行うことができる」。以下との関連で言えば、この規定はNGOばかりでなくNPOをも視野に入れていると言うことができる。

ら非営利組織NPOが注目されるにいたり、阪神・淡路大震災時の経験なども加わって98年には特定非営利活動促進法（NPO法）が制定・施行されため、保険、医療、福祉、社会教育、環境、人権、平和などを対象とする多数のNPO法人も生まれるにいたり、その数は2015年6月で5万260に達したといわれている[9]。こうした認証NPOを含むNPOの総数は、日本だけでも10万超えるのではないかといわれている。NPOとNGOとの区別は活動目標や活動範囲が国境を越えるか否かでなされる場合が多いと言えるが、こうした判断基準を採るならば、全世界のNGOの周辺に、その数十倍ものNPOが活動しているといっても過言でないであろう。主権者行動は今や国民社会および国際社会の内外に活動を広げてきているのであり、そのことをつうじて、地球民主社会の基礎を着実につくりあげてきているのである。

　こうした基礎のうえに、現代世界の支配システムに対抗する形で盛り上げられてきているのが、アタックATTACに代表されるような反グローバリズム市民運動体である。アタックは、フランスの『ルモンド・ディプロマティク』に掲載されたイニャシオ・ラモネの評論「市場を武装解除しよう」に呼応して、世界銀行、国際通貨基金IMF、世界貿易機関WTOなどの「市場権力」を解体すべく、投機的な為替取引に課して貧困対策に当てようとするトービン税の実現、租税回避地Tax Havenの廃止、不労所得への課税強化などを要求して闘ってきている市民運動体であり、今やヨーロッパから世界各地に広がって、その他の反グローバリズム・反グローバル化運動体をも引きつけつつある（L'Association ATTAC, 2001＝2001）。

　スイスのダボスで開かれる政・官・財トップの世界経済フォーラムWorld Economic Forumにぶつける形で、2001年からブラジルのポルトアレグレで始められた世界社会フォーラムWorld Social Forumは、このアタックをはじめとする市民運動体によって盛り上げられ、02、03年も同地で、04年はアジア・アフリカからの参加拡大をめざしてインドのムンバイで開かれたうえ、05年ポルトアレグレ、06年カラチ（パキスタン）・バマコ（マリ）・カラカス

9　『現代用語の基礎知識2016』自由国民社, p.257.

（ベネズエラ）、07年ナイロビ（ケニア）で続けられた（発端について、Fisher & Ponniah, eds., 2003＝2003を参照）。そのご、2008年は世界同時開催、2009年ベレン（ブラジル）、2010年ポルトアレグレ（10周年記念）、2011年ダカール（セネガル）、2012世界同時開催、2013年チュニス（チュニジア）、2014年世界同時開催、2015年チュニスと続いてきて、2016年は原発事故5年を記念して福島での開催も検討されてきている（2009年までについて田村, 2009）。

　地球社会は、国民社会はもとより国際社会をも越えて活動を広げつつあるこれらの運動体によって、ゆるやかにではあるが地球民主社会として形成されつつあるのである。

VI 主権者化と再主権者化の方向

1 現代社会の現実

　米ソ冷戦終結・ソ連崩壊後、世界は大きな流動を続けている。
　唯一の超大国となったアメリカは、その意図を超えて、「帝国」と呼ばれるような世界支配の新システムを創り出しつつある。それは、地球的規模の電子情報市場化をふまえた消費社会化であり、ファストフードとジーンズとマイカーとケータイに象徴されるような、生政治的生産に基づく世界支配のシステムである。
　このシステムは、貧困や宗教などのゆえにこうした消費社会化を受け入れがたい地域に強い抵抗を呼び起こし、自爆攻撃を主要手段とするテロリズムの動きを活性化させた。このテロリズムをアメリカが軍事力でしゃにむに抑えようとしてきたため、冷戦時代から生き残った軍産複合体が活性化し、「帝国」はその新しさを自ら否定して、古い軍事帝国の相貌をすら帯びつつある。
　ヨーロッパは、これにたいして、現実主義化した社会民主主義と環境主義をふまえて新たな国民国家連合すなわちヨーロッパ連合を形成し、対外的にも国際主義の原則を貫いてアメリカに一定程度抵抗してきた。しかしイギリスは、かつての大英帝国のイメージを引きずる独自のグローバリズムでこれとは別行動をとり、アメリカに事実上加担して「帝国」のイメージを拡大し、ヨーロッパ連合のなかに分裂を持ち込だ。
　さらに、より途上国的な諸国へのヨーロッパ連合の拡大は、そのなかに

「南北問題」を持ち込む結果となり、中心部市民のあいだに生活基盤低下の不安を呼び起こして、憲法条約批准の停滞から中止などの前途不安を引き起こした。こうしてヨーロッパ連合の将来も楽観的ではありえないが、その核に残る社会民主主義と環境主義と国際主義の理念は、今後も生き残り拡大しようとする努力を続けて行くであろう。

東アジアでは、中国の経済成長にともない、経済から社会・文化をへて政治にまで及ばんとする大きな地殻変動が起こりつつある。早くから東アジア共同体的なものを主張してきた東南アジア諸国連合ASEANは中国に歩み寄り、韓国も今や中国との関係拡大に力を入れている。この地域は依然として北朝鮮と台湾という冷戦時代の未解決問題を引きずっているが、この問題をめぐっては、中国とアメリカとの力関係によって、つまり、経済から政治をへて軍事に及ぶ中国の力が強まってくるのに対応して、アメリカがさまざまな対抗策をとるという形で、しばらくのあいだ押したり引いたりのやりとりが続くであろう。

日本はまだ大きな経済力を持っているものの、政治力が弱く内に閉じていく傾向、つまり鎖国的傾向が無意識のうちにも強まってきているその程度に応じて、東アジアのなかで周縁化されていくようにみえた。しかし、2012年いこう自民公明連立政権のもとで、集団的自衛権を行使できるという方向に憲法解釈を変更し、新しい安全保障法制をつくりだして、朝鮮半島や中東などにおける情勢の変化に、場合によっては武力行使をもって対応しようとする方向に進んできている。

さらに残る大きな問題は、依然として大きな比重を占める地球の南の部分をどこが内化し、地球社会のなかに導き入れていくかである。アメリカが中南米を、ヨーロッパが中東からアフリカを、その他の地域を東から南（とくにインド）に拡大していくアジアが、というのが常識的な線であるが、ポストコロニアルなものへの感受性ではアジアが勝っている。安全保障理事会の改組を中心とする国連改革などをつうじて、アジア・アフリカ・ラテンアメリカは、1950-60年代に騒がれたときなどよりもはるかに現実的な意味で、これからの地球社会形成に力を及ぼしていくことになるであろう。

2　社会認識の方向

　こうした社会的現実に対応できる社会認識とはどのようなものか？
　I-6でみたように、1960年代の社会科学批判以降、ドイツにはハバマスのネオモダニズムとルーマンのウルトラモダニズムが、フランスにはフーコーとドゥルーズとガタリのポストモダニズムとデリダのデコンストリュクショニスム（脱構築主義）が生まれた（以下について、文献はI-6で指摘したものを参照）。
　ハバマスのネオモダニズムは、近代の基底にディスクルスすなわち理想的対話状態を想定し、そこからの疎外として現代社会の現実をとらえて、その変革をつうじたディスクルスの実現を展望するものなので、マルクス以来の批判的実践的思考に慣れた人びとには分かりやすい。しかし、西欧近代の全世界への拡大とともにその脱中心化が進み、理想的対話状態そのもののイデオロギー性が問われている現在、これからの社会理論の基礎にはなりにくい。
　ルーマンのウルトラモダニズムは逆に、このイデー的状態を否定してすべてをコミュニケーションの流れに還元し、どこからにせよ人間自身が引き起こすコミュニケーションの流れの、持続の長短はあるにせよ暫時的な構造化の諸形態としてすべてを説明しようとするものである。そのかぎりでそれは、「社会化の諸形態」を追究するジンメルの社会学と同様の普遍性を有するものの、内容的な現代社会分析としては何か他の理論による補完を必要とするであろう。
　フーコーが原型をつくり、ドゥルーズとガタリが地球的規模にまで拡大したポストモダニズムの社会理論は、この意味で、現代社会と社会理論とを媒介する確かな手がかりを与えるものである。そこではまず、諸身体にまで還元された人間の社会が、言説し、言説しあい、渦巻き状の言説の流れのなかで権力を立ちあげ、肥大した権力の支配のもとでその構造にふさわしい諸身体を再生産していく過程が分析される。
　これらの諸身体こそが欲望する諸機械なのだが、それらは、それらを性的かつ権威主義的タブーのもとに閉じこめようとするオイディプス帝国主義にたえずつきまとわれつつ、原始土地機械となり、専制君主機械となり、戦争

機械となって国家を生み出しながら、文明資本主義機械を生み出してきた。したがって、オイディプス帝国主義を打破し、それにくり返し挑戦するようにみえながら、結果としてそれをくり返し強化する文明資本主義機械のそとに出るためには、われわれの身体がそこに根を張っている分子的無意識の集塊としてのリゾームに戻り、新たな存立平面と立てるべき器官なき身体とを求めて脱領土化をくり返しながら、人間と社会の新しいあり方を可能にする抽象機械の集合を求めていかなければならない。

　この作業は、それ自体さまざまな欲望の多様体であるわれわれ個々の身体によって担われるしかないため、われわれはもはや、資本主義による脱領土化と再領土化の反復の果てにくり返し脱中心化されていく世界のなかで、突きつめればいかなる代弁者あるいは代表も持たず、いかなる代弁者あるいは代表をも必要とはしていないのである。

　デリダはしかし、こうして徹底的に脱中心化され脱人格化されていく人間・社会観のなかにも、西洋的シンボリズムの可能性を原理的に疑わず、それに載らないものを無意識のうちに切り捨てていく限界のあることを指摘していた。脱構築とは、われわれの認識を反省し、そこにおける判断すなわち決定によって振り落とされたものを丹念に拾い上げながら、戻された現実をより妥当な現実に再構成してくることであり、それ自体が認識として判断すなわち決定を含むものであるから、それ自体がまた脱構築の対象とならざるをえないような宿命にある認識行為である。

　とくにこの過程で言語を重視し、とりわけその音声的表出をつうじた認識と現実の一致すなわちロゴスの現前を至上価値とみなす立場は、古代ギリシアと古代イスラエルからキリスト教やイスラームをつうじて近代西欧に伝わったものであり、それを無意識のうちに普遍とみなす立場は不可避的に西洋中心主義たらざるをえない制約のうちにある。脱構築主義はこのようにして、生政治的構築の暴露や反オイディプス主義の分子遡及的反復をつうじてえられる代表無用主義をも、根底的な脱構築すなわち脱構築の脱構築の対象とせざるをえないのである。

3　脱構築の脱構築

　現代社会の現実に戻れば、このような脱構築の脱構築は、欧米と日本の帝国主義によってひとたび植民地化された地域が自らを解放し、政治的から経済的に、さらに社会的かつ文化的に自立しようとしてくる過程で開始されるのが自然であろう。

　第二次世界大戦後の植民地解放闘争の過程で、文明や人種差別の根源に及ぶ解放後の課題をすでに見抜いていたフランツ・ファノン（Fanon, 1952＝1965; 1959＝1984; 1961a＝1969; 1961b＝1969）、近代西欧の非西洋にたいする差別的認識すなわちオリエンタリズムの形成過程を再構成し、パレスチナ問題などへの関与をつうじてそれを克服するルートを西洋と非西洋の双方にたいして開こうとしたサイード（Said, 1978＝1986）、イギリス新左翼の労働者文化研究やアルチュセールのイデオロギー論などをふまえて、旧植民地社会の混迷からの脱却の道を文化的自己認識の多様性の方向に開こうとしたスチュアート・ホール（Hall, 1988, Hall & Du Gay, 1996＝2001）、などの作り出した流れのなかで、もっとも明確な問題設定と解決方向の呈示はガヤトリ・チャクラヴォーティ・スピヴァクのポストコロニアリズムによってなされる（Spivak, 1988＝1998; 1999＝2003）。

　スピヴァクが、インド史におけるサティー（寡婦）の立場の再解釈をつうじて明らかにしようとしたのは、彼女たちの後追い自殺を野蛮と見て禁止したイギリスからの植民者たちの解釈と、それを被植民社会の伝統と文化を理解しない植民者たちの一方的かつ暴力的なものとみなして反発する現地諸層の対抗解釈との狭間にあって、発言の言葉も機会も与えられずに埋没させられていったサティーの立場から見るかぎり、フーコー、ドゥルーズ、ガタリの代表無用論は成立せず、このようなサバルタンたちに言葉を与えるために、デリダのいう脱構築は西洋的限界を超えて進められなければならないということである。スピヴァクはこの過程に内在している女性というサバルタンの立場の普遍性を示すために、インド独立運動に関与して重責を負い、負担に耐えきれず自殺しながら、通俗的あるいは因習的な解釈を排除するために、

生理中という身体的記号を残した女性のことにも言及している。

　こうして、現代社会の現実に回帰する脱構築の脱構築は、それを何度もくり返しながら、西洋的社会認識は、欧米日列強によってかつて植民地化された諸社会の立場からすればまだまだ根底的な欠陥を持っていること、およびそればかりでなく、エスニシティや女性などをインターナル・コロニーとする社会形成の基底性は先進社会でも、いや多くの場合には先進社会でこそいまだに根強く残っており、脱構築の脱構築はこれら社会の現実をもふまえて地球的規模でくり返されなければならないこと、を提起し続けてきているのである。

　これに加えて、かつて植民地主義の主体となり、その対象にした諸国からポストコロニアルな批判の対象とされてきている日本には、第二次世界大戦後アメリカに占領され、一応の独立を獲得して以後も軍事的、政治的、経済的、文化的、社会的に従属的な、あるいはセミコロニアルな立場に置かれてきた、という問題がある。この、セミコロニアルな立場は、程度の差こそあれドイツやイタリア、さらには大戦中アメリカと連合していたイギリスやフランスなどにもある問題であるが、戦後の経済成長以後は、先進諸国間の従属の問題であるがゆえにかえって意識されにくい状態である。

　セミコロニアルな状態にある社会の立場から、ポストコロニアリズムの問題提起を受け止め、インターナル・コロニーの発掘をくり返しながら、現代社会の重層的構造を描き直していくこと、これまでの社会理論をできるだけ広く深く受け止めながら、このような現代社会の現実とつきあわせつつ脱構築の脱構築をくり返していくこと、——地球社会化のなかで大きく流動する社会をとらえながら、そのなかでいかに生きるかを見定めていこうとする主権者にとっての課題は、このように提起されている。

4　「帝国」的システム

　人間にとって、多くの場合、社会はまず問題として、さらにいえばなんらかの抑圧として、意識される。その意味で、社会はまず階層性である。しか

し、Ⅱで述べたように、忘れてはならないのは、いかなる階層性も前提としての共同性がなければ成り立たないということであり、人びとが共に生きるという前提がなければ、人びとの階層化も、ある階層による他の階層の支配や抑圧もありえない、ということである。かつての階級闘争史観の一面性を抉り出すこの立場は、セミコロニアルな状態をふまえてポストコロニアリズムの問題提起を受け止めつつ社会理論を脱構築していく場合にも、忘れられてはならない。

　部族、民族、多民族共生などの形を取る社会と社会とが衝突し、戦争などによる併合などをつうじて共同性が拡大されていく基盤のうえに、より高度の階層性が構築されていくその程度に応じて、社会は拡大しつつ立体化——つまり膨張——していく。そして、共同性と階層性との矛盾を説明し、緩和し、あわよくば解消していくために、神話が語られ、それをもとに宗教が展開し、その社会統治的な面が物化して国家となり、生態系に基礎を置いた共同性の執拗な拡張としての市場を利用し、また押さえ込むために都市が発達して、共同性と階層性とを媒介するこれら諸装置の拡大をつうじて、社会はシステム化されていく。

　たんなる共同性と階層性との統合すなわち階級社会を超えたシステムとしての社会の一次形態は、この意味で、ある程度の普遍性をえた宗教を利用して、ある程度の規模となった国家が、その拠点となる都市をつうじて、その版図に包摂される実体経済とその内外に展開される市場経済とを制御していこうとする帝国である。帝国は、その嚮導理念とする宗教が文明化や人間救済などの普遍性を主張するその程度に応じて、原則として無限定の膨張を追求し、その過程で衝突をくり返して栄枯盛衰を反復しながら、紀元前数千年前から紀元後20世紀にいたるまで人類の歴史を織りなしてきた。

　このシステムを超える新しい社会システムすなわち二次社会システムとして現れたのが、11-2世紀の西ヨーロッパで商業ルネサンスのなかに現れ、教会の権威と諸侯の権力とに抵抗して自治を拡大しつつ、十字軍遠征を乗り越えながら地中海沿岸や北ドイツなどに広がり、大航海と宗教改革をへて絶対主義権力を打倒するまでに成長した都市民の社会すなわち市民社会である。

市民社会は、市場化していく経済を基礎に国家を宗教から分離し（政教分離）、それを、普通選挙を基本とする市民制御のもとに置きつつ（民主主義）、超越的絶対者から解放された世界解釈とそれにもとづく世界制御（科学技術）によって、外延的にも内包的にも原則として無制限の膨張を可能にした社会システム（産業・都市化社会）である。その意味でそれは、農業を主たる生産力基盤とする帝国すなわち一次社会システムをあらゆる意味で乗り越え、最終的にはそれらを一掃する方向に動いてきたし、じじつ、20世紀をつうじてほぼそのようにした。

　しかしこの過程で市民社会は、いくつかの国民国家としてまとまり、それら相互の競争をつうじて世界中を植民地化して帝国主義となり、20世紀の前半に、世界の領土的再分割をめぐって2度もの世界大戦を引き起こしたばかりでなく、後半には、資本主義の立場からと「社会主義」の立場から、それぞれ核兵器を持って対峙しあう核帝国主義と核社会帝国主義とを生み出して、人類を核戦争による絶滅の縁にまで追いつめた。このいわゆる冷戦が核社会帝国主義の側の内的崩壊によって終結したあと、地球的規模に一挙に広がった市場化と情報化と電子化との重層的加速過程、すなわちグローバル化をふまえて立ち上がってきているのが、アメリカを発出源とする新しい世界支配のシステムすなわち「帝国」的システムなのである。

　われわれはしたがって、「帝国」的世界支配を問題にするに当たっても、人類社会のシステム性の一次形態と二次形態との差異、すなわち帝国と市民社会そして民主社会との差異をけっして見失ってはならない。

　市民社会が国民国家として世界に版図を広げていく途上、イギリス帝国、フランス帝国、ドイツ帝国、日本帝国、アメリカ帝国、ソ連（社会）帝国などと称したり、呼ばれたりしたのは、あくまでも過去の記憶による欲望の粉飾や正当化や外からの批判のためであり、帝国主義も核帝国主義も社会帝国主義もすべては市民社会の過渡的形態であった。すでに述べたように、一次社会システムとしての帝国は20世紀までにほぼ姿を消したのであり、われわれは、現代の世界支配のシステムとしての「帝国」的システムを、11世紀以降1000年に及ぶ市民社会の歴史をふまえて、そのなかで脱構築をくり

返しつつ把握していかなければならない。

5　未主権者状態と脱主権者化

　Ⅳで述べたように、「帝国」的システムすなわち新帝国は、フォーディズム以後のアメリカ経済すなわち大衆消費経済が、その後の情報化につぐ電子化をつうじて膨張させられてきたのを基盤に、政治、文化、社会から、第二次世界大戦後とくに肥大した軍事までを巻き込んで世界に広げられた支配のシステムであり、そのイデオロギーとしてアメリカ憲法いらいの自由や人権の理念が用いられるところから、それらをインペリウムとする帝国に擬せられるシステムである。アメリカばかりでなく世界中の、労働者ばかりでなく農民やその他のあらゆる人びとを巻き込んだ消費経済は、情報化につぐ電子化とともにますます物的なものから記号的なものへと拡大し、それらをめぐる言説のやりとりをつうじて立ち上がった権力が今や世界中の人びとの身体を作り直しつつある。

　そうしたなかで、宗教的信念、文化、および消費生活の質とレベルなどによりこうした消費経済を受け入れられない人びとから、それにたいして自爆攻撃などを手段とする激しい抵抗がおこり、「帝国」的システムはそれらを、アメリカ軍を中心として編成された「多国籍軍」などの軍事力で押さえ込もうとしてきている。自爆攻撃などを手段とする抵抗への攻撃の大義名分は、それらがテロリズムであり、人びとの意思を代表して行われているのではないということにあり、それらを生み出す社会が、とくにアメリカ的価値観から見たばあい、民主社会の体をなしていない、すなわち、普通選挙という形で人びとの意思を明瞭に示す制度を定着させていないという意味で、民主化されていないことにある。

　アメリカは、ソ連との冷戦が続いていたあいだは、こうした未民主化状態の社会に軍事独裁や開発独裁の政権が成立しても、それらがソ連側につかないかぎり見過ごしたり擁護したりしてきた —— そればかりでなく、かつてのヴェトナムにおけるように共産勢力に対抗するためとして独裁政権を擁立す

ることすらあった——が、冷戦終結後の新帝国システムのもとでは、未民主化状態にある社会のうちテロリズムの温床とみなす社会を「ならず者国家」や「悪の枢軸」などとして特定し、政治的かつ軍事的な監視や攻撃の対象にした。これらのうち北朝鮮は、朝鮮民主主義人民共和国Democratic People's Republic of Koreaとして、ほんらい中国すなわち中華人民共和国People's Republic of Chinaと同型の国家として出発した経緯があり、北朝鮮にたいする批判が個人崇拝に基づく独裁へのそれを超えて政治体制そのものの批判にまで及ぶのであれば、同じ批判が中国にまで及ぶのが当然である。じじつアメリカはこれまでにも中国について、自由や人権や民主主義の欠如を批判してきた。

　このほかにも途上諸国のなかには、普通選挙の制度化という意味で民主化されていない社会がかなりあり、普通選挙を制度化していても不正選挙などで実質的に機能していないという意味で、いまだ十分に民主化されていない社会もかなりに上る。ポストコロニアリズムの問題提起を受け止めるに当たっては、おそらくはその提起者も十分に意識しているはずの、この問題も同時に引き受けねばならないであろう。

　他方、先進諸国の多くは、歴史的経緯から見て深浅の差はあるものの、普通選挙の制度化と定着という意味では、ひとまず民主化されている。しかし、アメリカは、とくに9.11以降、国連での討議をもしばしば無視あるいは軽視して問題国家に戦争をしかけたりするようになり、「帝国」的システムのもとで、アメリカ以外の先進諸国の主権が無視あるいは軽視されたりするケース、さらには政府がアメリカの立場を擁護して戦争に加わるなどの行為にでるために、それに反対する多くの人びとの主権が事実上無視されたり軽視されたりするケースが目立つようになってきた。

　日本のようにもともとセミコロニアルな状態にある社会においては、日本国憲法のうえに日米安全保障条約があるといわれるように、これまでにもこのようなケースが多かったのだが、多かれ少なかれ日本と同じような状態にあるドイツやイタリアばかりでなくフランスやイギリスにおいても、このようなケースが目立つようになってきたのである。アメリカ自体の内部におい

ても、大統領選挙制度の複雑性などから市民の意思が明確に反映されず、とくにブッシュ前大統領（2001-2009）のもとでは、ひとたび選ばれてしまった大統領の独断専行に疎外感を感ずる人びとが増大した。民主化されたはずの社会において、人びとの主権が事実上剥奪され、主権者たちが主権者でなくなる、という脱主権者化の事態が顕著になってきているのである。

　主権者とは、歴史的経緯からしても自分の社会のあり方、行き方を自分自身で決めていく人間のことであり、市民こそがそのような権利をもつ主権者であったはずなのだが、新帝国システムは、このような市民社会の展開でありながら、その版図に広大な未主権者状態の社会と脱主権者化する社会とを抱え、民主社会の危機を地球的規模で示しているシステムなのである。

6　主権者化と再主権者化の方向

　新帝国システムは、こうして、一方にいまだ民主化されていない広大な地域を残しながら、他方ではすでに民主化された地域の人びとをふたたび脱主権者化しつつ、自らが「民主化」の対象とみなした特定地域にたいして、人びとの主権者化の手段である民主主義とはおよそ対蹠的な方法で目的達成を強行しようとしてきている、それ自体巨大な矛盾であるようなシステムであるといえよう。

　否定は否定され、すなわち否定の否定をつうじて、より高いレベルで肯定を生み出す。いまだ十分に民主化されていない諸社会は、経済成長や政治的自立ばかりでなく社会の活性化や多様な文化創造をとおして、自らの民主化を進めつつ、国連などをつうじて国際民主社会の実質化に、またその他のあらゆる活動をつうじて地球民主社会の形成に、貢献していくことになるであろう。ファノンやサイードやホールやスピヴァクが、西インド諸島、アルジェリア、エジプト、パレスチナ、インドなどの経験をふまえて提起したポストコロニアリズム自体、すでにそのような貢献の先駆けである。

　かつてのアジア・ニーズNIEsから東南アジア諸国連合ASEANに広がった東アジアの成長圏は、日本に先駆けて東アジア共同体の構想を提起すること

によって中国に道を開き、その方向を受け入れながら成長を続けつつある中国は、今やその増大する重量そのものによって、新帝国システムのなかにそのインペリウムどおりには動かない巨大な抵抗体を作り出しつつある。過去の歴史からして、中国じたい新たな新帝国的システムの発出源となる可能性はあり、それにたいする危惧がさまざまな形ですでに表明されてはいるが、実際にどうなるかは、「人民民主主義」と称する中国の政治形態が、成長する経済をふまえて、事実上民主化していく現実の社会にどのように適応していくかにかかっており、おそらくはそれに、日本も含む東アジア諸社会の対応やインドやロシアの対応もかかわってくるであろう。

　20世紀冷戦の未解決問題である北朝鮮問題と台湾問題は、中国社会の民主化が進み、その方向でアメリカにたいする中国の重量感が増してくるその程度に応じて、平和的に解決されていくことが期待される。

　すでに新帝国システムのなかのしたたかな抵抗体となっているヨーロッパ連合は、歴史的伝統をもつ社会民主主義と環境主義とで、一方ではイギリスのすがりつく独自のグローバリズムとの関係を調整し、他方ではより途上国的な諸社会を編入することによって生ずる南北問題を克服しながら、その国際民主主義やNGOsなどの諸活動に象徴される地球民主主義の伝統によって、国際民主社会や地球民主社会の核となっていく可能性を持っている。アメリカと同様にヨーロッパもまた多国籍企業の世界的活動の拠点となっており、グローバル化以後の資本主義世界経済の論理を逃れられるわけではないが、歴史的経験をふまえたヨーロッパ社会の民主化の深さは、新帝国システムによる脱主権者化の圧力を跳ね返して、この地域を、さらには国際社会や地球社会を、再民主化していくだけのポテンシャリティをもっていると見ても良いのではないか。

　新帝国システムの足下にあるアメリカ社会は、1970年代以降、保守化への傾斜を続けてきた。しかし、1930年代のニューディールから、40年代の第二次世界大戦をへて、50年代から60年代にかけての公民権運動、ヴェトナム反戦運動、大学改革運動、フェミニズム運動、エスニシティ運動などの大きな流れに照らしてみれば、この程度の反動は起こるべくして起こった範

囲のものであるかもしれない。1990年代以降のテロリズムやそれにたいする「戦争」の犠牲となってきている人びとには、いかなる形でも弁解の言葉はないが、2世紀余に及ぶ市民社会の蓄積のうえに立ち上げられた新帝国システムは、ある意味では、世界全体を民主社会化するために仕掛けられた巨大なトリックであるともいえる。アメリカ社会の主権者もまたこの意味では脱主権者化されてきているのであり、再主権者化の課題の前に立たされているのである。

　こうしたなかにあって日本の主権者は、成長の頓挫のあとに顕著となってきた鎖国的傾向を自ら積極的に打ち破り、セミコロニアルな状態を自覚しつつポストコロニアリズムの問題提起を受け止めて、脱主権者化の進行する現状を直視して再主権者化の方向に着実に歩み出し、立憲主義を回復するとともに、朝鮮半島、中国、東南アジア諸国などとの真の友好関係を築いていかなくてはならないでしょう。

Ⅶ 主権者の主権者による主権者のための社会認識

1 日本社会の主権者として ── 立論の前提

　適切に現代社会をとらえるために、私はまず、日本社会の主権者の一人として、また日本の社会学者として、自らの立脚点を明らかにしなくてはならないと思う。

　第一に、19世紀から20世紀にかけて、日本は、非西洋の社会としては例外的に、欧米列強の植民地にならず、統一国家を立てて近代化のルートに乗ることができた。しかしそのために、沖縄や北海道の少数民族を新国家に強制的に編入しただけでなく、朝鮮や中国にたいして侵略的な態度で臨み、台湾に次いで朝鮮半島を植民地化したうえ、中国から東南アジアにかけての地域全体を支配下に置こうとした。この過程でさまざまな形で害を加えた近隣諸国民にたいして、日本はいまだに、自らの侵略主義の非を認め、公式に謝罪したうえで友好的な関係を築こうとする、一貫した態度をとりえていない。

　第二に、対米全面戦争にまで拡大した無謀な侵略主義は失敗し、日本は、沖縄を、住民を巻き込む凄惨な地上戦にさらしたあげく占領され、全国の都市をほぼ軒並み空爆されたうえに、広島と長崎に原子爆弾を投下されて無条件降伏した。この結果、日本は連合軍の主力であるアメリカ軍に占領され、その後5年のあいだ本土を、沖縄は27年ものあいだ、植民地と同じ状態に置かれた。ソ連に占領され、ロシアに継承された北方領土はいまだに返還されておらず、いまだに本島の約20％を米軍基地とされている沖縄はもとより、各地に米軍基地を受け入れ、米軍の「核の傘」のもとに安全保障を維持して

いる日本全体も、完全な意味で植民地状態を脱しているわけではない。

　第三に、しかし、アメリカ軍が、戦争を引き起こす能力を奪いつつ、欧米ヒューマニズムの伝統に根ざした人権思想と民主主義による社会再建を要求するなかで、日本の議会によって創られた日本国憲法は、植民地状態における日本の社会形成を基本的に枠づけた。戦争とそのための軍備放棄を規定した第九条のもと、日本はその後、米ソ冷戦の開始によるアメリカの政策転換によって自衛力を持つことになったが、核とミサイルを中軸とする現代的な戦略兵器は今日まで持たないできている。また、人権擁護の現代的な展開も不十分であり、1990年代に小選挙区制中心に改められた選挙制度を初めとして民主主義の現代的な展開も不十分ではあるが、こうした不十分さの批判を可能にする基本的な人権擁護と民主主義のシステムは定着してきている。

　第四に、この憲法のもと、軍備拡大を相対的に低く抑えて、その分だけ経済成長に力を注ぐことができた日本は、戦後10年ほどのあいだに経済復興と成長の準備を成し遂げ、1955年から18年のあいだ世界史的に見ても高度な経済成長を達成することができた。しかしこの過程で、東京、名古屋、大阪を中心とする三大都市圏、さらには京浜から中京、京阪神をへて北九州へと連なる太平洋ベルト地帯に産業インフラが集中し、人口も集中して、大都市部の人口が過密となる一方、地方農山漁村部が過疎となる人口配置の不均衡が急速に進んだ。政府自身もこれに気づいて、人口配置の不均衡を是正しようとする全国総合開発計画を進め、多くの良心的な社会科学者もそれを応援しようとしたが、大都市部の過密化と地方の過疎化の流れは止まらなかった。日本は地震を初めとする自然災害の多い国で、その被害は神戸市の一部のような整備されていなかった大都市部にも出ているが、圧倒的に多く出ているのは東日本大震災の大半の被災地のような過疎の地域である。

　第五に、戦後のこの経済成長は最初石炭を主要なエネルギーとして推進され、国内の石炭が枯渇してくると海外から輸入される石油に依存して加速化されたが、1970年代の石油危機で石油の継続的確保に不安が生ずると、日本は、国内の過疎地に原子力発電所の立地を進め、しだいに電力源の3分の1までをそれに依存するようになっていった。ひとたび事故があるとそのダ

メージは大きく、使用済み燃料の処理方法も確立されていないことは分かっていて、当初から反対運動もあったが、「国策」として「安全神話」を普及させ、政府の支援のもと地域独占の電力会社によって進められた事業に、国民の半は押し切られた。東日本大震災の被害を正確に見えない形で何倍にも拡大し、長期化させてきているのは、政府と電力会社が「安全神話」のもと巧妙な地域操作で過疎地に立地してきた、原子力発電所の一つ —— 福島第一 —— の事故である。

　第六に、日本は、原子力発電を利用して経済成長を維持し、1980年代の好調をバブルに持ち込むさなかに米ソ冷戦の終結を迎え、バブルがはじけるとともに40年近くも続いた自由民主党一党政治の終焉に直面した。多くの新しい政党が出没し、それなりの政権交代も起こったが、もっとも重要なことは、この過程で、自民党に対抗し、日本国憲法の改正を阻止してきた日本社会党が消滅してしまった、ということであった。日本社会党を支えてきた日本の中道左派勢力は、米ソ冷戦終結後に起こったソ連東欧社会主義崩壊や改革開放後中国の急速な成長などの意味を理解できず、現代世界の認識を転換できずにいるあいだに、政治勢力としても土砂崩れを起こしてしまった。21世紀に入って、リーマンショックなどで新自由主義の行き詰まりが明らかとなるなか、アメリカで初のアフリカ系大統領が登場したのに続いて日本でも民主党の政権が誕生したが、その政治的力量は惨憺たるものであった。

　2011年3月11日の東日本大震災後、民主党は、被災地の復興も原発事故の収束もろくにできないまま、右傾化した自民党に政権を明け渡し、自民党政権は過去の戦争を肯定していると取れる靖国神社参拝などによって韓国および中国との関係を悪化させ、それを懸念するアメリカとのあいだにも外交的および政治的な不安を広げている。その一方、政権は、アメリカとの約束を果たすとして、世界一危険な沖縄本島の普天間基地を中東部の辺野古に移すため、多額の予算措置で知事を強引に説き伏せ、その後の名護市長選で示された反対の民意および知事交代後の沖縄県の民意をも無視して、移転計画を強引に進めてきている。名護市と沖縄県は今や、依然として丸ごとアメリカの植民地であるかもしれない日本のなかの国内植民地すなわちインターナ

ル・コロニーとして、アメリカの軍事戦略を受け入れる以前に日本政府の強行的な基地建設を受容するよう迫られている。

　北朝鮮はもとより中国をにらむアメリカの軍事戦略のなかで、名護市辺野古は今や世界史の焦点の一つである。米ソ冷戦終結後の中国の台頭に向き合うアメリカの軍事戦略は、冷戦でソ連と張り合ってきたアメリカの軍事戦略の延長上にあり、この 500 年間、国家間抗争をつうじて世界システムを形成し、その覇権を争ってきた諸国家のなかの最強国家の、世界管理を志向する権力意志の表れである。名護と沖縄の主権者は、この権力意志を代行しようとする日本国家の権力と向き合い、その正当性を問おうとしている。日本社会の主権者は、日本社会を民主社会と同定し、自らをその主権者と同定するかぎり、名護と沖縄の主権者の立場に立たねばならない。

2　市民史観から主権者史観へ ── 人類史の総括

　こうした立場から見ると、この五世紀あまりにわたる世界の歴史、すなわち近代世界システム形成の歴史は、どう見えるであろうか（Wallerstein, 1974＝1981; 1980＝1993; 1989＝1997; 1995＝1997; 2011）。Ⅰで述べたことを整理しつつ人類史を総括して、あらためて主権者がとるべき歴史観を引き出してみよう。

　第一に、それは明らかに、有力国民国家による世界制覇、植民地主義による世界征服の歴史である。15 世紀にイベリア半島の二つの王国 ── ポルトガルとスペイン ── が始めた「大航海」は、キリスト教布教を名目として、台頭しつつあった市民の力を利用しつつ行われたとはいえ、二つの王国の、ヨーロッパの他の王国にたいする先制の意味をもつものであった。また、大航海の先頭を担った人びとが、最初から、遭遇するかもしれぬ他民族への優越意識や差別意識を持ってはいなかったとしても、じっさいに遭遇して大きな力の差を感じ、容赦なく征服の挙に出るとともに、アメリカ諸民族やアジア諸民族にたいする優越・差別意識を形成していったことは明らかである（西川, 1984）。

第二に、この過程で市民たちは、しだいに王権への批判と対抗の意識を持つようになり、やがて国王から権力を奪うまでになっていったが、それをつうじて植民地主義の新たな主体になりこそすれ、植民地主義そのものに根底的な疑問を持つことはなかった。スペインの支配下にあったオランダは1648年に独立したが、そのずっと以前からアメリカ大陸やアジアでしきりに植民地づくりをおこなっていた。また、独立をつうじて内部で市民たちの力が強まったオランダは、ピューリタン革命から名誉革命へと進んだイギリスの市民革命に影響を及ぼしたが、この影響はけっきょくイギリスの市民革命にも王制との妥協をもたらした。さらに、妥協したとはいえ市民革命をつうじて国力を強めたイギリスが目指したのは、けっきょくはオランダにもフランスにも負けない世界最強の植民地帝国であった。

　第三に、近代的な意味での植民地の独立は1776年のアメリカに始まったが、この独立革命を担ったのは主として本国イギリスから渡った植民者たちであり、彼らの眼中には、征服され、西部に追いやられていくアメリカ先住民はもとより、アフリカから奴隷貿易をつうじて拉致されてきた黒人たちもなかった。アメリカ独立革命はヨーロッパに跳ね返り、1789年いらいのフランス革命の引き金の一つとなり、「人および市民の権利宣言」を生み出したが、その普遍主義においてアメリカ独立宣言をも上回ったこの人権宣言においてもまだ、欧米白人に植民地化されていた人びとの人権の問題は意識化されていない。フランス革命が生み出したボナパルティズムとナポレオン戦争はポルトガルとスペインを弱体化させ、中南米諸植民地独立の機運を広げたが、独立運動を推進したのは当初から主として、白人植民者たちの子孫である白人すなわちクリオーリョたちであった。イギリスは自国の利害からナポレオン後の大陸ヨーロッパの中南米への介入を妨害し、独立したアメリカは1820年代からいわゆるモンロー主義によって中南米を囲い込み始めたが、これらの結果できていったのは、今日まで続くことになる中南米諸国の米欧への従属の構造である。

　第四に、フランス革命でそれなりに普遍化した市民革命は、ナポレオン敗北後の反動体制すなわちウィーン体制を突き破ってヨーロッパの内外に広が

り、極東にまで及んだが、その影響で自由民権運動が展開された日本では、その反動として制定された天皇主権の憲法のもとに産業革命が展開され、台湾に次いで朝鮮半島を植民地化して、中国東北部から東南アジアまでを支配下に置こうとする帝国主義が形成された。同じ時期に旧植民地国アメリカも産業革命を遂行し、中南米諸国を従属させる構造を強めつつ、スペインからカリブ海諸島とフィリピンとを奪って、ヨーロッパ列強と同じ植民地帝国の面も持ち始める。植民地帝国はヨーロッパから東西に飛び火し、世界の植民地的再分割の動きを始動させていくのである。

　第五に、この時期以降、ヨーロッパでは近代国家形成におくれをとったドイツ、イタリア、ロシアが植民地再分割を要求し始め、ホブスンやレーニンが規定した狭い意味での帝国主義が第一次世界大戦に次いで第二次世界大戦を引き起こしていく。第一次世界大戦で敗れて重い負担を課されたドイツが、植民地拡張を焦るイタリアや日本と組んで枢軸となり、最大の植民地帝国イギリスを倒そうとした第二次世界大戦は、アメリカやソ連の参戦によって枢軸国側の敗北となり、圧倒的大国となったアメリカへの日本、ドイツ、イタリアなどの新しい従属の構造を生み出した。また、ロシア革命後この大戦までの過程をつうじて少なからぬ近隣諸国を併合していたソ連は、戦後、東欧諸国に従属政権を樹立して社会帝国主義を拡大強化し、アメリカと40年にわたって冷戦を展開したあげく、持ちこたえられずに崩壊した。

　こうして21世紀の世界に残されたのは、一方では、唯一の超大国となったアメリカと、それになんらかの程度に従属する旧連合諸国と旧枢軸諸国、およびロシアを初めとする旧社会主義諸国である。これにたいして他方には、19世紀いらい独立の動きを続けていた中南米諸国のあとを追って、植民地解放運動を展開し独立を達成していったインドから東南アジアにかけての諸国、第二次世界大戦で日本帝国主義を打倒し、独立後新国家建設に進んだ朝鮮半島と中国、植民地状態から独立し、イスラエル建国をテコとした米英の支配に抗し続ける中東アラブ諸国、および「アフリカの年」の前後をつうじてつぎつぎに独立し、国連総会で一大勢力をなすにいたったアフリカ諸国がある。そして、これらのうち旧植民地・従属諸国からは、中国、インド、ブ

ラジル、メキシコ、南アフリカなどのように、独立・建国後の諸問題をそれぞれなりに克服して、1980年代いこう急速な経済成長の軌道に乗る、いわゆる新興諸国も台頭している。

　もっとも重要なことは、こうして植民地主義が世界的にほぼ打ち負かされ、自由・平等・友愛を掲げながらしばしば植民地主義を容認してきた市民を越えて、世界中の人びとを主権者とする民主主義の基礎ができてきたことである。もちろん、新興国や途上国の多くには、従属状態や植民地状態からの独立の過程でそれぞれがとってきた政治形態があり、市民的視点から見て民主主義とはいえない側面もあることは認められなければならない。しかし、たとえばイギリスやアメリカが、それぞれの歴史を引きずった憲法理念や政党制度や選挙制度をもとにして、新興国や途上国の選挙制度その他を一方的に批判するのは許されない。中国や東南アジアの一部の国や中東諸国は、それぞれの政治状態にたいする市民的批判を内化しながら、市民民主主義を越えてそれぞれに妥当な民主主義の形態を見出していくであろう。

　新興国や途上国は、すでに従属状態や植民地状態からの自己解放の過程で、世界の社会認識に理論的実践的に重要な貢献をしてきた。Ⅰ-6で述べたように、インド思想を基礎にしたガンディー主義は、非暴力をキイとする抵抗と解放の理論と実践で、アメリカの黒人解放運動を初めとする多くの解放運動に影響を与えてきたし、最底辺の農民を動員することで巨大中国を解放した毛沢東主義は、解放後の新社会建設に問題を残したとはいえ世界中の農業社会に大きな影響を及ぼしてきた。ヨーロッパにもっとも近い東洋である中東は、イスラームとの関連で独裁政治を広めたとはいえ、早くから西洋のオリエンタリズムを批判し続け、フーコーの言説分析などの現代的方法を逆手にとって、サイードのオリエンタリズム批判のような重要著作を生み出している。従属の構造に悩まされてきた中南米諸国が、1970年代前半のチリ・アジェンデ政権の前後をつうじて従属理論や国内植民地主義（インターナル・コロニアリズム）論を世界に広め、近現代世界システム論の重要な下地となったことはあらためて言及するまでもない。

　植民地解放運動と並んで世界的規模の民主主義の下地をつくりだしてきた

もう1つの潮流は、市民社会から全世界に広がった女性解放運動、すなわちフェミニズムである。Ⅰ-6で述べたように、女性差別は、市民社会ばかりでなく、それによって植民地化された諸社会にも広く深く浸透していたために、植民地解放と女性解放との結びつきは、ガヤトリ・チャクラヴォーティ・スピヴァクのそれのような、もっともラディカルな解放思想を生み出した。ヨーロッパの現代思想も含めてあらゆる思想の射程外にあったサバルタンを掘り起こし、彼らに言葉を与えようとするポストコロニアリズムは、現代世界の民主主義の真の理念と主権者と方法とを示す基礎理論である。こうした基礎理論に立って、市民社会に基礎づけられたアカデミック・インペリアリズムを批判し、欧米産の社会理論を根底的に見直しつつその普遍性を否定して、それに代わる多くの理論を多遍的（multi-versal）に容認しながら新しい社会理論を築き上げていくことが、今まさに求められている。この意味で、市民社会史観は主権者史観に置き換えられてきているのである。

3 普遍主義の普遍化と相対主義の相対化 ── 人間と社会の理論

主権者史観に立って現代世界の民主主義を前進させるために、日本の主権者に何ができるであろうか。すでに述べたような自己認識にしたがって、考えてみたい。

2014年7月に横浜でおこなわれる世界社会学会議に向けて、日本の社会学系諸学会からメッセージを出すことになり、私が社会学系コンソーシアムから出て編集委員長を引き受けた。コンソーシアムに属する社会学系および社会福祉学系29の学会が、それぞれの歴史的発展、議論されてきた諸課題、その成果、3.11東日本大震災のインパクト、これからへの展望をふまえて世界へのメッセージを発しており、日本の社会学系および社会福祉学系研究の状況がよく分かるので、ぜひ読んでほしい（Shoji, ed., 2014）。

それらをふまえて、ここで私は、吉田民人と真木悠介（見田宗介の別名）という、この半世紀間の日本で活躍した二人の代表的な社会学者を取り上げたい。二人の研究は真の意味で独創的であり、世界に紹介するに値するもの

であるからである。

　吉田民人は、パーソンズの構造機能主義理論を受容することから出発し、それが、マルクス主義の影響が非常に強かった日本で、社会システムの革命的変動を説明しえないと批判されていた現実をふまえて、マルクス主義の理論を構造機能主義的に組み替え、生産力の発展によってそれへの生産関係の対応という機能的先行要件そのものが変えられ、それに対応する形で生産関係と上部構造という構造そのものの変動が余儀なくされるという形で、社会変動の一般理論を提示した社会学者である（吉田, 1991）。しかしこの過程で彼は、生産力や生産関係が物質・エネルギー —— 以下、簡潔に物質という —— のパターンであり、生産力の発展という「情報」がそのパターンを変えざるをえなくしていくという過程に注目するようになり、ウィーナーのサイバネティクスにおける情報のような広義の情報概念に導かれながら、社会理論のさらなる一般化への道を拓いていく（吉田, 1990a, 1991）。

　ときあたかもワトソンとクリックの「二重らせん」説によって生物における遺伝のメカニズムが解明され、生物固体内および固体間における遺伝情報の伝達にかんする理論が急速に発達した時期であった。吉田はこれと、他方で急速に発達しつつあった、マスコミュニケーションによる社会内および社会間の情報伝達のメカニズムや影響の研究とをにらみながら、生物と人間社会とはいずれもシステム内に情報の貯蔵と処理の装置すなわちプ・ロ・グ・ラ・ム・を持っており、違いは、前者を担う記号がシグナル性であるのにたいして、後者を担うそれはシンボル性のものが主体であることにあるという。これにたいして、ビッグバンから膨張進化してきた宇宙には、固体的にはもとよりシステム的にも情報を貯蔵したり処理したりする場所がないのであって、素粒子いらいの物質のパターンは、それら相互の関係を規制する法則によって決められていくしかないのである（吉田, 2013a）。

　この考えから吉田は、ニュートンからアインシュタインや量子力学にいたる科学革命を物質を対象とする第一次のものと見なし、分子遺伝学から生物学および社会諸科学全般の情報論的再編に展開せざるをえない動きを第・二・次・科・学・革・命・と呼んで、そのための概念整備と基礎理論の確立に全精力を傾ける

にいたった。かつてマルクス主義が、弁証法的史的唯物論によって自然、生命、人間社会を統一的に把握する科学を実現しようとして失敗したのは、情報概念を欠いていたからであり、今や情報概念をキイとして物質のパターン、生物進化のプログラム、および社会発展のプログラムをとらえる統一科学を構築するべきだというのである。こうした吉田の社会学は、いわば、諸科学の総合をつうじて社会学を生み出したコントの原点に戻り、社会把握に必要な情報概念とそれを基礎にした視座と方法とによって、物質諸科学から生物諸科学をへて社会諸科学にいたる全科学を総合しようとする試みであり、ヨーロッパに発した知の普遍主義をさらに普遍化しようとする、普遍主義の普遍化の試みであるということができよう（吉田, 2013b）。

　これにたいして真木悠介は、20世紀中葉にいたるまでの社会学的研究の諸成果を熟知したうえで、主としてマルクスとサルトルをふまえながら、人間疎外と物象化の重層として存立構造を獲得していく社会を把握し、そのなかでの人間解放の可能性をさぐろうと登場した社会学者である（真木, 1977）。そのために彼は、広く人類学などから、近代西洋的世界把握をする人びととはまったく別の世界把握をする人びとについて学び、彼らの自然把握から時間概念の比較にまで遡及して、開始から終末にいたる一方向的な時間概念しか持ちえない近代市民社会の文明の息苦しさを批判し、無限の自然に悠久の時間感覚を持って生きる人びととの生活世界および社会への視座を拓いていく（真木, 2012a, 2012b, 2013）。

　そのうえで彼は、そうした人びとを生み出してきた生物進化の歴史に遡及し、ドーキンスの「利己的な遺伝子」説などを逆用しながら、生物はたしかに利己的な遺伝子が生き残るための乗り物あるいは生存機械であるかもしれないが、真核細胞に次いで多細胞の個体が生み出され、その競争的進化のなかから精神あるいは意識を持つ人間が生み出されてきたのは、それぞれに真に創発的なことであったという。そのうえで、多細胞個体で意識を持つ人間に利己主義が出現するのは事実であるが、たがいに利己的であるがゆえに争いあい、破滅してしまうような社会は利己的な遺伝子のためになるとはいえず、利他主義を発達させ、人間間のみならず他生物および自然とも共生する

社会こそがかえって、利己的な遺伝子の生き残りにつながるはずだという（真木, 2013c）。

　真木によれば、人間の自我はこの意味で、これまでの進化論に支配的であった適者生存とか優勝劣敗とかの結果であるとはかぎらず、むしろ種の保存のために、比較的長い年数にわたって、子どもたちなど適応能力が劣る弱い者たちを守らねばならず、逆に子どもたちは守られて安心感を持って育ってくる、という文化のなかから発生してくる。そのうえで真木は、そうした視線を現代社会の現状分析に向け、経済的に豊かになり、科学技術の発展が加速度的に進行する社会のなかで、かえって自我を形成しきれず、生きる場を失い、意図に反して他者を傷つけたり自己を傷つけたりせざるをえなくなっている、「利己的な」若者たちの姿をえぐり出している（見田, 2006; 2011）。

　欧米に発した科学技術文明はたしかに、その高度化にともなって自信とともに寛容さを持つようになり、かつては野蛮とか未開とかとして蔑視し、滅ぼしたり、奴隷化あるいは植民地化したり、従属させてきた諸社会を、それなりの論理あるいは合理性で展開し総合されてきたものとして、理解し、少なくとも主観的には対等に扱うようになってきた。いわゆる文化相対主義である。しかしこの文化相対主義は、欧米文明からすればそれ自体が普遍主義の表現なのであり、タテマエとは違ってけっしてそれ自体を、それぞれ個性的なまとまりを持つ諸社会とまったく同一のレベルに置くことはない。これにたいして真木の社会学は、自らがそのなかで育った日本社会を含めて、あらゆる種類の社会あるいは文化を徹底的に相対化し、先験的に、あるいは独断的に、なんらかの文化あるいは文明をもつ社会を特権的な地位に置くことのないように努めている。その意味で、彼の社会学の立場はいわば相対主義の相対化のうえに成立し、生物進化に基礎を持つあらゆる文化あるいは社会に対等に生きる権利を与えようとしてきているのである。

　こうして、吉田の普遍主義を普遍化する社会学と真木の相対主義を相対化する社会学とを併置すると、両者が円環を描いて収斂してくるように思われる。吉田の普遍主義の普遍化は、近代西欧の市民社会に発する科学の普遍主義の不徹底をつき、それをさらに徹底することをつうじて、これまで視野に

入っていなかったような諸社会の形成プログラムを、既知のものと同格に浮かび上がらせる意味をもつ。これにたいして真木の相対主義の相対化は、自らを自然の一部として気流の鳴る音を聞いたり、開始も終焉もないくり返される時間のなかで生態系の一部として生きる人間の社会あるいは文化を、デュルケムやレヴィ–ストロースのように西洋普遍主義に照らして読み解くだけでなく、それ自体を自ら生きようとすることで文化相対主義を相対化する意味をもつ。このようにして普遍主義を普遍化し相対主義を相対化することは、ポストコロニアルな現代を空間と時間の面からかぎりなく拡張するとともに、そこにおける生き方の多様性をかぎりなく増大させていくことになる。

　このさい、普遍主義の普遍化からは、宇宙進化に次いで生物進化をふまえて展開されてきた社会形成の諸プログラムを比較しつつ認知し、評価することをつうじて、自然（および生物）との共生をふまえて成立する人権と民主主義の概念のような、プログラム展開の基礎となる共約情報がいわば人類社会の憲法のごときものとして引き出されてくるであろう。また他方、相対主義の相対化からは、近代産業文明をふまえて今や地球上をくまなく制覇しつつある電子情報層のなかで、自然および生物と人間とにかんする、見方によっては非科学的と見なされるかもしれぬプログラムによって、形成され維持されていく諸社会の対等の生存権が引きだれてくるであろう。たとえば、カナダ極北圏のイヌイットは、現代の消費・情報文明に巻き込まれながらも、共に生きる動物を自分たちと同格の人物と見なし、彼らからの命の贈与を受けるために彼らを誘惑し、贈与を受けた身体をすみずみまで食べ尽くすという社会形成のプログラムを、今でも維持しているという（岸上, 2005）。このプログラムのゆえにイヌイットは、カナダ現代社会のなかにあって、なお独自の共同性を維持し続けているのである。

4　主権者の政府と事業 —— 実践の指針

　こうして、普遍主義を普遍化し、相対主義を相対化する社会学をもって主

権者史観に戻ると、私たちは、反植民地主義を基礎に、非暴力（ガンディー）主義、農村人民（毛沢東）主義、オリエンタリズム批判、従属構造批判、国内植民地主義批判、フェミニズム、ポストコロニアリズム、学問的帝国主義批判（Raju, 2011）、多遍主義（multiversalism）などに最大限まで学びつつ、あらゆる社会の主権者に、次のような実践社会学を提起することができるように思う。

　第一に、あらゆる社会は、自らを組織するプログラムの核として、自然のなかで諸生物と関係をつくりつつ生きてきた人間についての自己意識（人権意識）をもつ。これについては、市民革命の流れのなかで出された、とりわけフランス革命時の「人および市民の権利宣言」から国際連合の「世界人権宣言」にいたる文書は、普遍的ではあるが、その後に明らかにされた人種民族差別、女性差別、障がい者差別、高齢者差別、児童虐待、性的少数者差別などへの批判をふまえて、さらに普遍化されなければならない。欧米産の人権意識が人間中心主義的で、生態系への配慮を欠いていた点もより普遍化されなければならず、そのために多くの非西洋諸民族の自然・人間意識が見直されるべきである。他方、非西洋諸民族あるいは諸社会が自らの人権意識を擁護する場合には、西洋の文化相対主義を相対化し、普遍主義をさらに普遍化するだけの根拠言説を示さねばならない。ガンディー主義にはそれに相当するものがあるが、毛沢東主義あるいはそれを乗り越えようとする思想に同様のものが見出されるかどうか、世界はなお注視つづけるべきである。

　第二に、あらゆる社会は、核となる人権言説をふまえて、内部のあらゆる意見を集約し、社会を統合し運営していく手続き、すなわち民主主義のプログラムを持たなければならない。ほとんどの植民地が解放され、開発独裁や宗教などを背景とする独裁の多くが克服されつつある現在、主権在民の民主主義を否定する論理は成り立たなくなっている。他方、市民革命の伝統をふまえた民主主義には、まだまだ多くの欠陥がある。イギリスやアメリカの二大政党制と小選挙区制を柱とする民主主義は、多様化の進む現代社会のなかでもはや民意を正確に反映するものとはいえないであろう。比例代表制を中心として、主権者の意見の多様性をできるだけ正確に反映する選挙制度を基

本にし、政党の数はおのずから決まってくる方向性に任せるべきである。20世紀の、いわゆる人民民主主義的一党政治を継続する社会は、その継続を正当化する根拠を、主権在民の民主主義という基準に照らして示さねばならない。市民（ブルジュワ）の階級独裁を抑えるための労働者農民の対抗独裁という言説は、もはやどう見ても説得力を持たないからである。

　第三に、あらゆる社会の主権者は、自分たちで自分たちの社会を運営していく政府のプログラムばかりでなく、自分たちで自分たちの社会を維持していく事業のプログラムを持たなければならない。近代ヨーロッパの市民たちは、封建王制に対抗するためにまず事業のプログラムを持つことから始め、一株一票制の株式会社を生み出し、それで獲得した富を基礎に市民革命を起こして政権を獲得し、株式会社と市民政府のプログラムを世界に広めた。その後、欧米から世界へと普通選挙運動が広まり、多くの社会で普通選挙が実現して、選挙制度の不備があるにはせよ、一人一票制の民主主義に基づく政府による社会の運営が基本のプログラムとなったが、株式会社の一株一票制は、多くの法的規制がかけられてきたものの、基本的にはそのままである。しかも、信用経済が発達し、金本位制が撤廃されたために、経済はヴァーチャルな空間に何倍にも広まり、実体経済に引証した決済に失敗した場合には、大混乱が世界に波及する。株式会社の活動の幅が今や一国政府の統制をはるかに超えている今日、一人一票制の民主的政府はできるだけ広く連携して、一株一票制の巨大多国籍（世界）企業を統制するプログラムを持たなければならない。

　第四に、あらゆる社会の主権者は、生きるために、株式会社を主とする企業に雇われて働かなければならないことが多いがゆえに、労働組合をつうじて雇用の保障と労働条件の改善を要求する権利を持つ。新興国や途上国では外国資本の企業が多いため、労働組合を中心とする労働運動のプログラムがますます重要となっている。先進国でも、一時は労働者保障のプログラムが定着したかに思われたが、新興国および途上国をもまじえた国際競争のなかでふたたび雇用は不安定となり、労働条件の悪化も目立ってきている。労働運動のプログラムの再編成と再起動が必要である。19世紀に基礎がつくら

れた労働運動のための基礎理論、すなわち労働価値説に基づく剰余価値の搾取の理論は、こうした文脈では今なお相当の有効性を持っている。しかし、信用経済化が進み、そのうえに電子情報革命が高度に進みつつある現在では、労働と労働運動の理論は、科学技術革命による普遍的価値の比重の飛躍的増大をふまえて、くり返し作り直されていかなくてはならない。

　第五に、あらゆる社会の主権者は、生きるために、自ら事業を起こしたり、それに参加したりする権利を持つ。19世紀中葉のイギリスで、消費生活の苦境を打開するために起こされた協同組合運動は、その後、資本主義のもとで弱い立場に立たされる農業、漁業、林業、中小企業、これらにたいする信用供与、相互扶助のための共済事業などに広がり、1895年に結成された国際協同組合同盟によると、現在では世界中に約10億の組合員を擁し、世界7～8位のカナダやイタリアなどのGDPと同じ規模の事業高を持っている。日本では、延べ8000万人を超える組合員を擁し、60万人を超える雇用を生み出している（2012年国際協同組合年全国実行委員会編著, 2012）。協同組合は主権者自らが一人一票制でおこなう事業であり、同じ原則でおこなう政府とともにこれからの民主社会を支えていくプログラムである。ドイツの社会学者テンニースは、ゲマインシャフトとゲゼルシャフトとの対立を止揚する社会としてゲノッセンシャフトを展望したが（Tönnies, 1887 = 1957）、それはまさに協同組合を基礎とする協同社会という性格を帯びるであろう。民主協同社会のプログラムにもとづいて民主社会が協同社会に高度化するにともない、協同組合諸事業が基礎支えをする社会を民主政府が運営していくことになり、巨大株式会社の形をとる世界企業は、民主諸政府の統制に服さざるをえなくなっていくのではないか。

　こうして、ポストコロニアル時代の民主社会は、人権概念と民主政府のもとで協同組合的事業の発展を促し、富裕市民の事業から展開した巨大株式会社世界企業も、労働組合とのやりとりや民主政府の規制などをつうじて、しだいに一株一票制から一人一票制の方向へと移行せざるをえなくなっていくのではないか。主権者はその方向に沿って、電子情報技術を初めとする高度科学技術を自在に用い、各民族各社会が発展させてきた独自の社会形成プロ

グラムあるいは文化を生かしながら、地球生態系と調和的な、あらゆる社会的文化的諸活動を展開していくことができる。

　こうした展望のもとに、最後にもう一度日本社会の現実に戻りたい。くり返すが、日本は今、米ソ冷戦終結後に展開されてきた超大国アメリカの軍事的世界管理のもとにあり、高度に発達した諸国間の従属構造のもとにある。その意味で、ポストコロニアル時代にあって植民地主義的支配を完全には脱却しきれておらず、その矛盾の集約が沖縄県と名護市にしわ寄せされている。

　名護市はかつて沖縄の本土復帰後に、独自の生活と文化をふまえて、日本社会が一般的に用いる地域所得などの尺度でいえば名護は貧しいかもしれないが、気象条件や自然資源や生活文化に恵まれており人びとの生活は豊かだ、その意味で一般に言われるのとは逆の格差に注目するべきだという、「逆格差」論を出して注目された自治体である（名護市, 1973）。その名護が、世界一危険といわれる基地普天間の移設先となることを受け入れるかどうかでもめてきたあげく、2014年1月の選挙でたいへん明確に拒否の意思表示をした。それを受けて沖縄県も、同年10月の知事選挙で、圧倒的多数で辺野古新基地反対の意思を明確にした。しかし日本政府は、すでにこれ以前に沖縄県から、多額の金銭援助などを提示して基地移設のための海面埋め立ての許可を取り付けており、工事を強行しようとしている。日本の主権者は現在、こうした日本社会形成のプログラムに直面しており、そこに、普遍主義を普遍化し、相対主義を相対化する社会学を実践的にどう生かすかを問われている。

VIII 主権者の現代社会認識
——歴史認識・民主社会・平和国家

1 理論と方法 —— 現代社会のマトリクス

　現代社会の主権者として、それを内側からとらえよう。Ⅱで展開し、Ⅴで一度用いた社会理論を、もう一度用いる時である。

　社会は、共同的関係性——共同性と略す——の総体であるとともに、階層的関係性——階層性と略す——の総体である。共同性のうえに階層性が築かれることによって社会は立体化し、さまざまな程度の階層社会として膨張していく。しかし、共同性が成員に平等性をもたらすのにたいして、階層性は不平等性を結果するので、社会は、宗教、国家、市場、都市などの装置を発達させて、関係性をシステム化していき、さまざまな程度に成員の同意（コンセンサス）を得ながら、膨張しつつ存立を図っていく。

　ある程度以上の普遍性のある宗教を背景に王、家産官僚制、常備軍などからなる国家を形成し、周囲の社会と抗争しながら、版図を広げていくのが王国であり、王国間の抗争から生まれる巨大王国が帝国である。帝国は、宗教を背景に国家を発達させ、下からそれを富ませながら攪乱する市場を、都市を中心として制御して、周囲の王国や帝国と抗争しつつそれらを併合し、巨大化した。社会が農耕を知り、文明を生み出すようになってからの人類史は、帝国間抗争の歴史であった。それゆえまた、文明とは、暴力の制御の歴史でもあった（Elias, 1939=1978, 奥村, 2001）。

　11,2世紀に西ヨーロッパに現れ始めた都市で、市民たちは、自ら事業をおこない、それをつうじて得た富をもとに、都市の自治を図り始めた。王国は、

市民の力を利用して、ヨーロッパでは確立しにくい帝国を世界に拡張して実現しようとし、大航海に乗り出して世界中を植民地化し始めた。この過程で市民たちはさらに力をつけ、国民を建設して自治の範囲を拡大しようとし、17世紀から市民革命を起こし始めた。市民革命に成功した国民国家は、互いに抗争しながら、世界中の植民地化をさらに進め、植民地主義の事実上の主体が市民となっていった。

　18世紀の後半から市民たちは産業革命を始め、それによって「諸国民の富」を増大させるとともに、世界の植民地化をさらに進めた。市民たちは、植民地主義に加えて産業資本主義で世界中を市場化し、それに乗せて世界中を都市化していくとともに市民民主主義を広め、宗教に代えて科学技術と教育制度を、帝国に代えて民主国家を装置とする市民社会システムを世界に広めた。帝国が人類史上第一の主要社会システムであるとすれば、科学技術と教育制度、民主主義、世界市場、世界的都市化を装置として膨張する市民社会は第二の主要社会システムの当初形態である。

　19世紀から20世紀にかけて、主要市民社会システムは帝国のようにふるまって「帝国主義」となり、植民地・従属国の再分割を求めあう世界戦争を二度にわたって起こし、第二次世界大戦をつうじて究極兵器としての原子爆弾を開発して広島と長崎に投下した。第一次世界大戦をつうじて資本主義・帝国主義を乗り越えるとする20世紀社会主義が生まれ、第二次大戦後にある程度世界に広まったが、その中心は社会帝国主義となり、核兵器で武装した帝国主義と対峙して、全面核戦争による人類絶滅の危機をもたらした。

　1990年前後に、核帝国主義と核社会帝国主義との対決は後者の崩壊によって終結し、世界は、いずれも核兵器を持つ、超大国と二大国、新興大国、旧社会主義国などのヘゲモニー争いで動いてきている。このほかに核兵器を保有する複数の国家があり、世界はまだ核戦争の危機から解放されていない。対立しあう超大国の統制が弱まったために民族紛争が多発するようになり、そのなかでもっとも深刻なパレスチナ問題に起因するグローバル・テロリズムが広がっている。人類の文明は依然として、制御しきれていない暴力で脅かされている。

第二次世界大戦後、核帝国主義を盟主とする「自由主義」陣営の諸国で産業開発が活発化し、産業公害と都市公害による環境破壊が深刻化した。対抗的に「社会主義」陣営でも産業開発が進められたばかりでなく、「第三世界」として登場した途上諸国でも急速な産業開発が進められたため、環境破壊は地球的規模に広がり、社会システムの生態系内在性がドラスティックに顕在化した。社会は、地球生態系の内部にその一部として展開しており、その破壊はけっきょくそれ自身に跳ね返ってくる。現代社会はこの意味で、高度に自己言及的であるとともに、再帰的である。産業革命後、全世界に広がった全般的環境破壊が、地球温暖化に集約されて社会の存立そのものを脅かすようになってきている。

　並行して、産業化の結果「豊かな社会」化してきた諸国では、平均寿命が延び始めるにつれて、人種・民族間だけでなく両性間、老若間、健常者・障がい者間、セクシュアリティ間などの差異が差別として意識されるようになり、女性解放運動、高齢者運動、各種マイノリティ保護運動などが活発に展開されるようになった。これらは基本的には、人間身体の、本人の意志には基づかない差異を標的とする差別の問題であり、人間が地球生態系の内部で生物の一種として身体であることに起因する問題である。社会システムは、共同性を維持するために、これらの生得的および準生得的属性（アスクリプション）にもとづく階層性の問題にも、きめ細かく対処していかざるをえなくなってきた。現代社会はこの意味でも、高度に自己言及的であり、再帰的であらざるをえないのである。

　こうして社会は、二次システムの当初形態として現れてきた市民社会の限界を超えて、科学技術と教育制度を高度化し、民主主義を徹底しつつ、世界市場を管理しながら、世界的都市化の進む社会形態を整備して、より高次のシステム性としての民主社会を実現していかざるをえなくなっている。この意味からすれば、市民社会ははなはだ不完全な民主社会にすぎないのであり、私たちは、その最大の犠牲となってきた旧植民地諸国のサバルタンにいたるまでを地球社会の主権者としつつ、各国社会および地球社会全体の民主化を徹底していかざるをえなくなってきているのである。そのことがまさに、ポ

ストコロニアルな現代における人間社会あるいは人類社会の現実である。

　こうして、共同性、階層性、システム性、生態系内在性（環境）、生態系内在性（身体）、および総体性（高次システム性）の重畳、相克、さらに超克、すなわち重層決定として社会をとらえていく理論を縦軸に取ろう。社会にかんしては、歴史から遊離した、純粋に形式的な概念や論理や理論はありえないので、以上はすでにある程度まで現代社会の記述となっているが、それ自体社会の一部である言語にまみれながら現象学的還元や、仏教でいう解脱をくり返しつつ高度な現実に迫っていくのが、社会理論のあり方である。

　これによって私たち主権者は現代社会をどのように把握するか？　私たちはまず、それがどのような問題として、私たちの前に現れているか、をみる。そして、それがどうしてそうなったのかを知るために、その歴史を調べるであろう。多くのばあい歴史も入り組んでいて単純ではないかもしれないが、分析をくり返すと、なんらかの、一定の時間をつうじて固定してきた関係性の絡み合いすなわち構造を見出すであろう。

　大切なのは、そこに留まらないことである。構造を絶対視したり、不変のものと思い込んだりしないために、私たちは、くり返し自分の身体を柔らかくし、構造の意味を見出さなければならない。私たちの身体を作動させている生命は、この世界の巨大な物的関係性を揺さぶり、新たに組み直す構想力の源泉である。それはE＝mc^{2}を超えたエネルギーであり、かつてパスカルが「考える葦」について語ったように、瞬時に宇宙の果てまでも飛翔することのできる超エネルギーである（Pascal, 1669-70 = 1959）。

　構造の意味について考えながら、それを転換する戦略について思いを及ぼそう。組み上げられた関係性としての構造は一見動かしがたくみえるが、歴史は、無数ともいえる必然的な、あるいは思いがけない転換や変化の例を示している。戦略を追究しているあいだに、それを実践していく主体としての人間の姿も明らかになってくるはずである。労働者、市民、民族などについて語られてきた。私たちは、それらすべてを超える主体として主権者について語ってきている。

　問題、歴史、構造、意味、戦略、そして主体という順序は、こうして、主

権者が現代社会をとらえる方法である。これを横軸として縦軸にした理論と交差させると、6行6列の行列（マトリクス）ができる。これが現代社会をとらえるマトリクスであり、主権者の、現代社会をとらえる努力が重ねられていくその程度に応じて、現代社会そのもののマトリクスである。このマトリクスをつうじてどこまで現代社会の総体性に近づけるか、試みよう。

2 問題と歴史 ── 基礎となる歴史認識の共有

現代社会の主権者として、つまりそのあり方・行き方に責任のある人間としてみると、それはいくつもの問題として現れる。

隠然たる核軍備競争とグローバル・テロリズム　第一に、米ソ冷戦終結後、迷走を続けてきた不確定な世界秩序のなかで、隠然たる核軍備競争が続けられている。2015年段階で世界には約15,000の核弾頭があるとされているが、その大半を ── それぞれ7000以上ずつ ── 所有しているのはアメリカとロシアであり、フランス、中国、イギリスが300から200のあいだでこれに次いでいる（長崎大学核兵器廃絶研究センター, 2015）。パキスタンとインドはそれぞれ100前後ずつ、イスラエルは80保有しているとされている。北朝鮮の保有数は不明であるが、2016年に入って「水爆実験」と称する実験を強行した。

2001年の9.11以後、イラクとアフガニスタンにたいする「テロとの戦争」をつうじて、超大国アメリカの国際政治における影響力は低下し、経済成長と核軍事力を背景にして、とくに東アジアから東南アジアにかけての中国の影響力が増大してきている。これと、北朝鮮情勢の不確定をにらみながら、日本は、2015年に安保関連法を強行採決で通し、憲法上これまでできないとされてきた集団的自衛権を行使できる安保法制を実行に移そうとしてきている。

中東ではシリアの内乱が収まらず、イラクにかけてイスラミックステート（IS）の支配地域が広がり、大量の難民がトルコからヨーロッパに向けて流れ出している。この流れなどを利用して、ISのテロリズムがヨーロッパに拡

散している。それはまた、アフリカやインドネシアなどにも広がっている。2015年初頭の日本人ジャーナリストの「処刑」などをきっかけとして、日本もこのテロリズムの標的となる可能性が出てきている。

　原子爆弾の開発と広島・長崎への投下で終結した第二次世界大戦後、アメリカとソ連を中心とする凄まじい核軍拡競争が続き、中東戦争、朝鮮戦争、キューバ危機、ヴェトナム戦争などをつうじて、人類は全面核戦争による絶滅の危機にさらされた。ソ連による核社会帝国主義の行き詰まりによって危機はひとまず回避されたが、冷戦体制終結後、唯一の超大国となったアメリカの世界管理は思うように進まず、ヨーロッパ連合進展の対極で中国の台頭が起こり、20世紀から持ち越された東アジアの未解決問題 ―― 朝鮮半島分断と中台分断 ―― の解決が迷路に入っている。

　ソ連社会帝国主義の崩壊にともなう民族紛争の多くはなんとか収束に向かったが、第一次世界大戦から第二次大戦にかけてイギリスの「三枚舌」外交によって種をまかれ、戦後のイスラエル建国と国連決議181号によって発生したパレスチナ問題は依然として未解決のままで、そのうえに2011年の「アラブの春」と呼ばれた民主化運動と各国の内乱が重なって、事態の解決をさらに複雑化している。ソ連崩壊後、経済体制の転換をつうじて力を盛り返してきたロシアが、ウクライナに次いでシリアに積極的に介入しており、事態をさらに複雑化させている。

諸国間格差の複雑化と新興国・先進国・途上国の内部格差増大　第二に、不確定な世界秩序のもとで、貧富の格差を主とする各種格差が、ますます複雑化する形で世界に広がっている。新興国では、経済成長にともない、内部格差が拡大している。新興国と途上国ばかりでなく、途上国間の格差も広がっている。それらの影響を受け、先進国の内部格差も拡大している。

　アメリカでは、上位10%が所得の48%、資産の74%を占有しており、人口の1%が金融資産の40%を独占している、といわれている[10]。所得分配の不平等を示すジニ係数でみると、一般に、一人当たり所得の高い北および西

10　ソキウス101, 2015.2.3 (http://socius101.com/poverty-and-inequality-of-the-us/)

ヨーロッパ諸国などではジニ係数が相対的に低く、日本、南および東ヨーロッパ諸国、アメリカなどでは中位で、メキシコ、トルコなど途上国に近づくほど高くなる。南米諸国、アフリカ諸国などは一般的に高い。ジニ係数でみてそれほど高くないアフリカ諸国などは、人びとの全般的な所得水準が低いのが現実である。21世紀になって注目を集めるようになった新興成長国BRICsあるいはBRICSでは、ブラジルのジニ係数が高く、ついで中国、ロシア、インドの順で上がってきている。歴史的背景のためか、南アフリカは異常に高い（World Bank, 2016）。

　世界全体の所得格差をみるためには、各国の国内総所得に所得階層別人口比を掛け合わせた複雑な統計計算を必要とするが、世界銀行が公表している国際貧困ライン（1日1.90ドル未満）を指標とすると、2012年の貧困者は8億9600万人で世界人口の12.7%である。途上国全体では14.9%、サブサハラ・アフリカ地域が42.7%、南アジア地域が18.8%であり、中東・北アフリカ地域については調査データがかぎられているとして結果が表示されていない。ラテンアメリカ・カリブ海地域が5.6%、ヨーロッパ・中央アジア地域が2.1%、東アジア・大洋州地域が7.2%である（World Bank, 2015）。

　第二次世界大戦後から1960年代までは、アメリカを先頭とする自由主義陣営の先進資本主義国で経済成長が展開され、「豊かな社会」化した北側先進国と、まだ多くが植民地からの解放の途上にあった南側諸国との南北格差が拡大した。しかし、ポストコロニアル時代が始まった1970年代以降、資源に恵まれた途上国が「資源ナショナリズム」を行使して富裕化しはじめ、80年代になるとアジア・ニーズが、さらに90年代になるとそのあとを追った中国、インド、ブラジルなどの新興国が経済成長をはじめ、ソ連崩壊後のロシアもそのあとを追うようになった。南北格差ばかりでなく、途上国間格差が目立ちはじめた。

　さらに、新興国、とりわけ中国の成長が軌道に乗り、「世界の工場」化するようになると、先進国は商品の進入を抑えられなくなってきたばかりでなく、安い労働力を求めての工場進出に乗り出さざるをえなくなり、国内商品市場および労働力市場での劣勢に対応して、国内企業は生産や雇用を縮小せざ

をえなくなった。そのため、日本の労働三法体制のような、先進国の労働者が長い時間をかけて獲得してきた安定雇用と労働者保護の体制が崩され、非正規雇用が拡大するなどして低所得層が再生産されて、ニートやワーキングプアなどが生み出されてきた。これはいわば、南北格差時代に貧困や格差を外部化することによって「豊かさ」を維持していた先進社会が、それらを再内部化せざるをえなくなり、結果として階層構造を変えざるをえなくなってきたのだといって良い。このようにして、世界の格差構造は複雑化してきている。

国際問題・世界的問題を解決する世界的機構の未発達と大国支配の継続

第三に、隠然たる核軍備競争が続けられ、グローバル・テロリズムが広がるなか、各種格差が複雑化しながら深刻化しているにもかかわらず、諸国間諸勢力間を調整してこれらの解決を促進する世界的機構は、まだあまりにも弱くしか形成されていない。世界機構の代表はいうまでもなく国際連合であるが、国連は、保有国の核兵器をコントロールできていないだけでなく、核拡散を防止する運動でもみるべき成果を上げられずにいる。2015年に開かれた核不拡散条約NPT再検討会議では、イスラエルの核武装を解除し、中東を非核地帯にする構想を含む最終文書を採択できなかった。

諸国間諸国内の不平等を是正していく課題でも、国連はさまざまな取り組みを続けてきているが、その成果はまだまだである。1961年に始まった国連開発の10年の積み重ねのうえに、90年代には、貧困、失業、社会崩壊などとの闘いを訴えたコペンハーゲン社会開発サミットを初め、多くの開発関係の世界会議が開催された。そのうえで、2000年の特別総会（ミレニアム・サミット）では、貧困と飢餓の撲滅、初等教育の普遍化、ジェンダー平等と女性の地位向上、乳幼児死亡率の低下、妊産婦の健康改善、HIV/エイズ・マラリア等の病気との闘い、環境の持続可能性の確保、開発のためのグローバル・パートナーシップの推進を主内容とするミレニアム開発目標（MDGs）が採択されたが、目標年次となっていた2015年までにどの程度達成されたか、きびしく吟味されなくてはならない。

周知のように、国連は、第二次世界大戦の戦勝国＝連合国を中心に、事実

上それらの世界把握と世界構想で世界を管理するためにつくられた。そのため、世界の紛争処理と平和維持の要となる安全保障理事会は、アメリカ、イギリス、フランス、ロシア（1991年まではソ連）、中国（1971年までは中華民国）の五大国が常任理事国として拒否権を持っており、拒否権が発動されれば動くことができない。米ソ冷戦終結後、少なくとも平和維持にかんしては迅速な合意形成が期待され、それを前提に第5代事務総長デクエヤルや第6代総長ブトロス‐ガーリは動いたが、唯一の超大国となったアメリカの意向などと衝突し、思うように成果を上げることはできなかった。とりわけブトロス‐ガーリのPKO平和執行部隊構想がうまくいかず、アメリカの意向との衝突でガーリが任期を更新できなかったことが、国連の力の弱さを象徴している。

　米ソ冷戦終結いこう、国連財政を維持している分担金の比率で日本やドイツがアメリカに次いでいることもあり、ブトロス‐ガーリや第7代事務総長コフィー・アナンの時代に安保理改革が試みられたが、ドイツにたいするイタリアの反発や日本にたいする韓国や中国の反発などを克服できず、今日にいたるまで実現できていない。総会レベルでも、1964年の国連貿易開発会議UNCTADを機に77カ国グループ（G77）が形成され、今日では130カ国にまでメンバーを増やしているが、途上国にたいする関税制度を有利にし、先進国の途上国援助を強化することを求めた1967年のアルジェ憲章いこう、みるべき成果が上げられていない。

　他方、主要先進国は、石油危機を経験したあとの1975年いこう、国連の枠外で首脳会議を開催するようになり、経済サミットと称しながら世界政治にもにらみを利かせてきた。フランス、アメリカ、イギリス、ドイツ、日本、イタリア、カナダの参加で始まった会議は、欧州連合に次いで、冷戦終結いこうロシアをも加えるようになり、大国としてのヘゲモニーを回復しようとするロシアの動きを見ながら、G7になったりG8になったりしてきている。2008年のリーマンショック以後、世界経済の危機対応がこの7,8カ国の能力を超えたことから、中国、インド、ブラジル、メキシコ、南アフリカ、オーストラリア、韓国、インドネシア、サウジアラビア、トルコ、アルゼンチン

の新興11カ国を加えたG20も開かれてきていて、これら諸国のGDPを合計すると世界の90％、貿易総額で80％、人口で3分の2などといわれているが、具体的にどのような成果が上げられているのかみえていない。

地球的規模の環境破壊と原発事故および地球温暖化　第四に、不確定な世界秩序のもと、複雑化して入り組む格差をふまえて、国際的な調整メカニズムも働かないまま、各国の産業開発・経済成長がおこなわれてきた結果、環境破壊が各国内部ばかりでなく外部に広がり、地球的規模に拡大して、地球生態系の危機をもたらしている。近代的な環境破壊はもともと、工業化と産業化にともなう水質汚濁、大気汚染、土壌劣化などとして起こり始めたのであるが、それらがやがて各種商品や、とりわけ家庭電化製品や乗用車など大型耐久消費財の普及をつうじて、都市部に広がり、全社会的汚染＝環境破壊となったのであった。

1960年代の日本を「公害先進国」として有名にした環境破壊が、今数倍のスケールで中国に再現し、急速度で産業開発を進めようとしている他の新興諸国から途上国にまで広がろうとしている。途上国の多くで、開発のために森林伐採が進められ、水、大気、土壌の汚染に加えて、生物多様性が破壊されていることも、重大である。

これらに加えてとくに、1979年のアメリカ・スリーマイルアイランドから、1986年のソ連・チェルノブイリをへて、2011年の日本・福島で起こった巨大原発事故による環境および生活破壊も、挙げないわけにはいかない。大事故までの過程ではさまざまな中小事故も起こっており、原発再稼働に踏み切った日本ばかりでなく、中国など新興国の原発建設計画が進められていけば、今後さらに事故が増えていく可能性もある。

産業公害から都市公害をへて全国公害へ、先進資本主義国から旧社会主義国、新興国、途上国へと広がってきた環境破壊は、今や地球温暖化に集約されつつあるようにみえる。気候変動にかんする政府間パネルIPCCが2014年に出した第5次評価報告書AR5によると、「気候システムの温暖化には疑う余地がない」とされ、「人間の影響が20世紀半ば以降に観測された温暖化の支配的な要因であった可能性は極めて高い」とされている。そのうえで、なに

もしなければ今世紀末までに、世界の平均気温は4.8度上がり、海面は0.82メートル上昇するとされている（IPCC・環境省, 2014）。

人種・性別・年齢・障がい・セクシュアリティなど関連の身体的社会問題の深刻化　第五に、地球生態系の一部であり、社会を構成している人間身体そのものに、さまざまな問題が起こっている。途上国の一部ではまだ爆発的人口増加が止んでいないが、先進国から新興国、さらには一部の途上国にまで、人種、性別、年齢、障がいの有無、セクシュアリティなどに起因する身体的社会問題が広がっている。

アメリカの人種問題は、1950-60年代の公民権運動をつうじて大幅に改善されたようにみたが、じっさいにはその後もいろいろな形で、アフリカ系を主とする人びとへの人種差別がくり返されている。70年代いこうポストコロニアルとなった世界は、全体としてアメリカのような状態になり、さまざまな形の人種差別がくり返されている。日本でも、ヘイトスピーチがくり返され、意識面や日常行動の面で差別がくり返されている。

女性差別については、1960年代以降のフェミニズム運動をつうじて、米欧を中心に改善が進んだが、日本では、雇用機会均等法とその改正などをつうじてある程度の改善は進んだにしても、よく挙げられる女性管理職の比率などでみると、米欧諸国はもとよりタイ（28.2%）やマレーシア（21.5%）に比べても異常に低い（11.1%）（本川, 2015）。結婚後の姓についても、夫妻いずれかの姓を名乗らなければならないとしている民法について、2015年12月最高裁判所は合憲の判断を下した。

年齢差については、まず子供について、ユニセフが訴えている少年兵の問題がISの活動などをつうじて深刻化している。子どもの貧困は、上に述べた国際貧困ラインにかかわる問題の主要内容であり、日本でも6人に1人が貧困とされている[11]。児童虐待については、世界保健機関（WHO）が、全成人の4人に1人が年少時に身体的虐待を、女性の5人に1人と男性の12人に1人が年少時に性的虐待と受けており、毎年4万人以上の15歳以下児童が自宅

11　「子どもの貧困」『ウィキペディア』2016.01.27。

で殺されていると報告している[12]。日本でも子どもの虐待と殺人は、ひんぱんにマスコミで報道されている。

　高齢者については、アメリカでは1967年に年齢差別禁止法（ADEA）が施行され、カナダやヨーロッパも今日までにそのあとを追っているが、日本ではまだ年齢差別そのものが問題化されることが少ない。新興国や途上国でも、中国のように高齢化の進んだ国もありながら、まだほとんど問題化されていない。高齢者虐待については、日本でも深刻な例はマスコミに取り上げられてきているが、世界的に広くおこなわれているとみなされるにもかかわらず、本人が弱っていたり、認知症がからんでいたりして、顕在化されずに蓄積されている例が圧倒的に多いとみられている。

　障がい者については、1981年に国際障害者年がおこなわれたあと、1983-92国連障害者の10年、1993-2002 ESCAPアジア太平洋障害者の10年、2003-12 ESCAP第２次アジア太平洋障害者の10年とおこなわれてきており、日本ではそのうえに2013年から障害者総合支援法が施行されてきている。バリアフリーからユニバーサルデザインへと外的環境は少しずつ整備されてきているが、ノーマライゼーションと障がい者の自立にはまだ課題が残っている。

　セクシュアリティについては、アメリカ・カリフォルニア州で2008年に同性婚が認められたあと、同性婚を禁止する提案8号が可決されたのにたいして、連邦最高裁に違憲訴訟が起こされ、2013年に提案8号を違憲とし、同性婚を認める判決が出された。セクシュアリティの多様性を認める動きが世界に広がっていて、日本でも同性婚を認める自治体が出てきているが、まだ法的および社会的に確定しているわけではない。世界的には宗教や慣習の問題もあり、まだまだ多くの問題が残されている。

　巨大な問題の束としての地球社会と歴史認識共有の重要性　こうして、主権者として現代社会を虚心坦懐にみてみると、それは、核兵器の存在のような、使用されれば人類の絶滅をもたらすかもしれない超マクロな問題から、さまざまな程度に錯雑して紛糾した諸問題をへて、セクシュアリティのよう

12　「児童虐待」『ウィキペディア』2016.01.27。

な、私たちの日々の生き方にかかわるミクロな問題にいたるまでの、多くの問題の集積として現れてくる。プラグマティストは、人間は「習慣の束」であり、習慣で処理できない事態のみが問題なのだといったが（James, 1907＝1957）、これらはほとんど習慣では処理できない問題であり、その意味で現代社会は、それそのものが巨大な問題の束であるような社会である。

　社会の規模について、私たちは、長いあいだそのなかで生きてきた国民社会を自明の枠のように考えがちであるが、この巨大な問題の束としての社会のなかでは、地球的規模のものから、国家連合、国民国家、地域社会から多様な意味での家族にいたるまで、あらゆる規模のものが錯雑していて、もはや単純な社会概念ではどの問題も解決できない。そういう意味で、Ⅴで述べたように、あらゆる外延と内包の社会を内蔵した最終社会としての地球社会が、私たちのあらゆる行動・行為の準拠枠にせざるをえないものとして可視化してきているのである。

　人類は、20世紀の前半に二度の世界大戦を、後半に核帝国主義と核社会帝国主義との対決による絶滅の危機を経験したが、そのかんに世界中のほとんどの植民地が独立し、ポストコロニアルな時代、すなわち原則上諸国対等な地球社会の時代に入った。この社会で上に述べてきたような諸問題を解決していくために、諸国間のできるだけ正確かつ適切な歴史認識の共有が必要である。16世紀いこう市民革命を起こし、国民国家を押し立てて世界中を植民地化した諸国はそのことを反省し、自分たちがつくりだした問題の解決について責任を取らなければならない。パレスチナ問題はその最大のものであり、日本と朝鮮半島および中国とのあいだに起こっている問題もその一つである。

　日本は、朝鮮半島と中国にたいして、過去の侵略と植民地支配および従属強制を反省し、真に対等な関係を築こうとする誠意ある態度を示さねばならない。そのことをつうじてのみ、日本は、欧米主要国にたいして、現代の世界に誠意ある態度を取るよう要求していくことができるのである。

3　構造と意味 ── 基本社会システムとしての民主社会

　現代社会の主権者として、このような問題と歴史がこれまでにどのような構造をつくりだしてきていて、それらがどのような意味をもっているかを考えよう。

　核軍産複合体と人類の消極的運命共同体化　米ソ冷戦をつうじてアメリカにつくりだされた核兵器とミサイルの製造と維持を目的とする軍産複合体は、縮小はしてきているが、核弾頭の小型化と弾頭全般の命中過程の可視化などを目的として技術開発を進めてきており、電子情報産業との連携も強めてきている。アメリカに対抗するためにソ連につくられた核軍産複合体は、ロシアで核弾頭を整理しながら、ウクライナや中東での影響力強化を狙って再編されてきている。中国は、経済成長を背景に持続的にかつ急速に軍事費を増大させてきており、自力で核軍産複合体に相当するものを造りあげようとしてきている。そのようななかで、イスラエルの核軍事力は、強硬姿勢の背景となって中東問題の解決を困難にしており、北朝鮮は、中国からも見放されるのを恐れて、核兵器とミサイル開発の危険な賭に出ている。

　ラッセル・アインシュタイン宣言（1955年）が明言したように、最終兵器としての核兵器は、大国がそれを用いて全面戦争をおこなえば人類絶滅の可能性があることから、皮肉にも国際紛争の戦争による解決を不可能にした（湯川他編, 1977）。戦争のために進められてきた兵器開発の競争が戦争そのものを不可能にしたのは、兵器という否定が戦争という否定を否定したことを意味し、否定の否定が肯定を生む、まさに弁証法的な過程である。人類はこれによって、少なくとも消極的には運命共同体化したことがはっきりした。その背景のもとに、よく見えていなかった大量貧困や、イデオロギーなどで強引に押さえつけられていた宗教的対立が顕在化し、人びとの対立が強まっている。Ⅱ-6で述べたように、圧政や不当な差別などにたいする抗議行動が、展望を失って、自らを犠牲にして敵に打撃を与える行動から、「敵」とみなすかどうかにかかわらず、一般民衆に被害を及ぼす行動にエスカレートしている。

人種・民族的階層構造の変容と「民主主義的奴隷制」の克服　核軍産複合体の周辺から展開した多国籍企業や世界企業が、電子情報産業の成果を受け入れながら、世界各地で政府や地元企業とコンプレクスをつくり、依然として世界経済を支配している。ただ、中国を初めとする新興国の企業（国営も含む）が伸びてきているので、電子情報から自動車や家電にいたるまでの基幹産業とその周辺で、各国ごとにさまざまな変容が起こっている。1970年代までの米欧日先進国を頭部として、白色から黄色をへて黒色へと下降する、単純明快な人種・民族的階層構造（庄司, 1999, p.51）は、中国など新興国での中間層の形成や、先進国階層構造の砂時計（アウアグラス）形化などをつうじて変容してきている。日本でも貧困層が問題化してきているが、中国、インド、ブラジルなどの貧困層問題も深刻であり、中東からアフリカにかけての貧困層はグローバル・テロリズムの基盤にもなっている。

　西洋近代の市民社会は、自由・平等・友愛を掲げながら世界中を植民地化し、そのうえで民主主義の繁栄を図るという、いわば「民主主義的奴隷制」を世界に敷いた（同書）。Ⅰ-5で述べたように、アメリカの独立に端を発し、中南米からアジア・アフリカに広がった植民地解放運動は、この民主主義的奴隷制からの解放運動であり、このグローバルな制度そのものを解体する運動であった。しかし、この運動をにらみながら、および、これをふまえて、これをさまざまな形で利用しながら築き上げられてきた、世界的な企業支配の体制と、それをつうじて形成されてきた人種・民族的階層構造は、20世紀の最後の四半世紀いこう、世界がポストコロニアルな時代に入っても、基本的には崩されていない。植民地主義は不可能になったが、経済的、政治的、軍事的、さらには文化的に、いわば「機能的に」それを再生産しようとする新植民地主義の動きが、さまざまな形でなお続けられている。

世界政府の不在と地球的規模の「自然状態」を克服する努力　世界の核兵器が管理されず、グローバル・テロリズムが広がるなか、多国籍企業や新興国企業の利潤追求行動が続き、世界の階層構造が複雑化しながら深刻化しているのにたいして、世界政府の不在が顕在化している。最終兵器の出現によって、人類の社会が最低限の意味においてにせよ運命共同体化しているの

であれば、ほんらいは、最低限の安全保障のために、それに相応するだけの主権の委譲がおこなわれ、世界政府的なものが存在しなくてはならない。まして複雑化しつつ深刻化している格差構造にたいしては、社会の破綻を回避するために必要とされる再分配をおこなうのが政府の役割であるから、その意味での最低限の世界政府もなくてはならない。しかし現実には、これらにたいする国連の役割はあまりにも弱く、安全保障理事会は拒否権をもつ大国が対立すると、北朝鮮の核兵器開発ですら抑えられず、また総会や経済社会理事会等では経済力のある国が本気で支援しないと、MDGsのような目標ですら不十分な達成しかできていない。

　国民国家に統治された社会を基本とする近代政治思想では、外部はもともと自然状態であり、にもかかわらず自然法としての国際法があるはず、というのがグロティウスいらいの考え方であったが、20世紀に入って国際連盟に次ぐ国際連合の経験が積み重ねられてきている今では、少なくともホッブズ的な自然状態は克服されている、と考えたいところである。しかし、小国にかぎらぬ突然の核実験やはびこるテロリズムをみていると、「自然状態」の戦慄は今でも走る。第二次大戦後に始められた世界連邦運動は、「個人」から始め、社会契約の積み重ねをつうじて世界連邦政府を打ち立てようという運動であったが、今ではかなり儀礼化している面もある。世界中の植民地や従属国が自らを解放して社会形成をおこなっている現状に、主体として税金を払える個人の運動が広がっていけるのかどうか、検討されなければならない（谷川, 1977, 下地, 2015）。

地球生態系の容量飽和と近代的生産・生活様式の限界　もっとも弱い統治機構すらもたず、核兵器やテロの危険にさらされながら、企業の利潤追求や国家間抗争で格差構造を複雑化しつつある世界社会は、今や、その存立基盤であり、発展環境である地球生態系の、容量の限界にまで迫っている。人間社会が存続するために、水、食糧、衣料、住宅に始まり、村落や都市などをへて、現代では陸上、海上、航空などの交通網にいたるまでが必要であり、これらを消費した結果として排出される汚染水や廃棄物などを処理して、生態系の循環を維持するシステムが必要なことは誰でも理解しているはずであ

るが、今や、化石燃料など遠からず枯渇する資源のみでなく、水や食衣住などのための再生可能資料にも供給不安がつきまとっている。人類が地球上の各地からおこし、各種帝国から近代資本主義をへて、現代の先進国、新興国、旧社会主義国、途上国が絡み合いながら複雑に重畳させてきた地球収奪機構が、地球生態系の容量の限界にまで膨らみ、地球を包む大気の温度を変えて、海洋と陸地の境界線までを変えつつあるのである（庄司, 1999）。

　根本の原因が、人間の主体性を解放し、その欲望の無限拡大と無限追求を可能にしてきた近代［主義］的生産・生活様式、すなわち、人間をあたかもその外部にあるかのように想定して自然を把握し、その一方的で無原則的な変更を前提にして生産をおこない、その成果を利用して無節度の生活を展開してきた近代的様式にあることは間違いない。マルクスがカギ概念にした近代ブルジュワ的生産様式（Produktionsweise）とジンメルがカギ概念にした市民的生活様式（Lebensstil）との結合が、今日の地球生態系と世界社会の危機をもたらしているのである（同書）。市民革命が自由・平等・友愛を高らかに掲げたとき、そこではもちろん、植民地や従属国支配のもとで苦しんでいた圧倒的多数の民衆は想定されていなかったが、それ以上に、人間に身近な動植物を含む環境との共生などは想定されていなかった。近代的生産・生活様式の基礎にあるのが、近代から現代にかけて全宇宙に対象を広げながら急速度で発達してきた科学技術であるとすれば、それが生み出してきた生産・生活様式の根本問題を、同じ科学技術で解決できるのかどうかが問われている。その問いとの関連で、非西洋的な宗教や思想や、近代的生産・生活様式に包摂されながらにせよ、部分的にあるいは潜在的にまだ残っている文化の見直しがおこなわれている。

身体的属性による差別とコミュニケーション的多身体としての社会の不全

　暴力が制御されず、格差構造が複雑化し、統治されないまま地球生態系を収奪する社会のなかで、身体的属性による差別はなかなか克服されず、さまざまな新しい植民地主義のターゲットになっている。人種、性別、年齢、障がいの有無、セクシュアリティなどは、人間身体の属性（ascriptions）として原則として個人には変更不可能なものである。アメリカ独立革命やフランス

大革命のさいの人権宣言では、暗黙のうちにも白人の健康な男性が想定されていたため、これらの属性による差別の禁止などは意識されていなかった。その意味ではその後2世紀余の歴史は、人間身体のあらゆる差異の確認の歴史であり、それらによる差別の歴史であるとともに、それらの不当性への抗議とそれらからの解放の歴史である。にもかかわらず、それらの属性を基礎として形成された構造的な差別がなかなか克服されず、今でも雇用を初めとするさまざまな社会的処遇における、いろいろな形の新しい植民地主義の温床となっている。世界の階層構造に人種・民族的差別が深く絡んでいるのを基礎に、途上国の多くから新興国をへて先進国にまで及ぶ女性差別、高齢者差別、年少者差別、障がい者差別、セクシュアリティの多様性の無視などは、もっとも深刻な意味で構造的なものである（同書）。

　人間はもっとも高度にコミュニケートしあう動物であり、その意味で人間社会はコミュニケーション的多身体である。人間のコミュニケーションのもっとも基礎的なメディアは身体であり、あらゆるメッセージが身体から発せられることから、もっとも高度なメディアとしての言語にも身体的属性によるあらゆる差別が刻印されている。いわゆる差別語の摘発と排除は、公民権運動やフェミニズム運動から全世界に広がった差別撤廃運動の要であったが、いまだに曖昧な形で残されているものも多く、かりに用語としては回避されているとしても、差別の実態が巧妙なシンボリズムや制度として残されている場合が少なくない。コミュニケーション的多身体としての社会は、この意味でまだまだ解放されておらず、インターネットによるグローバルなコミュニケーションネットワークが、無尽蔵な容量をもつものとして形成されてきたなかで、かえってさまざまな新しい差別を生み出してきている面もある。ドゥルーズとガタリが指摘したモグラの絡み合いのようなリゾームは、人間を、差別を生み出す系統樹のようなものに整序せず、人間のあらゆる可能性を動的に包蔵する人間的自然の宝庫として、社会形成の基礎にされ続けなければならない（Deleuze & Guattari, 1976 = 1977）。

乱雑な地球社会の構造と基本システムとしての民主社会の形成　こうして、総体性としての高次システム性からみると、現代社会は、収奪される地球生

態系を基底に、内部変化をくり返す世界的階層構造がそびえ立ち、それに乗る形で超大国、新興大国、それらに追随する大国、多国籍企業、新興国、途上国などがヘゲモニーと利権を争う乱雑な構造として現れている。核兵器は十分に管理されておらず、グローバルなテロリズムがはびこり、複雑化する格差構造をふまえて、不十分な統治能力しかもたない世界機構の背後から、多くの人を戦慄させるような自然状態が随所に姿をみせる。富裕層が税を逃れて資産の隠し場所を探しまわり、シリコンバレーなどの電子情報産業の従業員が特権階級化したりする一方、途上国の民衆は、遺伝子組み換え作物の実験および作成現場でモルモットのような扱いを受けたり、製薬産業の統制のため、ジェネリック医薬品の供給すら受けられず感染症の犠牲になったりしている。環境破壊が地球生態系の容量飽和に近づくなかで、人種、性別、年齢、障がい、セクシュアリティなどを宿命的な属性とする人間身体が、いたるところで差別されたり抑圧されたりしている。

　西洋近代の初期に定立された普遍的「人間」は、そのご資本主義の発達とともに、資本と労働を軸とする諸階級として具体化されたが、それらを包摂する巨大な植民地解放闘争をつうじて人種・民族として立ち現れ、並行してそれぞれの社会の内部で、性差、年齢差、障がいの有無、セクシュアリティなどによって、より多様な身体として具体化してきたのである。ハバマスが主張したように、西洋近代のもう一つの発見が民主主義、すなわちコミュニケーション的行為の可能性であるとすれば（Habermas, 1981＝1985-87）、人間社会はコミュニケーションをしあう民主主義的多身体として具体化されてきた、ということができる。地球社会の乱雑な構造は、いつでもどこからでも崩壊する可能性があり、崩壊を避けようとして悪あがきをすれば、地球生態系の容量を超過してもっと深刻な崩壊にいたる可能性もあるが、民主社会としての多身体がコミュニケーションをくり返し、崩壊を回避していく可能性はまだまだ残っている。その意味で、乱雑な構造は同時に基本社会システムとしての民主社会をも浮かび上がらせているのであり、人間的自然のリゾームをふまえて登場するさまざまな新身体のコミュニケーションから、持続可能な社会が現れる可能性も排除されてしまっているわけではない。

4 戦略と主体 —— 共有戦略としての平和国家

現代社会の主権者として、その乱雑な構造とそれがもつさまざまな意味をふまえて、人類と地球生態系の生き残りのために考えられる戦略と、いろいろな戦術でそれを実践していく主体について、考えよう。

核兵器の廃絶をつうじて非暴力の徹底をめざすヒバクシャ的人間　広島、長崎、ビキニでの被爆者と被爆体験を内化した人びとが核兵器廃絶を訴え、世界に広めてきたのは、いうまでもなく日本から世界に広がった原水爆禁止運動である。1980年代初頭に、アメリカの戦略防衛構想（SDI）などにより欧米にも反核運動が広がったことから、原水禁運動はこれとも結びつき、さらに大きく広がった（Thompson & Smith, eds., 1980＝1983）。また、米ソ英仏中などの核実験で広島長崎以後も世界各地で被爆者が出続けていたことが判明したことから、被爆者はヒバクシャとして世界語になり、ヒバクシャに共感し、彼らの体験を追体験する世界中の多くの人びとによって、運動は広げられてきた（中国新聞「ヒバクシャ」取材班, 1991）。ヒバクシャが言い続けてきたように、核兵器廃絶運動の目的はたんなる核兵器の廃絶ではない。核兵器が、人類社会が紛争解決のために行使してきた暴力の極みであることから、紛争解決の手段としての戦争を廃止するばかりでなく、あらゆる暴力から人間と社会を自由にすることが目標である。この意味で、核兵器廃絶の運動は、Ⅱで述べて本章冒頭で要約した人間社会の膨張と発展の論理そのものの変更であり、あらゆる問題と紛争を、討論を初めとする平和的手段で解決していく、社会の二次システム化の極としての・民・主・社・会・の・実・現なのである。

アメリカの主権者の多くが、第二次世界大戦を終わらせるために広島長崎への原爆投下が必要であったと考えている点については、日本がまず、十五年戦争を自ら終結できなかった点を真摯に反省し、歴史認識の共有を図るべきである。広島長崎の原爆被災については、朝鮮半島から中国をへて東南アジアにいたる人びとの多くにも、日本が自ら引き起こした侵略戦争の結果であるとして突き放す見方がある。これにたいしても、日本は、十五年戦争とそれにいたった経過について率直に反省し、植民地化と侵略の対象にした多

くの国と地域の人びとに謝罪しつつ、歴史認識の共有を図っていかなくてはならない。そのうえで、そしてそのうえでのみ、日本の主権者は、広島長崎の被爆者の体験をみずから共有し、世界の主権者にも共有を訴えていくことができる。現代の主権者はヒバクシャの体験を追体験し、ラッセル・アインシュタイン宣言がいったように、核時代に「人類の一員」として生きる覚悟をもたなければならない。核兵器という大国の権力と結びついた最大の暴力に毅然とした態度をとってこそ、現代の主権者は、アメリカを初めとする核大国や核保有国イスラエルのかかわるパレスチナ問題にも毅然とした態度をとり、自爆テロの迷路に踏み込めかねないイスラームの若者たちや彼らに共感する世界の若者たちにも、暴力を排除した地球民主社会の建設を訴えていくことができるのである。

労働組合と協同組合で格差解消をめざす経済的主権者としての人間 人類社会の存続を確保したうえで、いやくり返し確保しながら、現代社会の主権者は、複雑化してきている格差を解消していかなければならない。19世紀から20世紀にかけて、格差を解消し平等をめざす運動の主体は、労働［組合］運動であり、それを基盤にした社会主義国家であったが、20世紀の後半にそれらの多くは失敗し、信用を失った。もちろん労働組合そのものは、とりわけ途上国や新興国では、いや先進国ですらもある場合には、重要性を失っていない。しかし、それらと比較して大きく伸びてきたのは、協同組合運動である。19世紀半ばにイギリスから始まったこの運動は、消費生活の分野から、農林漁業や中小企業など資本主義のもとでは不利とならざるをえない分野、福祉や医療や労働者共済などの分野に広がり、1895年に組織された国際協同組合同盟ICAの21世紀に入ってからの言明によると、世界中に10億人の組合員をもち、GDPと比較すればカナダやイタリアのそれに匹敵するくらいの供給高を示している。主権者は、一株一票制で動く企業に雇用されて働くばかりでなく、あるいはそれと並行して、一人一票制で運営される事業の組合員となり、自分たちに必要な物資やサービスを供給したり、信用を供与したり、互いに生活を保障しあったりする事業を広げてきている。現代社会の主権者が、政治的な意味でのみでなく、経済的な意味でも実質

に重要な意味をもってきていることを銘記しなければならない。

　欧米日の先進社会で広がった協同組合運動は、労働運動と並んで、植民地から自らを解放し、新社会建設を始めた多くの新興国や途上国でも重要な意味をもってきている。合作社が人民公社に展開し、改革開放後にひとたび解散した中国では、そのご農民専業合作社が組織され、2012年6月段階で60万以上の組合が9000億元以上の資本を登録している（苑鵬, 2013）。独立後のインドは、「協同的福祉社会（Cooperative Commonwealth）」をめざして出発した社会であり、また独立後のインドネシアは、「国家経済は協同の基礎のうえに組織される」という条文をもつ憲法をもって出発した社会であった（岡本, 2014, 須田, 1999）。これらの社会では、独立後の国家建設のなか経済的自立の柱として協同組合が重視され、市場経済化とグローバル化が進んだ1990年代以降は、協同組合が農業にかぎらず、国営でも私営でもない第三の経済主体として重要性を帯びてきている。これら新興国や途上国の協同組合が、ICAが1995年に出した「協同組合のアイデンティティに関する声明」にいう開放性、民主性、参加、自治と自立、教育・研修・広報、協同組合間協同、コミュニティへの関与の七原則にかなっているかついては議論の余地があるが、同じ問題は欧米日先進国の協同組合にもある。協同組合が、主権者が自らの社会を経済的につくっていく活動の形態なのであるという意識は、そういう意味ではまだ十分でないのである。逆にそういう意識が広がっていけば、主権者の、一般の企業にたいする見方も、その経営方針の民主化をめざす方向に変わっていくであろう。VでみたNGO、NPOも運動もこの文脈で再評価していくことができる。

　主権者性を強化しつつ拡大して地球社会の主権者をめざす人間　経済的に現代社会の主権者であることをめざす人間は、当然のことながら政治的にも主権者であることをめざさねばならない。核兵器とグローバル・テロリズムによる危機を乗り越えるためにも、主権者は、それぞれの社会の主権者であるという意識を強化するとともに、それを同時に地球社会の主権者でもあるという意識に拡大するべきである。この地球上に住むすべての人間によって構成される社会を世界社会と呼び、それが地球生態系に内在的であることか

ら、それを包摂して社会・生態システムとして考えられる社会を地球社会と呼ぶことにしよう。現代社会の主権者は今や、各自社会の主権者であるとともに、地球社会の主権者でもなくてはならない。地球社会が崩壊すれば、各自社会も存立しえないからである。そのような前提でのみ、私たちは、世界政府的機関のもとでの核管理と最終廃棄を、アメリカ、ロシアを初めとする核保有国の、主権者に呼びかけることができるばかりでなく、国家に直接要求していくことができる。また、大まかな人種・民族的階層構造を残しながら、その内部で激しい格差構造の再編をくり返す世界で、労働組合に加えて、主権者の事業としての協同組合を広げていくとしても、実質的な富の再分配を実行することはなお非常に難しいので、主権者は、自国政府を民主化して、政府開発援助ODAやさまざまな途上国援助などを活発化していかなければならない。さらに、国連の経済社会理事会と連携する多くのNGOなどに協力して、途上国の貧困や、とりわけ、最近では先進国にすら広がってきている女性や子どもや障がい者など弱者の貧困をなくしていくことも重要である。

　市民社会から民主社会に進化する第二次社会システムの主権者意識は、Ⅰで述べたように、イギリス革命、アメリカ独立革命、フランス大革命などをつうじて生まれ、普通選挙運動をつうじて世界に広まるとともに、植民地解放革命によってその支配者性を叩き直されて普遍化してきたものである。日本では、明治維新をつうじて下級武士層や商人層の一部に取り込まれ、自由民権運動となって1889年の大日本帝国憲法を生み出したあげく、1910-20年代に大正デモクラシーとして展開し、十五年戦争を経由して1948年の日本国憲法に結実した。この間、日本は欧米帝国主義列強と並んで中国の一部や朝鮮半島を植民地化し、中国全土から東南アジアまでを侵略したが、最後に沖縄を武力占領され、ほとんど全土に空襲を受けたばかりでなく広島長崎に原爆を投下されたので、48年憲法でようやく主権者であることが明記されたあとになっても、被害者意識のほうが加害者意識よりも強いままできている。そのためもあって主権者意識も弱いままできたが、ようやく2010年代になって政権が安保法制の成立のため立憲主義を無視する挙に出たので、中高年のみならず若年層にまで主権者意識が高まってきている。日本の主権者

は、これを機会に主権者意識を強化し、それをさらに地球社会の主権者意識にまで広げていかなければならない。そのためにも次の2つの戦略的主体性が必要である。

地球生態系の一部としてその修復と保全をめざすヒト的人間　近現代科学が宇宙・地球・生物の進化論をつうじて明らかにしてきたように、地球社会の主権者であることをめざしている私たち人間は、ヒトとして動物の一種であり、自らが収奪してきた地球生態系の一部である。しかし、そのヒトが、科学技術を利用して、都市を拡大し、都市的生活様式の利便性を無制限に高めようとしてきた過程で、そのことを忘れるか、あるいは、忘れてはいなくとも、地球生態系の容量が無限であるかのように考えて行動してきた。その結果1980年代までに地球温暖化は相当に進んでいたのであるが、米ソ冷戦が続いていたあいだは、そのことすら全人類的問題になりえなかった。Vで述べたように、冷戦が終わり、ようやく1992年のリオデジャネイロ地球サミット（環境と開発にかんする国連会議）で気候変動枠組条約が採択され、97年の京都締約国会議（COP3）で温室効果ガスの削減目標が設定されたが、この京都議定書は超大国アメリカの態度変更などによって発効が遅れ、ロシアの批准でかろうじて発効したあとも、さらなる具体化をめぐって先進国と新興国・途上国との対立が続いた。ようやく2015年12月のパリ締約国会議（COP21）でパリ協定が採択され、①気温上昇を2度よりかなり低く、できれば1.5度未満に抑える、②21世紀後半に温室効果ガスの排出と吸収を均衡させる、を全体目標とし、各国の削減目標作成と具体策を義務化して5年ごとに更新させる、先進国の資金拠出を義務化して途上国を支援する、被害の軽減策をガス削減策と並ぶ柱にし、途上国での被害の救済に取り組む、などのことが決められた[13]。

　無差別テロに見舞われた直後のパリに世界各国が集まり、196カ国・地域を対象として対策を義務化する協定が結ばれたことの意義は大きい。しかし、この協定も、超大国、新興大国を初めとする各国が真剣に受け止め、目標を

13　『朝日新聞』2015年12月14日夕刊（東京4版）。

策定して実施していかなければ、また京都議定書のような過程をたどりかねない。協定は「持続可能なライフスタイルや消費・生産の重要性」を指摘しているが、これが本当に近代［主義］的な生産・生活様式の変革に当たるのか、多くの人びとにとっては曖昧なままであろう。日本は、もともとインドや中国の影響を受けながら、独自の自然観とそのなかでの生き方を発達させてきたのであるから、植民地主義的世界支配の一翼を担って隣国を苦しめた歴史を反省するだけでなく、一時は「公害先進国」と呼ばれたような、産業主義と都市開発および全国開発の歴史にも徹底した反省を加え、朝鮮半島、中国、東南アジア、およびインドなどとの相互信頼を前提にした交流をつうじて、アジアから西洋的近代主義的なものを超える生産・生活様式を生み出していくよう努めるべきであろう。カギは、地球生態系のなかでその一部として生きるとはどういうことなのか、全身体で考えることである。フランス革命が自由・平等・友愛を掲げたとき、非西洋の人びとの社会と文化のことばかりでなく、自然との共生や調和も考えていなかったのではないかといったが、自由・平等・友愛に自然との調和を加えたらどうなるのか、日本の主権者は全力をあげて考えていかなければならない。

　人間身体の多様性を容認し真の友愛をめざす人間　そのための突破口の一つが、人間身体の多様性を認めあい、あらゆる身体を解放して自由にし、それらのあいだのコミュニケーションを活発化していくことである。アメリカでは、1950年代の人種差別撤廃運動がそのご女性差別、高齢者差別、障がい者差別、セクシュアリティによる差別などの撤廃運動に広がっていき、政府と民間による差別撤廃行為（アファーマティブ・アクション）が広範囲におこなわれた。この影響もあり、国連は、1969年の人種差別撤廃条約の前後から国際婦人の10年（1976-85年）、国際児童年（1979年）、国際障害者年（1981年）、国際高齢者年（1999年）などを設定して加盟国に呼びかけ、いわば国際的なアファーマティブ・アクションに努めてきている。しかし、国連の弱さから、実際の対策は主権をもつ各国に任されているので、人間身体多様性容認の程度は国によってさまざまである。各国の主権者は、この意味でも主権者意識を強化するとともに地球社会の主権者意識にまで拡大し、世界

的なアファーマティブ・アクションをめざさなければならない。逆にそうした運動を積み重ねていくことが、脆弱な国連を少しずつでも世界政府に近づけていく意味をもつ。自由・平等・友愛・調和という地球市民の基本価値との関連では、身体的多様性の容認によるコミュニケーションの活発化は、これまでもっとも曖昧であった友愛Fraternitéの意味の実質化につながっていくであろう。

　日本では、2016年から18歳以上の投票権が認められるようになったが、逆に高齢者については、定年延長が多くの場合65歳で止まっており、「後進に譲る」文化の影響もあって、定年後の多くの人びとの能力が生かされないままになっている。65歳以上の高齢者の総人口に占める割合は、すでに2013年に4分の1を超えており、35年には3分の1を超えるといわれている。日本の主権者は、平和的で穏やかな社会の実現のためにも、女性と並んで健康な高齢者の能力の活用をもっと考えるべきである。もっとも他方には、2000年から実施された介護保険制度のもとで、介護を必要とする高齢者は15年で600万人を超え、施設よりも在宅介護を重視してきた経緯もあって、無届け施設が急増して不安が広がっている、という介護問題の現実もある。介護労働への評価が低すぎて労働者が耐えられず、結果として不足して、合法的施設の空き部屋が増えているともいわれている。主権者に定年はないのであるから、考えて行動する能力のある人は、政治的には、こういう事態にたいして政策的対応を要求していくべきである。また、協同組合やNGO、NPOについて述べたように、主権者には経済的な意味もあるのであるから、元気な高齢者が自ら事業に参加してこうした事態に対応していく道も拓かれなくてはならない。介護労働の質や厳しさなどからして若年層との協同が必要なのであれば、そういう場でこそ、身体的多様性を認めあった自由なコミュニケーションがおこなわれなければならない。先進高齢社会としての日本が、生と死の境界処理についても先進国であることを、日本の主権者は世界に示していかなければならない。

　平和国家と民主協同社会の万国共有戦略化をめざす人間　このように現代社会に望む戦略とそれを担うべき主体を重ねてくると、主権者は最後に、現

代社会の高次システム性すなわち総体性として、各自社会の平和国家への戦略と、それを担うべき民主協同社会への戦略の必要性に逢着する。核時代においてすでに戦争が不可能となっている以上、私たちは、一刻も早く核兵器を廃絶するとともに、あらゆる問題に対話の道を開いて、抑圧を感ずる者が暴力に走らないよう非暴力を徹底していく以外にない。そのうえで、平和国家を支えるために、政治的に民主主義を徹底していくのと並行して、経済的にも、社会を支えていく事業にできるかぎりの民主主義を導入していくべきである。一株一票制の株式会社にたいして一人一票制の協同組合を、といったが、協同組合の実態が原則から遠ければ、たゆまぬ努力でそれに近づけていくべきである。そのうえで株式会社に働く者は、雇用労働者としての権利を守りながら、会社の経営を民主化し、参加していくことを考えなければならない。企業の民主化をめざす産業民主主義は、階級闘争理論のもとでは労働者階級への裏切りであったかもしれないが、資本家や経営者と労働者が主権者として対等化していく社会では、これからの方向である。資本や経営者がその方向を渋るのであれば、主権者としての労働者は政府の民主化をつうじて、その方向に近づけていかなくてはならない。企業が国際競争を理由に社内の民主化を渋るのであれば、地球社会の主権者をめざす主権者は、国連の関連機関などを少しずつでも世界政府に近づけていき、競争を理由とする秘密保持や独裁化をなくしていかなければならない。

　そんなことは夢物語だ、といってはならない。一世紀前には夢物語であった多くのことが今では実現しているし、主権者が自らの社会のあり方・行き方を決めていくのである以上、主権者が民主的な討議をつうじて決めていくことに実現できないことはない。もう一世紀以上もまえ、ドイツの社会学者テンニースは、私たちの社会が、家族や民族のような運命的なゲマインシャフトと、株式会社を典型とするような自発的なゲゼルシャフトとからなり、後者の横暴によって前者が圧迫されているといいながら、乗り越えていく方向としてゲノッセンシャフトを示唆した（Tönnies, 1887 = 1957）。ゲノッセとは仲間のことであり、ゲノッセンシャフトは仲間社会のことである。テンニースは、イギリスから広がりつつあった協同組合をみながら、まだ政治的

にも十分に主権者になりえていなかった人びとが、集いあって民主的なやり方で事業を展開していく社会に期待をかけたのである。主権者は、政治的な意味でそうであるだけでなく、経済的な意味でもそうならなくてはならないのだ。政治的かつ経済的な主権者が互いを仲間としてネットワークを世界に広げていってこそ、電子情報時代にふさわしいゲノッセンシャフトが形成されていくのではないか。そのようなゲノッセンシャフトこそ、核時代がもたらした、人類の、消極的なゲマインシャフトを、ゲゼルシャフトをも契機として包摂した、より高次の、積極的なゲマインシャフトに展開していく形態なのではないか。

5　総体と展望──主権者の民主協同社会へ

　こうして、現代社会の主権者が、社会を共同性、階層性、システム性、生態系内在性（環境）、生態系内在性（身体）、および総体性（高次システム性）の重層決定としてとらえる理論を用いて、いかなる問題があるか、それらはいかにして生じたのか、それをつうじていかなる構造が形成されているか、その意味はなにか、それに対応するためにどのような戦略が必要か、そのためにどのような主体にならなければならないか、をみていくと、次ページの**表**のような現代社会のマトリクスが得られる。このマトリクスは、理論軸に沿って各行をなぞっていくのが基本であるが、主権者の関心によっては、方法軸に沿って各列をなぞってみていくこともできる。いずれにしても最後には、総体性あるいは高次システム性としての現代社会のなかで、それに全身をもって対応していこうとする主権者自身に到達することになるであろう。最高度に自己言及的であり、再帰的である現代社会の理論は、それ自体自己言及的であり、再帰的なのである。

　数学的には、行列（マトリクス）は行列式（ディターミナント）に変換され、正方行列であれば、定められた規則に従って特定の解を出すことができる。社会認識では、行列の各項がはるかに複雑なうえ、読もうとする主権者の主観が何重にも入ってくるので、単純な解は出すことができない。しかし、こ

表 現代社会のマトリクスおよび構造と主体（2016年6月）

方法軸 理論軸	問題	歴史	構造
共同性	不確定な世界秩序のもとでの隠然たる核軍備競争の継続とパレスチナ問題未解決に起因するグローバル・テロリズムの広がり	原爆開発、米ソ核軍拡競争による人類絶滅の危機、冷戦体制の終焉後の超大国アメリカの弱体化と中国、ロシアの台頭、EU、ASEAN、などの発展	冷戦終結にもかかわらずアメリカ中心の核軍産複合体の残存、中国の軍事大国化、ロシアの軍事的復活、およびイスラエル、北朝鮮の核軍備
階層性	新興国の経済成長と内部格差拡大、途上国間の格差拡大、先進国の内部格差拡大などによる格差構造の複雑化	植民地解放ほぼ完遂後の、ポストコロニアル時代における新興国の台頭、情報化・先端技術化による先進国支配の限界、格差構造の普遍化	電子情報産業を受け入れながらの多国籍企業の世界支配、その基礎および結果としての人種・民族的階層構造、および新興国の成長などによるその変容
システム性	国連の弱体に集約されている、国際紛争、国際問題、国境を越えた諸問題を解決するための世界的機構の未発達	核社会帝国主義の崩壊による冷戦の終結、冷戦後に見合う国連改革の失敗、G7とG8のあいだの揺れ、G20創出の意義と不徹底	最低限の安全保障と最小限の再分配をおこないうる世界政府の不在と、安保理で拒否権を持つ大国とそれに準ずる大国による軍事力と経済力をもとにした支配
生態系内在性（環境）	中国などの新興国から途上国に広がりつつあるばかりでなく、地球的規模に拡大し、原発事故、温暖化問題として深刻化している環境破壊、地球生態系の危機	産業公害から都市公害をへて全国公害へ、先進国から旧社会主義国、新興国、途上国へと広がってきた大気汚染、水質汚濁、土壌劣化、原発事故から、地球全体の温暖化へ	先進資本主義に新興国、旧社会主義国、途上国が加わっての地球収奪による地球生態系の容量の可視化、再生可能資料ですらの供給不安、原発事故、温暖化による地表面と社会の変化
生態系内在性（身体）	途上社会の一部での人口爆発の継続と先進国から新興国にまで広がりつつある人種、性別、年齢、障がい、セクシュアリティなどを背景にした身体的社会問題の深刻化	途上国の人口爆発、先進国の富裕化と女性解放による少子高齢化、新興国の人口規制と経済成長、先進国、新興国等での人種混淆、女性化、人口減少、ノーマリゼーション、セクシュアリティの進展	地球的規模の格差構造の複雑化を前提にした先進国、新興国、途上国それぞれの社会における、人間身体の人種、性別、年齢、障がいの有無、セクシュアリティの差異などを基礎にした差別の構造
総体性（高次システム性）	マクロからさまざまなメゾをへてミクロにいたるまで、さまざまな規模の社会を内蔵した巨大な問題の束としての現代社会：その結果としてのあらゆる行動・行為の準拠枠としての地球社会の可視化	20世紀前半の二度の世界大戦、および後半の米ソ対決による人類絶滅の危機と、その間のほとんどの植民地の独立、原則上諸国対等な地球社会を前提とする歴史認識の緩やかな醸成	収奪される地球生態系を基底に、内部変化をくり返す世界的階層構造をふまえて、超大国、新興大国、その他大国、多国籍企業、などがヘゲモニーや利権を求めて抗争するなかで、差別や抑圧で苦悩する人間身体

意味	戦略	主体
核兵器の弁証法がもたらした人類の消極的運命共同体化とその透視困難による、貧困と宗教を背景にした自己破壊行為の頻発	最大の暴力としての核兵器を廃絶することをつうじて、暴力が主要な契機となってきた社会形成の論理そのものを変えていき、反テロ・非暴力を徹底する	対話を重ねながら歴史認識の共有を図り、ヒバクシャの苦悩を追体験しつつ、核時代に人類の一員として生きるヒバクシャ的人間
西洋近代市民社会の自由・平等・友愛と矛盾する「民主主義的奴隷制」の基本的崩壊とそれを逆用した各種の新たな差別構造・植民地主義の形成	労働組合運動に加えて協同組合事業やNGO, NPOを見直し、主権者が雇用者および事業者として経済的にも民主主義を強化して、人種・民族的階層構造を変えていく	主権者が、政治的に民主主義によって社会を運営するばかりでなく、経済的に、雇用者としても協同者としても、事業で社会を下から創造していくことを自覚した人間
国際連盟と国際連合の積み重ねにもかかわらずなお残る地球的規模の自然状態、その克服を志向する世界連邦運動など個人主体を単位とする運動の不十分	主権者意識を、各自社会について強化するとともに、地球社会にまで拡大しつつ、国連の改組やNGOなどをつうじて世界政府的組織を追求していく	近現代世界の植民地主義と戦争について正確な歴史認識を持ち、それぞれの歴史をふまえて被害者性と加害者性の兼ね合いを意識したうえで、地球社会の主権者をめざす人間
近代主義的な生産・生活様式（産業資本主義と都市生活）とその根底にある主体解放・欲望無限追求行為の行き詰まり、非西洋的な思想や生活文化の見直しへの動き	原発事故防止、地球温暖化防止と人間身体保護のための脱近代的・脱産業的生産・生活様式の積極的創出、とりわけ自然および再生可能エネルギーの積極的利用	地球生態系の一部であることを意識し、不完全技術を避け、生きとし生けるものへの共感と環境感覚をもって、自然調和的な文化の伝統を生かすヒト的人間
コミュニケーション的多身体としての人間社会での、身体から高度言語にいたるまでのメディアによる差別、その高度化、それらから人間を解放するための人間的自然の動的なリゾームの活用の必要性	窮地に立たされている人間身体を再自由化するための多様性の容認と、あらゆる差別の撤廃、それを具体化する差別撤廃行為（アファーマティブ・アクション）の各国および世界的な展開	人種、性別、年齢、障がいの有無、セクシュアリティなどによる身体的多様性を容認しあい、それらのあいだのコミュニケーションを促進することをつうじて、友愛の意味を実現し、自然との調和につなげていく人間
近代の普遍的「人間」の、階級としての、人種・民族としての、性差、年齢差、障がいの有無、セクシュアリティの差異などによる具体化、および具体的人間の民主的コミュニケーションをつうじての持続可能社会の模索の動き	人類の消極的共同性を基礎に、雇用者および協同者として事業を展開し、主権者意識の強化と拡大をつうじて世界政府をめざしつつ、地球生態系のなかでヒトとして他の動植物とも共生を強めていく	人類の一員として、格差解消の方向に事業を展開し、各自社会および地球社会の主権者として、地球生態系のなかでヒトとして多様性を認めあいながら、仲間意識をもとに民主協同社会を築いていく人間

のマトリクスを、主権者それぞれがそれぞれの主観に即して、また他の多くの主権者とコミュニケートしながら相互主観的に読んでいけば、主権者それぞれに、それぞれの現代社会認識と、それをふまえたさまざまな実践が出てくるであろう。その意味では、社会学的には、上におこなってきたことは理論社会学をふまえた現代社会分析の実行なのであり、そこから出てくるさまざまな実践はまた、比較分析などをとおして実践社会学の対象になっていく。

たとえば、私が20代の女子学生であれば、私は、マトリクスをなぞりながら、核廃絶に少しでも貢献するために広島長崎の原水禁大会に参加したり、就職先として迷いながらも生協を選んだり、選挙では主権者として立憲主義を強化する方向に投票をしたり、地球生態系のなかでヒトであることを実感するために森林浴にいったり、身体多様性容認のために障がい者補助のボランティアに参加したりするかもしれない。また、私が40代の男性会社員であれば、私は、マトリクスをなぞりながら、核兵器廃絶の署名とカンパに応じたり、自分の社の仕事をつうじて少しでも格差解消に貢献できないか組合に問題を提起したり、国連を強化するために政府に働きかけたり、ヘイトスピーチに反対するデモに参加したり、定年後の高齢者に有意味な活動の場を与えるようNPOに参加したりするかもしれない。

現実の私自身は、社会学者として社会をどう把握すべきなのか考え続け、そのかんに社会がどんどん拡大していくのに対応しながら、1999年に『地球社会と市民連携』という本を出した（庄司, 1999）。社会把握のマトリクスの原形はこの過程で創り出したものである（同書, Ⅶ）。並行して大学生協の理事や理事長を務め、さらには全国組織の会長を務めているあいだに、自分自身の社会学を実践の試練にかけることで多くのことを教えられ、『大学改革と大学生協』、『学生支援と大学生協』について、『主権者の協同社会へ』という本を出した（庄司, 2009; 2015; 2016）。これらはいわば私の実践社会学であり、本書で展開してきた理論と現実分析は、この過程で気づかされ考えさせられたことで大きく展開している。つづめていうならば、市民パラダイムから主権者パラダイムへの転換である。

ともあれ、現代社会のマトリクスの読みは、主権者の立場や関心や未来志

向などに応じて、さまざまに展開されるであろう。しかし、以上をつうじて、少なくとも、地球社会とも呼ぶべきものの実在が身体的に感じられるようになってきたなかで、私たちの社会が民主化してきていること、それをさらに民主化し地球社会にまで広げていくために、私たちは主権者意識を強化するとともに、政治的にばかりでなく経済的にも、事業主としてであれ、雇用者としてであれ、(協同組合の組合員を協同者と呼ぶとして) 協同者としてであれ、私たち自身の社会を自らつくっていかなくてはならないのではないか。その意味で、これまでの分析から出てくる最大公約数的展望は「主権者の民主協同社会へ」なのではないか。── そう思いながら、私は、この、かぎりなく未来に開かれた書物を、ひとまず閉じたいと思う。

文　献

邦語文献

内田隆三, 1987,『消費社会と権力』岩波書店。
苑鵬（Yuan Peng, 農林中金総合研究所訳), 2013,「中国農民専業合作社の発展の現状・問題と今後の展望」『農林金融』2013.2。
奥村隆, 2001,『エリアス・暴力への問い』勁草書房。
大塚久雄, 1979,『意味喪失の時代を生きる』みすず書房。
大塚久雄, 1995,『宗教改革と近代社会』4訂版, みすず書房。
岡本郁子, 2014,「アジアの協同組合の生成と展開パターン」重富真一編, 2014,『開発における協同組合：途上国農村研究のための予備的考察』アジア経済研究所。
岸上伸啓, 2005,『極北の民カナダ・イヌイット』弘文堂。
幸徳秋水, 1901,『帝國主義』1952, 岩波文庫。
芝田進午, 1971,『科学・技術革命の理論』青木書店。
清水幾太郎, 1951,『社会心理学』岩波書店。
清水幾太郎, 1966,『現代思想』岩波書店。
下地恒毅, 2015,『世界の危機を救う世界連邦：沖縄から平和を考える』幻冬舎メディアコンサルティング, 幻冬舎(発売)。
庄司興吉, 1975,『現代日本社会科学史序説』法政大学出版局。
庄司興吉, 1985,「核時代の世界社会学」『社会科学研究年報』8, 合同出版。
庄司興吉, 1989,『社会発展への視座』東京大学出版会。
庄司興吉, 1999,『地球社会と市民連携：激性期の国際社会学へ』有斐閣。
庄司興吉編, 2004,『情報社会変動のなかのアメリカとアジア』彩流社, 305pp。
庄司興吉編, 2006,『地球社会化にともなう市民意識と市民活動の社会学的研究：日本・アジア・アメリカ・ヨーロッパの実態比較をとおして』科学研究費補助金・基盤研究(A)研究成果報告書(14201019), 清泉女子大学文学部地球市民学科庄司研究室, xviii+500pp。
庄司興吉, 2009,『大学改革と大学生協：グローバル化の激流のなかで』丸善プラネット。
庄司興吉, 2015,『学生支援と大学生協：民主協同社会をめざして』丸善プラネット。
庄司興吉, 2016,『主権者の協同社会へ：新時代の大学教育と大学生協』東信堂。
須田敏彦, 1999,「インドの農村協同組合：自由化のなかで自立をめざす農協組織」『農林金融』1999.6.。
高木八尺・末延三次・宮沢俊義編, 1957,『人権宣言集』岩波文庫。
高田保馬, 1948,『世界社会論』日本評論社。
高橋和之編, 2007,『世界憲法集』新版, 岩波文庫。

田中耕太郎, 1932-34,『世界法の理論』全3巻, 岩波書店。
谷川徹三, 1977,『世界連邦の構想』講談社学術文庫。
田村梨花, 2009,「アマゾン世界社会フォーラム：総評とローカルNGOとの関係分析から」『Encontros Lusófonos』11, 上智大学。
中国新聞「ヒバクシャ」取材班, 1991,『世界のヒバクシャ』講談社。
長崎大学核兵器廃絶研究センターRECNA, 2015,「世界の核弾頭一覧」http://www.recna.nagasaki-u.ac.jp/recna/datebase/nuclear0/nuclear/nuclear_list_201506。
名護市, 1973,『名護市総合計画・基本構想』名護市。
西川潤, 1984,『飢えの構造：近代と非ヨーロッパ世界』ダイヤモンド社, 増補改訂版。
2012年国際協同組合年実行委員会編著, 2012,『協同組合憲章［草案］のめざすもの』家の光協会。
野宮大志郎・西城戸誠編, 2016,『サミット・プロテスト：グローバル化時代の社会運動』新泉社。
林玲子, 2014,「国際人口移動の現代的展望：日本モデルは可能か」『人口問題研究』70-3(2014.9)。
比嘉康文, 2011,『我が身は炎となりて：佐藤首相に焼身抗議した由比忠之進とその時代』新星出版。
本川悠, 2015,「社会実情データ図録：女性管理職の国際比較」http://www2.ttcn.ne.jp/honkawa/ 3140.html。
真木悠介, 1977,『現代社会の存立構造』筑摩書房。
真木悠介, 2012a,『定本　真木悠介著作集　Ⅰ気流の鳴る音』岩波書店。
真木悠介, 2012b,『定本　真木悠介著作集　Ⅱ時間の比較社会学』岩波書店。
真木悠介, 2012c,『定本　真木悠介著作集　Ⅲ自我の起源』岩波書店。
真木悠介, 2013,『定本　真木悠介著作集　Ⅳ南端まで ── 旅のノートから』岩波書店。
松下圭一, 1959,『現代政治の条件』中央公論社, 1969, 増補版。
間々田孝夫, 2000,『消費社会論』有斐閣。
丸山眞男, 1964,『現代政治の思想と行動』増補版, 未来社。
丸山眞男, 1982,『後衛の位置から：『現代政治の思想と行動』追補』未来社。
見田宗介, 2006,『社会学入門：人間と社会の未来』岩波書店。
見田宗介, 2011,『生と死と愛と孤独の社会学』定本見田宗介著作集6, 岩波書店。
村井純, 1995,『インターネット』岩波書店。
村井純, 1998,『インターネットⅡ』岩波書店。
山川偉也, 2008,『哲学者ディオゲネス：世界市民の原像』講談社学術文庫。
山田鋭夫・須藤修編著, 1991,『ポストフォーディズム：レギュラシオン・アプローチと日本』大村書店。
山田盛太郎, 1946,『再生産過程表式分析序論』改造社。
湯川秀樹他編, 1977,『核軍縮の構想』岩波書店。
吉田民人, 1990a,『自己組織性の情報科学：エヴォルーショニストのウィーナー的自然観』新曜社。

吉田民人，1990b,『情報と自己組織性の理論』東京大学出版会．
吉田民人，1991,『主体性と所有構造の理論』東京大学出版会．
吉田民人，2013a,『社会情報学とその展開』勁草書房．
吉田民人，2013b,『近代科学の情報論的転回：プログラム科学論』勁草書房．
和辻哲郎，1950,『鎖国』岩波文庫．
和辻哲郎，1972,『風土』岩波文庫．

外国語文献および邦訳

Aglietta, M., 1976, *Régulation et crises du capitalisme: l'expériences des Etats-Unis*, Calmann-Lévy.（若森章孝・山田鋭夫・大田一廣・海老塚明訳，1990,『資本主義のレギュラシオン理論：政治経済学の革新』大村書店）

Althusser, L, 1993, Idéologie et appareils idéologiques d'Etat, etc.（ルイ・アルチュセール・柳井隆・山本哲士，1993,『アルチュセールの「イデオロギー」論』三交社）

Anderson, B., 1991, *Imagined Communities,* rev. ed., Verso.（白石さや・白石隆訳，1997,『増補　想像の共同体』NTT出版）

L'Association ATTAC, 2001, *Tout sur ATTAC*, Fayard.（杉村昌昭訳，2001,『反グローバリゼーション民衆運動：アタックの挑戦』つげ書房新社）

Baudrillard, J., 1970, *La Société de consommation, ses mythes, ses structures*, Editions Planéte.（今村仁司・塚原史訳，1979,『消費社会の神話と構造』紀ノ国屋書店）

Bales, K., 2005, *Understanding Global Slavery: a reader,* University of California Press.

Beck, U., Giddens, A., Lash, S., 1994, *Reflexive Modernization: Politics, Ttradition and Aesthetics in the Modern Social Order*, Stanford U. P.（松尾精文・小幡正敏・叶堂隆三訳，1997,『再帰的近代化：近現代における政治、伝統、美的原理』而立書房）

Beck, U., 1997, *Was ist Globalisierung?: Irrtümer des Globalismus–Antworten auf Globalisierung*, Suhrkamp.（木前利秋・中村健吾訳，2005,『グローバル化の社会学：グローバリズムの誤謬 ── グローバル化への応答』国文社）

Bhalla, A. S. & Lapeyre, F., 1999, *Poverty and Exclusion in a Global World*, Palgrave Macmillan.（福原宏幸・中村健吾監訳，2005,『グローバル化と社会的排除：貧困と社会問題への新しいアプローチ』昭和堂）

Bourdieu, P. & Passeron, J. C., 1968, *La Reproduction: éléments pour une théorie du système d'enseignement*, Éditions de Minuit.（宮島喬訳，1991,『再生産：教育・社会・文化』藤原書店）

Bourdieu, P., 1979, *La Distinction: critique sociale de jugement,* Éditions de Minuit.（石井洋二郎訳，1989-90,『ディスタンクシオン：社会的判断力批判』ⅠⅡ，藤原書店）

Bourdieu, P., 1980, *Le Sense pratique,* Éditions de Minuit.（今村仁司・港道隆他訳，1988-90,『実践感覚』1，2，みすず書房）

Bowles, S. & Gintis, H., 1976, *Schooling in Capitalist America: educational reform and the contradictions of economic life*, Basic Books.（宇沢弘文訳，1986,『アメリカ資本主義と

学校教育：教育改革と経済制度の矛盾』1, 2., 岩波書店, 岩波現代選書；122, 123）

Brydon, D., 2000, *Postcolonialism: critical concepts*, 5 vols., Routledge, 2081pp.

Camus, A., 1950, *Les Justes: pièce en cinq actes*, Gallimard.（加藤道夫・白井健三郎訳, 1953,『正義の人々』新潮社）

Carson, R., 1962, *Silent Spring*, Boston: Houghton Mifflin.（青樹簗一訳, 1964,『沈黙の春：生と死の妙薬』新潮社, 新潮文庫, 1972, 新版, 1987）

Che Guevara, E.（選集刊行会編集, 1968-69,『ゲバラ選集』青木書店）

Dahl, R. A., 1998, *On Democracy*, Yale University Press.（中村孝文訳, 2001,『デモクラシーとは何か』岩波書店）

Dahl, R. A., 2001, *How Democratic is the American Constitution?*, Yale University Press, 2nd ed., 2003.（杉田敦訳, 2003,『アメリカ憲法は民主的か』岩波書店）

Deleuze, G. & Felix Guattari, 1972, *L'Anti-OEdipe*, Editions de Minuit.（市倉宏祐訳, 1986,『アンチ・オイディプス』河出書房新社）

Deleuze, G. & Felix Guattari, 1976, *Rhizome : introduction*, Editions de Minuit.（豊崎光一翻訳・編集, 1977,『リゾーム』朝日出版社）

Deleuze, G. & Felix Guattari, 1980, *Mille Plateaux: capitalisme et schizophrénie*, Editions de Minuit.（宇野邦一他訳, 1994,『千のプラトー：資本主義と分裂症』河出書房新社）

Derrida, J., 1967, *De la Grammatologie*, Minuit.（足立和浩訳, 1972,『グラマトロジーについて：根源のかなたへ』上下, 現代思潮社）

Descartes, R., 1637, *Discous de la méthode*, 2009, Gallimard.（谷川多佳子訳, 1997,『方法序説』岩波文庫）

Dewey, J., 1922, *Human Nature and Conduct: an introduction to social psychology*, Holt and Co.（東宮隆訳, 1951,『人間性と行為』春秋社, 河村望訳, 1995, 人間の科学社）

Dos Santos, T., 1978, *Imperialismo y dependencia*.（青木芳夫・辻豊治・原田金一郎訳, 1983,『帝国主義と従属』第三書館）。

Durkheim, E., 1893, *De la Division du travail social: étude sur l'organisation des sociétés supérieures*, 1967, P.U.F.（田原音和訳, 1971,『社会分業論』青木書店）

Durkheim, E., 1895, *Les Règles de la méthode sociologique,* P.U.F., 1968（宮島喬訳, 1978,『社会学的方法の基準』岩波文庫）

Durkheim, E., 1912, *Les Formes élementaires de la vie religieuse: le systeme totémique en Australie,* 1912, P.U.F., 1960.（吉野清人訳, 1975,『宗教生活の原初形態』岩波文庫）

Elias, N., 1939, Über *den Prozeß der Zivilisation: soziogenetische und psychogenetische Untersuchungen, oder Wandlungen der Gesellschaft: Entwurf zu einer Theorie der Zivilisation,* Haus zum Fallen.（波田節夫他訳, 1978,『社会の変遷/文明化の理論のための見取り図』法政大学出版局）

Engels, F., 1845, *Die Lage der arbeitenden Klasse in England, Nach eigner Anschuung und authentischen Quellen*, Otto Wigand, Leipzig.（一條和生・杉山忠平訳, 1990,『イギ

リスにおける労働者階級の状態:19世紀のロンドンとマンチェスター』岩波文庫)

Engels, F., 1884, *Der Ursprung der Familie, des Privateigentums und Staats, MarxEngels Werke*, 21, Dietz, 1962. (戸原四郎訳, 1965,『家族・私有財産・国家の起源』岩波文庫)

Fanon, F., 1952, *Peau noire, masuques blancs*, Editoins du Seuil, 1965. (海老坂武・加藤晴久訳, 1970,『黒い皮膚・白い仮面』著作集1, みすず書房)

Fanon, F., 1959, *L'An V de la révolution Algérienne*, Maspero, éd. rév., La sociologie d'une révolution, 1966. (宮ケ谷徳三・花輪莞爾・海老坂武訳, 1984,『革命の社会学』著作集2, みすず書房)

Fanon, F., 1961a, *Les Damnés de la terre*, Maspero. (鈴木道彦・浦野衣子訳, 1969,『地に呪われたる者』著作集3, みすず書房, 1996, みすずライブラリー)

Fanon, F., 1961b, *Pour la révolution Africaine*, Maspero. (北山晴一訳, 1969,『アフリカ革命に向けて』著作集4, みすず書房)

Felice, W. F., 2003, *The Global New Deal: economic and social human rights in world politics*, Rowman & Littlefield.

Fisher, W. F. & Ponniah, T., eds., 2003, *Another World is Possible: popular alternative to globalization at the world social forum*, Zed Books, Ltd. (加藤哲郎監修・大屋定晴・山口響・白井聡・木下ちがや監訳, 2003,『もうひとつの世界は可能だ:世界社会フォーラムとグローバル化への民衆のオルタナティブ』日本経済評論社)

Foucault, M., 1972, *L'Histoire de la folie*, Gallimard. (田村俶訳, 1975,『狂気の歴史』新潮社)

Foucault, M., 1975, *Surveiller et punir: naissance de la prison*, Gallimard. (田村俶訳, 1977,『監獄の誕生:監現と処罰』新潮社)

Foucault, M., 1976, *Histoire de la sexualité: 1 Le volonté de savoir, 2 L'usage des plaisirs, 1984, 3 Le souci de soi*, 1986, Gallimard. (渡辺守章訳, 1986,『性の歴史Ⅰ 知への意志』, 田村俶訳, 1986,『性の歴史Ⅱ 快楽の活用』, 田村俶訳, 1987,『性の歴史Ⅲ 自己への配慮』新潮社)

Fourier, F. M. C., 1808, *Théorie des quatre mouvements et des destinées générales*, 3e éd., 1946, Librairie Sociétaire. (巌谷國士訳, 1970,『四運動の理論』(古典文庫, 34, 39) 現代思潮社)

Frank, A. G., 1976, *Latin America: underdevelopment or Revolution*, Monthly Review Press. (大崎正治・前田幸一訳, 1976,『世界資本主義と低開発』柘植書房)

Freud, S., 1905, *Drei Abhandlungen zu Sexualtheorie*. (懸田克躬・吉村博次訳, 1969,「性欲論三篇」『フロイト著作集5』人文書院)

Freud, S., 1912, *Totem und Tabu*. (西田武郎訳, 1969,「トーテムとタブー」『フロイト著作集3』人文書院)

Freud, S., 1915, *Zeitgemässes über Krieg und Tod*. (森山公夫訳, 1969,「戦争と死に関する時評」『フロイト著作集5』人文書院)

Freud, S., 1916-17, 1933, *Vorlesungen zur Einführung in die Psychoanalyse*. (懸田克躬・高橋義孝訳, 1971, 「精神分析入門」『フロイト著作集1』人文書院)

Freud, S., 1921, *Massenpsychologie und Ich-Analyse*. (井村恒郎他訳, 1970, 「集団心理学と自我の分析」『フロイト著作集6』人文書院)

Fromm, E., 1941, *Escape from Freedom*, Rinehart. (日高六郎訳, 1951, 『自由からの逃走』創元社)

Gandhi, M. K., 1960, *My Non-Violence*, Navajivan Publishing House, Ahmedabad. (森本達雄訳, 1970-71, 『私の非暴力』みすず書房)

Gans, H. J., 1968, *More Equality: how the United States can reduce inequalities of income, wealth and political power*, Random House.

Giddens, A., 1991, *Modernity and Self-identity: self and society in the late modern age*, Stanford U. P. (秋吉美都・安藤太郎・筒井淳也訳, 2005, 『モダニティと自己アイデンティティ:後期近代における自己と社会』ハーベスト社。

Giddens, A., 1999, *Runaway World: how the globalization is reshaping our lives*, Profile Books. (佐和隆光訳, 2002, 『暴走する世界:グローバリゼーションは何をどう変えるのか』ダイヤモンド社)

Habermas, J., 1962, *Strukturwandel der Öffentlichkeit: Untersuchungen zu einer Kategorie der bürgerlichen Gesellschaft*, Hermann Luchterland, Berlin, 1990, Suhrkamp. (細谷貞雄訳, 1980, 『公共性の構造転換』未来社, 第二版 (細谷貞雄・山田正行訳), 1994)

Habermas, J., 1981, *Theorie des kommunikativen Handelns*, 2 Bde., Suhrkamp. (河上倫逸他訳, 1985-87, 『コミュニケイション的行為の理論』全3巻, 未来社)

Habermas, J., 1985, *Der Philosophische Diskurs der Moderne*, Suhrkamp. (三島憲一他訳, 1990, 『近代の哲学的ディスクルス』I, II, 岩波書店)。

Habermas, J., 1991, *Erläuterungen zur Diskursethik*, Suhrkamp. (清水・朝倉訳, 2005, 『討議倫理』法政大学出版局)。

Hall, S., 1988, *The Hard Road to Renewal : Thatcherism and the crisis of the left*, London : Verso.

Hall, S. and Paul Du Gay, 1996, *Questions of Cultural Identity*, London : Sage. (柿沼敏江ほか訳, 2001, 『カルチュラル・アイデンティティの諸問題:誰がアイデンティティを必要とするのか?』東京:大村書店)

Hardt, M. & Negri, A., 2000, *Empire*, Harvard University Press. (水島一憲他訳, 2003, 『〈帝国〉:グローバル化の世界秩序とマルチチュードの可能性』以文社)

Herz, A., (芝田進午編訳), 1966, 『われ炎となりて:ベトナム戦争に焼身抗議したアリス・ハーズ夫人の感動書簡集』弘文堂

Heidegger, M., 1927, *Sein und Zeit*, 9. Aufl., 1961, Niemeyer. (原佑・渡辺二郎訳, 1971, 『存在と時間』中央公論社, 辻村公一・ブフナー訳, 1997, 『有と時(うととき)』創文社)

Hobbes, T., 1651, *Leviathan, or The Matter, Forme, & Power of a Common-Wealth Ecclesiastical and Civill*, 1962, Collins. (水田洋訳, 1954-88, 『リヴァイアサン』I-IV,

岩波文庫）

Hobson, J. A., 1902, *Imperialism: a study*, James Nisbet.（矢内原忠雄訳, 1951-52,『帝國主義論』岩波文庫）

Huntington, S. P., 1996, *The Clash of Civilizations and the Remaking of World Order*, Simon & Schuster.（鈴木主税訳, 1998,『文明の衝突』集英社）

Husserl, E., 1913, *Ideen zu einer reinen Phänomenologie und phänomenologische Philosophie*.（池上鎌三訳, 1939-41,『純粋現象学及び現象学的哲学考察』岩波文庫）

Husserl, E., 1936, *Die Krisis der europanischen Wissenschaften und die transzendentale Phänomenologie*, 6. Bd., 1954, Nijhoff.（細谷恒夫訳, 1974,『ヨーロッパの学問の危機と先験的現象学』中央公論社）

IPCC・環境省, 2014,『IPCC第五次評価報告書の概要：第1次作業部会（自然科学的根拠）』http://www.env.go.jp/earth/ipcc/5th/pdf/ ar5_wg1_overview_ presentation.pdf

James, W., 1907, *Pragmatism: a new name for some old ways of thinking*, 2014, Cambridge University Press.（桝田啓三郎訳, 1957,『プラグマティズム』岩波文庫）

Jaspers, K., 1949, *Vom Ursprung und Ziel der Geschichte*, 1983, Piper.（重田英世訳, 1964,『歴史の起源と目標』理想社）

Jaspers, K., *Einführung in die Philosophie*, 1950, Piper.（草薙正夫訳, 1954,『哲学入門』新潮文庫）

Kaldor, M., 2003, *Global Civil Society: an answer to war*, Polity Press.（山本武彦ほか訳, 2007,『グローバル市民社会論：戦争へのひとつの回答』法政大学出版局）

Kant, I., 1781, *Kritik der reinen Vernunft*, 1787, 2. Aufl, Suhrkamp.（篠田秀雄訳, 1961-62,『純粋理性批判』岩波文庫）

Kant, I., 1784, »Idee zu einer allgemeinen Geschichte in weltbürgerlicher Absicht«, *Schriften zur Anthropologie, Geschichtsphilosophie, Politik and Pädagogik 2*, Werkausgabe Bd. XII, Suhrkamp Taschenbuch Verlag, 1977.（篠田英雄訳, 1974,「世界公民的見地における一般史の構想」『啓蒙とは何か 他四篇』岩波文庫）.

Kant, I., 1796, »Zum ewigen Frieden«, *Schriften zur Anthropologie, Geschichtsphilosophie, Politik and Pädagogik 1*, Werkausgabe Bd. XI, Suhrkamp Taschenbuch Verlag, 1977.（宇都宮芳明訳, 1985,『永遠平和のために』岩波文庫）.

Kautsky, K. J., 1913-14, „Der Imperialismus" *Neue Zeit* Jg. 32, Bd. II.（波多野真訳, 1953,『帝国主議論』創元文庫）

King, Martin Luther Jr., 1964, *Why Can't We Wait?* Harper & Row.（中島和子・古川弘巳訳, 1966,『黒人はなぜ待てないか』みすず書房）

Ленин, В. И. 1917a, *Империализм, как высшая стадия капитализма, Полное собрания сочинений*, 5 из., том 27, 1962.（マルクス・レーニン主義研究所訳, 1957,「資本主義の最高の段階としての帝国主義」『レーニン全集』25, 大月書店）

Ленин, В. И. 1917b, *Государство и революция, Полное собрание сочинений*, 5 из., том 33, 1964.（マルクス・レーニン主義研究所訳, 1957,「国家と革命」『レーニン全集』25, 大月書店）

Lenski, G., 1966, *Power and Privilege: a theory of social stratification*, McGraw-Hill.

Lichtheim, G., 1970, *A Short History of Socialism*, Praeger.（庄司興吉訳, 1979,『社会主義小史』みすず書房）

Lippmann, W., 1922, *Public Opinion*, 4th printing, 1954, Macmillan.（掛川トミ子訳, 1987,『世論』岩波文庫）

List, F., 1841, *Das nationale System der politischen Ökonomie*.（小林昇訳, 1970,『経済学の国民的体系』岩波書店）

Locke, J., 1690, *Two Treatises of Government*, New ed., 1993, Everyman.（鵜飼信成訳, 1968,『市民政府論』岩波文庫）

Luhmann, N., 1968, *Zweckbegriff und Systemrationalität: Über die Funktion von Zwecken in sozialen Systemen*, J.C.B. Mohr.（馬場・上村訳, 1990,『目的概念とシステム合理性』勁草書房）。

Luhmann, N., 1984, *Soziale Systeme: Grundriß einer allgemeinen Theorie*, Suhrkamp.（佐藤勉監訳, 1993-95,『社会システム理論』上下, 恒星社厚生閣）.

Luxemburg, R., 1913, *Akkumulation des Kapitals : ein Beitrage zur ökonomischen Erklärung des Imperialismus*, 4 Aufl., 1970, Verlag Neue Kritik.（長谷部文雄訳, 1934,『資本蓄積論』岩波文庫, 改訳版, 青木文庫, 1952, 高山洋吉訳, 1952,『資本蓄積論』三笠文庫）

Mann, M., 2003, *Incoherent Empire*, Verso.（岡本至訳, 2004,『論理なき帝国』NTT出版）

Martin du Gard, R., 1936, *Les Thibault: L'Été 1914*, Gallimard.（山内義雄訳, 1946,『チボー家の人々：1914年夏』白水社）

Marx, K. und Engels, F., 1845-46, *Die deutsche Ideologie*, MEW 3, Dietz, 1958（古在由重訳, 1956,『ドイツ・イデオロギー』岩波文庫, 部分訳, 真下信一・藤野渉・竹内良知訳, 1963,「ドイツ・イデオロギー」『マルクス・エンゲルス全集』3, 大月書店, 花崎皋平訳, 1966,『新版ドイツ・イデオロギー』合同出版, 廣松渉編, 1974,『ドイツ・イデオロギー（手稿復元, 新編輯版）』河出書房新社）

Marx, K. und Engels, F., 1848, *Manifest der kommunistischen Partei, Marx-Engels Werke* 4, Dietz, 1959（大内兵衛・向坂逸郎訳, 1951,『共産党宣言』岩波文庫, 村田陽一訳, 1960,「共産党宣言」『マルクス・エンゲルス全集』4, 大月書店）

Marx, K., 1867-1894, *Das Kapital*, Bd.1, 1867, Bd.2, 1885, Bd.3, 1894, MEW 23-25, Dietz, 1962-64,（向坂逸郎訳, 1967,『資本論』3巻4冊, 岩波書店, 岡崎次郎・杉本俊朗訳, 1965-67,「資本論」『マルクス・エンゲルス全集』23a, 23b, 24, 25a, 25b, 大月書店）

McLuhan, M., 1962, *The Gutenberg's Galaxy: the making of typographic man*, University of Toronto Press.（森常治訳, 1986,『グーテンベルクの銀河系：活字人間の形成』みすず書房）

Meadows, D. H. et al., 1972, *The Limits to Growth: a report for the Club of Rome's project on the predicament of mankind*, Newgate Press.（大来佐武郎監訳, 1972,『成長の限界』ダイヤモンド社）

Merleau-Ponty, M., 1942, *La Structure du comportement*, 1949, P.U.F., 1972. (滝浦静雄・木田元訳, 1964,『行動の構造』みすず書房)

Mills, C. W., 1960, *Listen, Yankee: the revolution in Cuba*, McGraw-Hill. (鶴見俊輔訳, 1961,『キューバの声』みすず書房)

Paine, T., 1776, *Common Sense*, edited with an introduction by Richard Beeman, Penguin books, 2012. (小松晴夫訳, 1976,『コモン・センス：他三編』岩波文庫)

Pascal, B., 1669-70, *Pensées sur la religion et sur quelques autres sujets,* 2011, H. Champion, Source classiques, 102. (松波信三郎訳, 1959,『パンセ』全集3, 人文書院)

Polanyi, K., 1957, *The Great Transformation: the political and economic origins of our time*, Beacon Press. (吉沢英成・野口建彦・長尾史郎・杉村芳美訳, 1975,『大転換：市場社会の形成と崩壊』東洋経済新報社)。

Polanyi, K., 1977, *The Livelihood of Man*, Academic Press. (玉野井芳郎・栗本慎一郎訳, 1980,『市場社会の虚構性』岩波書店)

Prebish, R., 1964, *Toward a New Trade Policy for Development: report by the Secretary General of the UN conference on trade and development.* (外務省訳, 1964,『新しい貿易政策を求めて』プレビッシュ報告, 国際日本協会)

Proudhon, Pierre-Joseph, 1840, *Qu'est-ce-que la propriété, ou recherches sur la principe du droit et du gouvernement.* 1972, Fédération Anarchiste, Collection Anarchiste, 2. (江口幹・長谷川進訳, 1971,『所有とはなにか・連合の原理』三一書房)

Quesnay, F., 1766, *Tableau économique des Physiocrates,* 1969, Calmann-Lévy, Préface de Michel Lutfalla. (平田清明・井上泰夫訳, 1990,『経済表』岩波文庫)

Raju, C. K., 2011, *Ending Academic Imperialism: a beginning,* Multiversity & Citizens International.

Robertson, R., 1992, *Social Theory and Global Culture*, Sage Publication. (阿部義哉訳, 1997,『グローバリゼーション：地球文化の社会理論』東京大学出版会, 部分訳)

Rostow, W. W., 1960, *The Stages of Economic Growth: a non-communist manifesto*, Cambridge University Press, 2nd ed., 1971. (木村健康・久保まち子・村上泰亮訳, 1971,『増補 経済成長の諸段階』ダイヤモンド社)。

Rousseau, J. J., 1754, *Discours sur L'origine et les fondements de l'égalité parmi les hommes.* 2011, Hatier. (本田喜代治・平岡昇訳, 1933,『人間不平等起源論』岩波書店, 改版1957)。

Rousseau, J. J., 1762, *Du contrat social; ou principes du droit politique*, 1987, Messidor/Editions Sociales. (桑原武夫・前川貞次郎訳, 1954,『社会契約論』岩波書店)。

Said, E.W., 1978, *Orientalism*, Vintage Books. (板垣雄三・杉田英明監修, 今沢紀子訳, 1986,『オリエンタリズム』平凡社)

Saint-Simon, H. de, 1823-24, *Cathéchisme politique des industriels,* 1966, Éditions Anthropos. (森博訳, 2001,『産業者の教理問答 ── 他一篇』岩波文庫)

Sartre, J.P., 1938, *La Nausée,* Gallimard. (白井浩司訳, 1951,『嘔吐』人文書院)

Sartre, J.P., 1943, *Les Chemins de la liberté,* Gallimard. (佐藤朔・白井浩司訳, 1950-52,

『自由への道』1-3, 人文書院）
Sartre, J. P., 1946, *L'Existentialisme est une humanisme*, Editions Nagel. （伊吹武彦他訳, 1955, 増補新装版1996, 『実存主義とは何か』人文書院）
Sartre, J. P., 1960, 'Qestion de méthode›, *Crtique de la raison dialectique*, tome 1, Gallimard. （平井啓之訳, 1962, 『方法の問題』人文書院）
Sartre, J. P., 1960, *Crtique de la raison dialectique, tome 1: théorie des ensembles pratiques*, Gallimard. （平井啓之訳, 1962-65, 『弁証法的理性批判 第1巻 実践的総体の理論』人文書院）
Sassen, Saskia, 1996, *Losing Control?: sovereignty in an age of globalization*, Columbia University Press. （伊豫谷登士翁訳, 1999, 『グローバリゼーションの時代：国家主権の行方』平凡社）
Seabrook, J., 2003, *The No-nonsense Guide to World Poverty*, New International Publications. （渡辺景子訳, 2005, 『世界の貧困：1日1ドルで暮らす人びと』青土社）
Shoji, K., ed. with the JCSS Editorial Committee, 2014, *Messages to the World: from Japanese Sociological and Socail Welfare Studies Societies*, Japan Consortium for Sociological Studies, 338pp.
Simmel, G., 1890, *Über soziale Differenzierung: Soziologische und Psychologische Untersuchengen*, Dunker und Hunblot. （居安正訳, 1969, 「社会文化論：社会学的・心理学的研究」『現代社会学体系1　ジンメル　社会分化論　社会学』青木書店）
Simmel, G., 1908, *Soziologie : Untersuchungen über die Formen der Vergesellschaftung*, 1995, 2. Aufl. Suhrkamp Taschenbuch Wissenschaft, Suhrkamp. 1995.2 （居安正訳, 1969, 『現代社会学体系1　ジンメル　社会分化論　社会学』青木書店, 部分訳）
Smith, A., 1759, *Theory of Moral Sentiments*, New ed. 1853, London: Henry G. Bohn. （水田洋訳, 1973『道徳感情論』筑摩書房）
Smith, A., 1776, *An Inquiry into the Nature and Causes of the Wealth of Nations*, New ed., 1822, London. （大内兵衛・松川七郎訳, 1959-66, 『諸国民の富』岩波文庫, 1969, 単行本, 水田洋訳, 1964, 『国富論』河出書房）
Smith, C. W., 1979, *A Critique of Sociological Reasoning*, Basil Blackwell. （庄司興吉・武川正吾訳, 1984, 『社会学的理性批判』新曜社）
Soule, G., 1933, *A Planned Society*, New York: Macmillan.
Spencer, H., 1850, *Social Statics*, new ed., 1892. （松島剛訳, 1881, 『社会平権論』）
Spivak, G. C., 1988, "Can the Subaltern Speak?" in Nelson, S. & Crossberg, L., eds., *Marxism and the Interpretation of Culture*, University of Illinois Press. （上村忠男訳, 1998, 『サバルタンは語ることができるか』みすず書房, 1999, 第1版第2刷）
Spivak, G. C., 1999, *A Critique of Postcolonial Reason: toward a history of the vanishing present*, Cambridge, Harvard University Press. （上村忠男・本橋哲也訳, 2003, 『ポストコロニアル理性批判：消え去りゆく現在の歴史のために』月曜社）
Stiglitz, J. E., 2002, *Globalization and its Discontents*, W. W. Norton & Company. （鈴木主

税訳, 2002,『世界を不幸にしたグローバリズムの正体』徳間書店)

Sumner, W. G., 1907, *Folkways: a study of the social importance of usages, manners, customs, mores and morals.* 1959, Dover Pub. (青柳清孝他訳, 1975,『フォークウエイズ』青木書店)

Todd, E., 2002, *Après l'empire: essai sur la décomposition du système Américain*, Gallimard. (石崎晴己訳, 2003,『帝国以後：アメリカシステムの崩壊』藤原書店)

Tomlinson, J., 1999, *Globalization and Culture*, Polity Press. (片岡信訳, 2000,『グローバリゼーション：文化帝国主義を超えて』青土社)

Thompson, E. P. & Dan Smith, eds., 1980, *Protest and Survive*, Penguin. (丸山幹正訳, 1983,『世界の反核理論』勁草書房)

Tönnies, F., 1887, *Gemeinschaft und Gesellschaft: Begriffe der reinen Soziologie,* 1912, 2.Aufl., 1935, 8.Aufl., 2005, Wissenschaftliche Buchgesellschaft. (杉之原寿一訳, 1954,『ゲマインシャフトとゲゼルシャフト：純粋社会学の基本概念』理想社, 1957, 岩波文庫)

Turner, V. W., 1969, *The Ritual Process: structure and anti-structure*, Pelican Anthropology Library. (富倉光雄訳, 1976,『儀礼の過程』新思索社)

US Government, 1980, *The Global 2000 Report to the President: enterning the twenty-first century*, 3 vols. (逸見謙三・立花一雄監訳, 1980-81,『西暦2000年の地球』二巻, 家の光協会).

Wallerstein, I., 1974, *The Modern World System I: capitalist agriculture and the origins of the European world-economy in the sixteenth century*, The Academic Press. (川北稔訳, 1981,『近代世界システム：農業資本主義と「ヨーロッパ世界経済」の成立』岩波書店)

Wallerstein, I., 1980, *The Modern World System II: mercantilism and the consolidation of the European world-economy, 1600-1750*, The Academic Press. (川北稔訳, 1993,『近代世界システム1600-1750：重商主義と「ヨーロッパ世界経済」の凝集』名古屋大学出版会).

Wallerstein, I., 1989, *The Modern World System III : the second era of great expansion of capitalist world-economy, 1730-1840s*, The Academic Press. (川北稔訳, 1997,『近代世界システム1730-1840s：大西洋革命の時代』名古屋大学出版会)

Wallerstein, I., 1995, *Historical Capitalism with Capitalist Civilization*, Verso. (川北稔訳, 1997,『史的システムとしての資本主義』新版, 岩波書店)

Wallerstein, I., 2011, *The Modern World-System IV: Centrist liberalism triumphant, 1789-1914*, University of California Press.

Weber, M., 1920, Die protestantische Ethik und der》Geist《des Kapitalismus, *Gesammelte Aufsätze zur Religiossoziologie*, Bd. 1, 1920 (大塚久雄訳, 1989,『プロテスタンティズムの倫理と資本主義の精神』岩波文庫)

Weber, M., 1920-21, *Gesammelte Aufsätze zur Religionssoziologie*, 5. Aufl., 1963, 3Bd., J. C. B. Mohr. (部分訳, 大塚久雄・生松敬三訳, 1972,『宗教社会学論選』みすず書房, 木全徳雄訳, 1971,『儒教と道教』創文社, 深沢宏訳, 1983,『ヒンドゥー教と仏教』日貿出版社, 内田芳明訳, 1962-64,『古代ユダヤ教』1-2, みすず書房)

Weber, M., 1921-22, *Wirtschaft und Gesellschaft*, 4. Aufl., 2 Bde., 1956, 5. Aufl., J. C. B. Mohr, 1972.（清水幾太郎訳, 1972,『社会学の根本概念』岩波文庫, 世良晃志朗訳, 1960, 62, 64, 70, 74,『支配の諸類型』『法社会学』『支配の社会学』1・2『都市の類型学』創文社, 富永健一訳, 1975,『経済行為の社会学的基礎範疇』中央公論社, 厚東洋輔訳, 1975,『経済と社会集団』中央公論社, 武藤一雄・薗田宗人・薗田担訳, 1976,『宗教社会学』創文社, 濱島朗訳, 1954,『権力と支配』みすず書房, 安藤英治・池宮英才・角倉一郎訳, 1967,『音楽社会学』創文社）

Wirth, L., 1938, "Urbanism as a Way of Life", *American Journal of Sociology*, 44, pp.1-25.（高橋勇悦訳, 1978,「生活様式としてのアーバニズム」鈴木広編『都市化の社会学』増補版, 誠信書房）

World Bank, 2015,「世界の貧困にかんするデータ」http://www.worldbank.org/ja/news/feature/2014/01/08/open-data-poverty

World Bank, 2016, World Development Indicators: Distribution of income or consumption, http://wdi.worldbank.org/table/2.9.

初出一覧

　本書は以下の諸稿をもとにしているが、Ⅰ-Ⅵは市民パラダイムを主権者パラダイムに変更したこと、Ⅰ-Ⅱはそのうえデスマス体をデアル体に変更したこと、により、それらすべてに、文体と形式の変更をはるかに超えた内容的な変更を施している。著者としては、これらにより、ともすれば欧米日中心となりがちな地球市民の目線を超え、かつて植民地化されたり従属国化されたりした諸国の人びとと同じ目線を維持するよう、一貫した努力したつもりであり、今後ともその努力をつづけるつもりである。

Ⅰ　庄司興吉, 2011,「市民とはどんな人間のことか？：市民のための市民学・序説」『清泉女子大学人文科学研究所紀要』32, 2011.3.
Ⅱ　庄司興吉, 2011,「帝国から市民社会へ：市民のための社会理論」『清泉女子大学紀要』59, 2011.12.
Ⅲ　庄司興吉, 2004,「情報社会変動の意味：グローバル化が提起している問題」(庄司興吉編『情報社会変動のなかのアメリカとアジア』彩流社, pp.15-30.
Ⅳ　庄司興吉, 2004,「新帝国か地球市民社会か：２１世紀世界の形成における市民の役割」(庄司興吉編『情報社会変動のなかのアメリカとアジア』彩流社, pp.279-292.
Ⅴ　庄司興吉, 2008,「現代社会論としての地球社会論：その必要性・輪郭・課題」『社会学評論』59-1, 日本社会学会, pp.37-56.
Ⅵ　庄司興吉, 2006,「地球社会化と市民化・再市民化の方向」(庄司興吉編『地球社会化にともなう市民意識と市民活動の研究』清泉女子大学文学部地球市民学科庄司研究室, pp.3-11.)
Ⅶ　初めて発表。Shoji, K., 2014, "Sociology of, by, and for Sovereign People: For a Truly Global Sociology", paper presented to the XVIII World Congress of Sociology, Yokohama, Japan. の日本語原稿。
Ⅷ　初めて発表。

事項索引

【数字・欧字】

3.11東日本大震災	194, 199
9.11チリ・アジェンデ政権の転覆	48, 53
9.11アメリカ同時多発テロ	48, 60, 121, 148, 158, 167, 188, 212
AMDA（アジア医師連絡協議会）	176
BBC	138
G7	216
G8	216
G20	217
G77	48, 216
NGO	176
NPO	176, 177
UHF	137
VHF	137

【あ行】

アウストラロピテクス	77
アカデミック・インペリアリズム	199
悪魔の挽き臼	90
アジア・アフリカ会議	44, 173
アジア・アフリカ・ラテンアメリカ〔諸国〕	120, 158, 180
アジア・ニーズNIEs	159, 168, 189
アステカ	104
アタックATTAC	177
新しい植民地主義	225
新しい遊牧民（ネオノマド）	104
アノミー	113
アパシー	113
アパルトヘイト	46
アファーマティヴ・アクション（差別撤廃行為）	149, 232
国際的な──	232
世界的な──	232
アフリカ	171
アフリカ系大統領	194
アフリカ統一機構OAU	46
アフリカの年	45
アムネスティ・インターナショナル	176
アメリカ	6, 8
アメリカ合州国	15, 81, 148
アメリカ先住民	196
アメリカ中心システム（USセントリック・システム）	156
アメリカ独立革命	14
アメリカの敗戦〔敗北〕	44, 52
新たな文明の諸契機	155
アラブの春	213
アラブ連盟	45
アルカイーダ	175
アルジェリア	45
アルゼンチン	41
安全保障〔安保〕法制	180, 212, 230
安全保障理事会	216
安全保障理事会〔安保理〕改革	216
アンチ・オイディプス	57
イエメン	45
異化	81, 87
イギリス	6, 8, 179, 196
イギリス革命	12, 13
イギリス国教会（アングリカン）	23
イギリスとアメリカの責任	122
『イギリスにおける労働者階級の状態』	32
イスラーム	101, 129, 175
イスラーム原理主義	121

イスラーム帝国	102	英語帝国主義	142
イスラエル	45, 221	エートス	23
イスラミックステート（IS）	121, 212	エジプト	45, 62
一次〔社会〕システム	95, 165	エスニシティ	35
一神教	97	エスニシティ運動	190
一党独裁	38	エチオピア	46
一般意志	106	エトノス ethnos	115
イデオロギー Ideologie	56, 103	オイル・ショック	52, 53
イデオロギーから宗教へ	175	王	89, 98
イヌイット	203	王国	99, 208
意味	128, 211	欧米日市民社会	121
移民	169	沖縄〔県〕	192, 194, 195, 207
移民労働者	169, 171	オスマン帝国	103
イラク	45	オックスファム	176
イラン	45	オランダ	196
インカ	104	オリエンタリズム〔批判〕	51, 183, 198

【か行】

インターナショナル	33	カースト制	81
インターナル・コロニー（国内植民地）	149, 150, 184, 194	ガーナ	45, 47
インターネット	139	改革開放（中国）	8, 39, 131, 135
インターネット革命	73	階級	82, 164
インタナショナリズム	33, 82	階級社会	164
インド	44, 50, 168, 229	階級社会の原型	80
インドネシア	43, 229	階級闘争	75, 82
インフォーマル・エコノミー	114	階級闘争史観	83, 84, 185
インフラストラクチュア	92, 113	階級の幻想	83
インペリウム（至上命令）	143, 148, 150, 151	介護問題	233
ヴァーチャル・リアリティ	139	下位システム（社会の）	94
ウィキリークス	62	解釈学的現象学	66
ヴェトナム	7, 8, 39, 43, 44	外集団	78, 79
ヴェトナム戦争	44	階層構造	
ヴェトナム反戦運動	123, 190	砂時計（アウアグラス）形の──	159, 168, 222
失われた10年	53		
ウパニシャッド哲学	100	ダイヤ形の──	159
ウルトラモダニズム	181	地球的規模の──	168
映画〔産業〕	137	階層社会	208
英語	172	階層性	74, 75, 78, 79, 80, 164, 166, 208
インド──	172	開発独裁	49
グローバル──	172	解放説	22
シンガポール──	172		

256　事項索引

科学技術	108, 110, 224
科学技術革命	108
核家族	166
核軍拡競争	167
核軍産複合体	221
核軍備競争	212
格差	158, 160, 213
格差社会化	160
格差の複雑化	213
核社会帝国主義	186
革新自治体	40
核戦争の可能性	131
核戦争の危機	209
拡大再生産	23
核弾頭(の数)	212
核非武装キャンペーン	176
囲い込み(エンクロージャー)	25, 31
家産官僚制	89, 99
家族	77
カトリック	23
株式会社	34, 144
株式会社と市民政府のプログラム	205
貨幣	24
過密と過疎〔問題〕	113, 193
カルチュラル・スタディーズ	51
環境主義	180
環境破壊	116, 117, 160, 169, 210, 217
環境破壊の地球的規模への拡大	161
韓国	50, 152
韓国の民主社会化	154
慣習	69
環節的社会	77, 164
間接民主主義	5
ガンディー主義	198, 204
管内閣	62
官僚制	109
官僚制批判	110
議院内閣制	4, 109
議会制民主主義	13
企業の民主化	234
気候変動にかんする政府間パネル	
IPCC	217
気候変動枠組条約	169, 231
疑似環境	137
儀式	87
北朝鮮	8, 39, 155, 188, 212, 221
北朝鮮問題〔朝鮮半島分断〕	190, 213
金大中(キムデジュン)政権	154
「逆格差」論	207
キューバ	7, 8, 42, 47
キューバ危機	117
教育	67, 69
教育制度	110
教会	99
共感力	27
教義	87
恐慌(パニック)	27
共産党(イタリア)	40
教社	87, 99
共生	120
協同組合	36, 37, 206, 228, 229
——七原則	229
協同組合のアイデンティティに関する声明	229
共同性	74, 75, 76, 80, 83, 84, 129, 164, 165, 208
共同性と階層性の相克	85
共同体	76
協同的福祉社会	229
京都議定書	170, 231
共和政	16
共和〔制〕国〔家〕	15, 43, 96
局地的市場圏	115
巨大な問題の束	220
拒否権	216
ギリシア	50
ギリシア正教	101
キリスト教	101
近代化	155
近代化論	49
近代世界システム	195
近代〔主義〕的生産・生活様式	224, 232

近代ブルジュワ的生産様式	224	言説	68, 181
近代〔市民社会〕文明の息苦しさ	201	言説分析	57
禁欲説	22	現代社会認識	238
空（一切皆空）	118, 119	現代社会のマトリクス	212, 235
クウェート	45	現代の独裁制	114
空即是色	119	憲法	109
グラスノスチ（情報公開）	55, 132	権利の章典	13
グリーンピース・インターナショナル	176	権力	181
		合意（コンセンサス）	88
クリオーリョ	41, 196	交易都市	92
黒い皮膚、白い仮面	51	公害	32
グローカル	155	交感	90
グローバリズム	162	交換	90, 91
グローバル・ヴィレッジ	140	抗議デモ（サミットやWTOへの）	174
グローバル化	128, 132, 140, 142, 143, 163	公共性	55, 56
		公共性の構造転換	55
グローバル・テロリズム	121, 209, 212	高次システム性（社会の）	225
グローバルな民主主義	141	構造	128, 211
グローバルメディア	142, 172	皇帝	89, 99, 104, 144
軍（近代の）	109	高度〔経済〕成長（日本経済の）	52, 193
軍産複合体	179, 221	公民権運動	6, 35, 149, 190
軍隊	89, 99, 126, 147, 148, 152	公民権法	123
ケア・インタナショナル	176	甲羅のない蟹	147
経済社会理事会	176, 230	合理化	88
経済成長	50	功利主義	110
携帯電話	172	高齢者	233
ケーブル・テレビ	137	高齢者虐待	219
ケーブル・ニュース・ネットワーク CNN	138	高齢者差別	225
		コール政権	54
結婚後の姓	218	五月革命	70
ゲノッセンシャフト	206, 234, 235	コギト	105
言語	172, 225	国王は君臨すれども統治せず	13
言語（英語）帝国主義	138	国語	115
原始共同体	76	国際協同組合同盟ICA	206, 228
原子爆弾	116, 120	国際社会	157, 166
現象	66	国際主義（インタナショナリズム）	82, 180
現象学的還元	66		
原子力発電〔原発〕	193	国際人口移動者（移民）	161
——「安全神話」	194	国際貧困ライン	214
—— 事故	217	国際法	223
原水爆禁止運動	176, 227	国際民主社会	148, 151, 189

258　事項索引

国際連盟　149
国際労働者協会（第一インター）　32
黒人　6, 196
国内植民地主義（インターナル・コロニアリズム）論　14, 198
国民（ネイション）　3, 4, 17, 18, 82, 108, 115, 144, 166
国民形成Nation Building　46, 50, 148, 158
国民国家（ネイション・ステート）　19, 108, 120, 126, 157, 166
国民投票　5
国連（国際連合）　149, 152, 157, 173, 215
国連改革　180
国連開発の10年　215
国連決議181号　45, 122, 213
国連憲章第71条　176
国連食糧農業機関FAO　170
国連の役割　120
国連貿易開発会議UNCTAD　48, 173, 216
国家　27, 86, 89, 99, 126, 165, 166
国家計画（ゴスプラン）　133
国家社会主義　38, 39, 133, 146
国家主権　146
国家のイデオロギー装置　67
国境なき医師団　176
子どもの貧困　218
コピーの世界　137
コミュニケーション的行為　55, 226
コミュニケーション的多身体　225
コミュニケーションの流れ　181
コミュニタスとストラクチュア　87
コロンビア　41
コンビナート公害　160
コンピュータ　138, 143

【さ行】

再帰性　76, 126
再帰的　118, 210, 235
再産業化re-industrialization　131
再主権者化　61, 191
再生産過程表式　27
再生産論　28
再民主化　190
サウジアラビア　45
サッチャー政権　54
サティー（寡婦）　58, 183
サバルタン　58, 59, 60, 61, 114, 150
差別語　225
差別撤廃行為 → アファーマティブ・アクション
差別の歴史　225
サミット　216
参加（アンガジュマン）　71
産業革命　18, 31, 32, 111, 116, 209
産業資本　25
産業資本主義　22
産業主義　36, 134
産業・都市化社会　186
産業民主主義　234
三権分立　5, 109, 166
三民主義　43
シーア派　102
寺院　99
ジェンダー　35
自我　202
時間と空間　87
色即是空　119
色即是空空即是色　125
事業のプログラム　205
自己言及〔性〕　65, 66, 112, 124, 125, 126, 210, 235
市場　86, 90, 91, 126, 165
市場化　132, 142, 166
市場経済　134
市場原理主義　53, 55
市場権力　177
市場社会主義　39, 131, 133
システム〔性・化〕　75, 84, 93, 95, 164, 165, 186, 208
自然科学　108

自然状態	105, 106, 223
自然・人間意識	204
持続可能性	163
持続可能な社会	226
持続可能なライフスタイル	232
七月革命	16
自治都市	12
実証主義	36
実践	238
実践社会学	204, 238
実存	71
実存主義	70
シティズン（市民）	11, 21
シティズンシップ	171
シティズン社会	84
児童虐待	218
自動車公害	160
シトワイヤン	11
ジニ係数	213
ジハード（聖戦）	124
自爆攻撃	187
自爆テロ	124
資本	22
資本家	26, 27
資本家階級（ブルジュワジー）	84, 112
資本主義	22, 30
資本主義経済	26
資本主義社会	22, 29
資本主義の精神	24
資本蓄積	23, 24
資本蓄積論	28
市民	3, 11, 21, 93, 144
主体としての――	105
市民革命	196, 209
市民社会	24, 93, 94, 112, 114, 126, 144, 165, 166, 185, 209
――の特殊性	115
――の普遍性	115
市民社会史観	199
市民社会の形態学的管理	113
市民社会の矛盾	115

市民的生活様式	224
市民パラダイム	238
市民民主主義	15
社会	74, 163
――の容積と動的密度	93
――のシステム化	185
社会化	65
社会開発サミット	215
社会革命	17
社会形態学	93
社会システム → システム〔性・化〕	
社会主義	35, 36
20世紀――	37, 54, 131, 209
社会・生態システム	119, 127, 163, 230
社会・生態システムへの展望	125
社会帝国主義	39, 55, 131, 133, 145, 186, 197
社会党（フランス）	33, 40, 83
社会統合装置	84, 86
社会の対等の生存権	203
社会分業	77, 87
社会変動の一般理論	200
社会膨張	79, 185
社会膨張モデル	80
社会民主主義	180
西欧――	131
社会民主主義政党	174
社会民主党（ドイツ）	28, 33, 40, 83
社会理論の根本問題	84
主意主義	71
自由	71
自由からの逃走	10, 11
習慣の束	69, 220
宗教	86, 87, 88, 96, 108, 126, 165
宗教改革	98, 107
宗教そのものへの「改心」	175
集合意識	88, 113
私有財産	78
「集産主義」批判	53
十字軍	12
集積回路IC	138

修正10カ条	15	商業資本	22, 25, 92
重層決定	211	商業ルネサンス	12
従属(先進諸国間の)	30, 184	焼身自殺	123, 124
従属の構造	48, 133, 196	少数民族	34
従属の構造(先進国間の)	153, 197, 207	小選挙区制	9, 193
従属理論	49, 198	商人	92
集団的自衛権	180, 212	少年兵の問題	218
自由・平等・友愛	16, 31, 57, 224	消費	147
自由・平等・友愛・調和	232, 233	消費社会化	135
住民運動	161	消費社会論	135
自由民権運動	17	商品	24
住民投票	5	情報	200
儒教	100	情報化	142
熟慮	69	情報空間	139
主権	157	剰余価値	25
主権者	3, 4, 8, 9, 60, 63, 64, 73, 74, 105, 127, 141, 154, 157, 175, 206, 211, 230, 234	職業	23
		植民地	19, 30
		日本の――	42, 43
――であることの恐ろしさ	10, 11	植民地化	19, 46, 111, 209
――に定年はない	233	生活世界の――	55
――の責任	9	植民地解放〔運動〕	41, 197
日本の――	191, 233	植民地再分割	197
日本社会の――	192, 195	植民地主義	19, 195, 196, 209
連携する――	72	イギリス――	20
主権者意識	154, 174, 230, 239	オランダ――	20
主権者意識(地球社会の)	232	スペイン――	19
主権者化	40, 61, 62, 150, 151, 189	フランス――	20
主権者行動	154, 176, 177	ポルトガル――	19
主権者史観	199	植民地〔と同じ〕状態	192, 193
主権者投票	5	植民地帝国	196
主権者の新しさ	5, 7	――としてのアメリカ	197
主権者の、主権者による、主権者のための社会理論	64	――としての日本	197
		植民地の独立(最初の)	41, 96, 196
主権者の民主協同社会へ	239	『女工哀史』	32
主権者パラダイム	238	女性	6, 34
主体	211	女性差別	218, 225
主体化	128	女性の実質的社会参加	35
障がい者	219	地雷禁止国際キャンペーン	176
障がい者差別	225	シリア	45
障害者総合支援法	219	辛亥革命	43, 103
城下町	92	シンガポール	44, 50

「人権」(新帝国のいう)	147	スターリン批判	39
人権意識	204	砂時計(アウアグラス)形化(先進国階層構造の)	222
人権宣言	109		
新興工業経済地域NIEs	50	スペイン	50
新興諸国	198	スリーマイルアイランド	160, 217
新興成長国(BRICsあるいはBRICS)	214	スンナ(慣習)派	102
		生活世界	55, 73, 201
人口(世界)	161, 170	——の植民地化	55, 56
人口第一位国の逆転現象	170	生活様式	134, 136
人口減少	161, 170	産業主義的——	135
人口爆発	161	都市的——	135
人口問題	161	政教分離	108, 144, 166
新国際経済秩序NIEO	173	性差別(セクシズム)	85
人種	128	生産・生活様式	232
新自由主義	54, 59, 131	生産力の無限増大	112, 117
人種関係(中南米の)	41	政治主義	55, 132
人種差別	35, 183, 218	政治的かつ経済的な主権者	235
人種・民族的階層構造	222	生政治的生産	60, 146, 148, 162
人種・民族問題	82	生態系内在性〔的〕	76, 118, 164, 166, 169, 170, 210
新植民地主義	47, 133, 222		
神政	89	政党	64
身体	66, 210, 218, 225, 226	政党の数	205
身体的社会問題	218	生と死の境界処理	233
身体的属性	224	聖と俗	87
身体の多様性	232	政府開発援助ODA	230
新帝国	143, 146, 147, 174, 187	生物多様性	217
新帝国システム	189, 191	政府のプログラム	205
新〔核〕帝国主義	145, 146, 153, 186	政府の民主化	234
神仏にすがる	10	生命	211
シンボリズム	86, 98	世界経済フォーラム	177
人民	4	世界市場	111
人民憲章 → チャーティスト運動		世界システム	61, 129
人民民主主義	7, 59, 190, 205	社会主義——	131
侵略主義(日本の)	192	世界システム論	49
森林伐採	217	世界自然保護基金WWF	176
人類社会の憲法	203	世界支配のシステム	186
人類の一員	228	世界社会	56, 91, 162, 166, 229
人類の消極的運命共同体化	221	世界社会学会議	199
神話(創世神話)	87	世界社会フォーラム	177
枢軸時代	100	世界食糧計画WFP	170
スーダン	45	世界人権宣言	171

世界政府	223, 233
世界征服	195
世界戦争	29
世界的民主社会化と地球環境破壊	
との矛盾	117
世界動学	162
世界へのメッセージ	199
世界法	91
世界放送	137, 138
世界保健機関WHO	170, 218
世界連邦運動	223
石油危機	52, 53
セクシュアリティ（セクシュアリテ）	
	57, 58, 60, 69, 219
セクシュアリティの多様性の無視	225
絶滅の危機（核戦争による）	213
セミコロニアリティの問題	153
セミコロニアルな性格〔状態・立場〕	
	152, 184, 188
日本および日本人の ──	153
禅	98, 125
前衛政党	29
選挙	
ヴェトナムの ──	7
キューバの ──	7
中国の ──	7
選挙権	31
選挙権獲得運動	38
選挙制度	64, 148
選挙法改正	6
イギリスの ──	6
全国総合開発計画	193
先住民	15
先進国サミット	173, 216
戦争	110
新しい型の ──	167
戦争と平和	158
戦争の起源	79
戦争の不可能性	166
千のプラトー	57
戦略	211
戦略防衛構想SDI	54
争議行為の刑事免責	32
操作システムOS	138
想像の共同体	166
総体化	139, 140
相対主義の相対化	202
総体性	140, 225
総体性（高次システム性）	211
総体性あるいは高次システム性としての	
現代社会	235
即自存在	71
属性（アスクリプション）	61, 210
属性革命	61
租税回避地Tax Haven	177
ソ連（ソヴェート社会主義共和国	
連邦）	29, 55, 197
ソ連東欧	54

【た行】

体育	68
第一インター	33
第一次世界大戦	33, 197
大学改革運動	190
第三共和政	16
第三世界	120, 131
対自存在	71
大衆	114
大衆宗教	101
大衆消費経済	187
大衆操作	114
大転換	90, 132
大統領制	5, 109
第二インター	33, 82, 83
第二次科学革命	200
第二次世界大戦	29, 190, 197
大日本帝国憲法	17
台湾	50, 155
台湾問題（中台分断）	190, 213
多環節社会	77
『タクシー・ドライバー』	52
多国籍企業	160, 168

多国籍（世界）企業を統制するプログラム	205	中核・半周辺・周辺構造	129, 130
多神教	97	中華帝国	101, 103, 144
多チャンネル化	137, 138	中華民国	43
脱構築（デコンストリュクション）	58, 59, 74, 182	中国（中華人民共和国）	7, 8, 39, 43, 50, 54, 59, 152, 168, 188, 190, 229
脱構築主義	181, 182	——の民主社会化	154
脱構築の脱構築	182, 183, 184	中国共産党	43
脱主権者化	61, 62, 114, 189	抽象機械	57
達人宗教	101	中東戦争	45, 51
脱中心化	56	チュニジア	45, 62, 121
タブー	68	徴税	89, 99
多遍主義	199, 204	調整様式（レギュラシオン）	136
単環節社会	77	朝鮮戦争	43
知育	68	超大規模集積回路VLSI	138
小さな政府	131	調和（自然との）	232
地位と役割のセット	75	直接行動（労働者の）	37
地位の非一貫性	75	直接投票	5
チェルノブイリ	160, 217	直接民主主義	5
地球温暖化	117, 161, 169, 217, 231	チリ	41, 47
地球環境	163	『沈黙の春』	160
地球環境問題	126	低開発の発展	49
地球サミット	231	「帝国」（→ 新帝国）	60, 146, 179
地球社会	162, 163, 166, 178, 220, 230	「帝国」的システム	186, 187
——の共同性	167	帝国	89, 95, 99, 103, 104, 126, 129, 143, 144, 165, 174, 179, 185, 208
——の階層性	168	帝国間抗争の歴史	208
——のシステム性	171	帝国主義	20, 28, 96, 130, 145, 209
地球社会の主権者	230	帝国主義戦争	28, 33, 96, 115, 130
地球社会の主権者意識	231	帝国の興亡	94
地球社会の定義	163	帝国の最大の弱点	104
地球生態系	76, 231	帝国の生産力基盤	103
地球生態系の危機	166, 217	ディスクルス	56, 57, 73, 181
地球生態系の容量飽和	223	締約国会議COP	169, 231
地球・地域的（グローカル glocal）	155	地球的情報化	171
地球的組織化	173	デコンストリュクショニスム → 脱構築主義	
地球的な共同性	167	デジタル化	138, 143
地球民主社会	51, 60, 61, 151, 155, 171, 176, 177, 178, 189, 228	デジタル・ディバイド	172
知総体	145	哲学	94, 100
地に呪われたる者	51	鉄の檻	24
チャーティスト運動	6	テロ〔リズム〕との戦争	60, 121, 158,

	167	**【な行】**	
テロリズム	158		
グローバルな──	167	内集団	78
──との闘い	116, 121, 126, 175, 179	内部告発	110
電子化	143	中曽根政権	54
電子情報化	140	仲間社会	234
──の公開化機能	141	名護市	194, 195, 207
電子情報市場化	140, 143, 163	ナショナリズム	17, 28, 33, 38, 166
電子情報社会化	137	後追い──	19
天皇	100	孤立〔独立〕──	18
ドイツ	6, 153	自生的──	18
ドイモイ（改革・刷新）	8, 39	対抗的革命的──	18
同意（コンセンサス）	208	ナチス	10
統一科学	201	ナロードニキ	122
同化	81, 87	南北格差	214
等価機能分析	56	難民	212
統覚機能	139	ニート	215
道教	100	二月革命	16
同性婚	219	ニクソン・ショック	52
東南アジア諸国連合ASEAN	50, 152, 180, 189	二次〔社会〕システム	95, 114
		「二重らせん」説	200
トーテム	68	二大政党制	8
トービン税	177	日米安保体制	43
徳育	68	日本	7, 121, 152, 184, 197
特異身体（王、皇帝）	89, 90, 98, 144	日本共産党	39, 40
独占あるいは寡占化	28	日本国憲法	3, 4, 193, 230
特定非営利活動促進法（NPO法）	177	──第九条	193
独立戦争	15	日本社会形成のプログラム	207
都市	86, 91, 92, 93, 118, 126, 165	日本社会党	39, 40, 174, 194
都市化	113, 166	日本帝国主義	154
都市基盤 → インフラストラクチュア		『日本の下層社会』	32
都市的生活様式	113	日本の軍国主義	10
途上国援助	230	ニュージーランド	7, 34
途上国間格差	214	ニューディール	190
土木技術	92	人間	124, 226
トヨティズム	136	人間解放	201
奴隷	90	ネイション → 国民	
奴隷解放	15	ネオモダニズム	181
奴隷制	81	ネットワーク市民	72
奴隷売買	91	ネットワーク主権者	73, 156
		ネティズン	62, 72, 156

年少者差別	225
年齢差別（エイジズム）	85, 219
年齢差別禁止法（ADEA）	219
農民専業合作社	229
野田内閣	62
盧武鉉（ノムヒョン）政権	154

【は行】

パーソナル・コンピュータ	138
排除と包摂	79
ハイチ	41
売買春	57, 91
拝物教	97
パキスタン	44
幕藩体制	82
パソコミ（パーソナル・コミュニケーション）	67
初身体	65, 66
鳩山（由紀夫）内閣	61
ハビトゥス	69, 70, 72, 74
バブル経済	53
パリ協定（2015年）	170, 231
パリ・コミューン	16, 33, 37
パレスチナ解放機構（PLO）	45
パレスチナ	45, 51
パレスチナ問題	45, 122, 213
ハレとケ	87
パン・アメリカ会議	42
バングラデシュ	44
反グローバリズム市民運動体	177
バンド	76
ピースウィンズ・ジャパン	176
非営利組織NPO	151, 177
東アジア	155
東アジア共同体の構想	189
非正規雇用	215
非政府組織NGO	151, 176
否定の否定	150, 166, 189, 221
ヒト	164
非同盟諸国会議	173
人および市民の権利宣言	16, 196, 204

一株一票（制）	34, 144, 205, 228
一人一票（制）	34, 144, 205, 206, 228
ピノチェト独裁政権	53
ヒバクシャ	227
ヒバクシャ的人間	227
ビヒモス	105
非暴力の抵抗	123
ピューリタン革命	13, 14
ビュルガー	11
平等の感情	85
比例代表制	9, 204
広島と長崎	192
貧困	126
ヒンドゥー教	101
ファシズム	114
フィリピン	42, 43
風土論	97
フェミニズム	34, 35, 150, 199
フェミニズム運動	190
フォーディズム	136
武器	79
福島	160, 217
福島第一原発	194
部族	164
部族・民族抗争	164
スタグフレーション	52
2つの世界	130
普通選挙	4, 6, 34, 63, 106
アメリカの ──	6
イギリスの ──	6
男女同権の ──	7
ドイツの ──	6
途上国の ──	7
日本の ──	7
ニュージーランドの ──	7
フランスの ──	6
ロシアの ──	7
普通選挙の制度化	188
仏教	98, 100
物質・エネルギー	200
物〔象〕化	89

普天間基地	194, 207
不平等感	85
普遍宗教	100
普遍主義の普遍化	201
普遍的価値	206
普遍的機能化	56
普遍的語用論	56
普遍的市民	3, 4
プラクシス	70, 72
プラグマティズム	69
ブラジル	42, 50, 168
プラティーク	70, 72
ブランキズム	37
フランス	6
フランス〔大〕革命	16, 17
フランス社会党 → 社会党 (フランス)	
ブリックス BRICs or BRICS	50, 214
ブルジュワ (市民)	11, 21, 83
ブルジュワジー	21
ブルジュワ社会	84
プログラム	
シグナル性の──	200
シンボル性の──	200
ブロック化	133
プロテスタンティズム	23, 107
プロレタリア〔ート〕	26, 31
プロレタリア独裁	33
プロレタリア民主主義	7
文化資本	70
文化、政治、経済、社会	94
文化相対主義	202
文化大革命	39
文化帝国主義	142
文化的再生産	70
文化的自己認識	183
文化の見直し	224
分業	77
文民統制 (シヴィリアン・コントロール)	109
文明	86, 93, 126, 129
文明化の過程	126
文明帝国	100
文明の衝突	129, 175
ヘイトスピーチ	218
平和革命	47
平和五原則	44
平和国家	234
ベネズエラ	41
辺野古	194, 195, 207
ペルー	41
ペレストロイカ (改革)	7, 39, 54, 131
ヘレニズム	100
『弁証法的理性批判』	71
包摂と排除	87
封建制	12
日本的──	80, 82
放射能汚染	160
法則	200
方法的懐疑	65
『方法の問題』	71
暴力	78, 85, 88, 111, 120, 121, 122, 209, 227, 234
暴力の制御〔の歴史〕	126, 208
ポストコロニアリズム	51, 59, 61, 150, 183, 189, 199
ポストコロニアルな国家	42
ポストコロニアル〔な時代〕	41, 220
ポストコロニアルな世界	150, 218
ポスト・フォーディズム	136
ポストモダニズム	149, 181
ボリシェビキ	38
ポリス	11
ボリビア	41
ホルド	76
ポルトガル	50
香港	50
本質	71

【ま行】

マーストリヒト条約	53
マウリア朝	100
マケドニア王国	100

マスコミ（マス・コミュニケーション） 67
マスコミによる教育 67
マトリクス 212, 235
マトリクスの原形 238
マネタリズム 54
マヤ 104
マルクス・レーニン主義 39
マルチチュード 60, 61, 114, 150
マルチメディア化 142
マレーシア 44
見えざる手 27
未完の近代 56
未主権者 60
ミッテラン（社会党）政権 54
南アフリカ 46
未発掘（コロニー） 59
未民主化状態 187
ミレニアム開発目標（MDGs） 215
ミレニアム・サミット 215
民主化 59, 62, 118
民主化（各国社会および地球社会全体の） 210
民主協同社会 234
民主協同社会のプログラム 206
民主社会 34, 62, 94, 95, 106, 112, 114, 119, 126, 144, 154, 210
　　基本システムとしての── 226
　　ポストコロニアルな── 148
　　ポストコロニアル時代の── 206
民主社会史観 84
民主社会の実現 227
民主社会問題 145
民主主義 55, 63, 94, 144, 166, 226, 234
　　世界── 198
「民主主義」 147
民主主義的奴隷制 222
民主主義のプログラム 204
民主的社会主義 40
民族 82, 128, 164
民族の呪縛 83

民族紛争 158, 167
無差別テロ 124
無神教 98
無神論 108
無政府状態（アナルシー） 37
明治維新 17
名誉革命 13, 14
メキシコ 41, 42, 50
メゾコミ（中間コミュニケーション） 67
メディアリテラシー 172
毛沢東主義 198, 204
モノカルチャー 46
物自体 66
モロッコ 45
モンゴル〔帝国〕 102, 104
門前町 92
問題 211
モンロー主義 42

【や行】

友愛Fraternitéの意味の実質化 233
有機的社会 77
ゆたかな社会 158
ユダヤ教 100
輸入代替工業化政策 47, 48
ヨーロッパ連合 53, 179, 180, 190
欲望する諸機械 181
ヨルダン 45

【ら行・わ】

ラッセル・アインシュタイン宣言 221, 228
ラッダイト運動 31
ラテンアメリカ 47
「利己的な遺伝子」 201
リスボン大地震 106
理想的対話状態 → ディスクルス
リゾーム 57, 73, 182, 225
利他主義 201
立憲君主制 13

立憲主義	109	労働基準法	33
理念と利害関心Idee und Interesse	103	労働組合	228
リビア	45, 62	労働組合法	32, 33
理論	211	労働三法	33
冷戦	115, 117, 130, 158	労働者	26, 27, 31, 32
レヴァイアサン	105	労働者階級（プロレタリアート）	84, 112
レーガン政権	54		
レーニン主義	132	労働争議法	32
歴史	211	労働党（イギリス）	40
歴史認識	122, 153	労働と労働運動の理論	206
歴史認識の共有	122, 220, 227, 228	労働力の商品化	25
レギュラシオン理論	136	ローマ帝国	101
レバノン	45	ロシア	7, 122, 168, 213
レファレンダム → 主権者投票		ロシア革命	29, 33
連立政権	9	ワーキングプア	215
労使関係調整法	33	ワーグナー法	33
老荘思想〔の考え方〕	98, 119	ワイマール憲法	7, 10, 33
労働運動のプログラム	205		

人名索引

【あ行】

アインシュタイン, A. 200
アグリエッタ, M. 136
アジェンデ, S. 47, 48
アショーカ王 100
アブデル-マレク, A. 51
アリストテレス 100
アルチュセール, L. 56, 67
アレクサンドロス大王 100
イダルゴ, M. 41
ウィーナー, N. 200
ウェーバー, M. 23, 24, 25, 88, 89, 100, 103, 107, 110
ウォーラステイン, I. 49, 130
エンクルマ, K. 47
エンゲルス, F. 24, 32, 33, 35, 37, 77
オーウェン, R. 35
大塚久雄 154
オッフェ, C. 153
オバマ, B. 61

【か行】

カウツキー, K. 28, 30, 38
カーター, J. 53
カストロ, F. 47
ガタリ, F. 57, 58, 72, 73, 149, 181, 225
カブラル, P. A. 19
カミュ, A. 122
カルヴァン, J. 23
ガンス, H. 149
ガンディー, M. 44, 51, 123
カント, I. 65, 66, 73, 105, 162
カンパネッラ, T. 35
キング, M. L. 51, 123
ギンタス, H. 70
グラムシ, A. 58
クリック, F. 200
グロティウス, H. 223
クロムウェル, O. 13, 23
ケインズ, J. M. 52
ケネー, F. 18, 111
ケネディ, J. F. 123
ゲバラ, チェ 47
幸徳秋水 28, 96
ゴルバチョフ, M. C. 7, 39, 55, 131, 132
コント, A. 36

【さ行】

サイード, E. 51, 183, 189, 198
佐藤栄作 124
サパタ, E. 42
サルトル, J.-P. 70, 71, 72, 73, 201
サン-シモン, H. de 18, 36
サン-マルティン, J. de 41, 42
ジェームズ, W. 69
始皇帝 101
清水幾太郎 147
周恩来 44
ジョレース, J. 33
ジョンソン, L. 123
ジンメル, G. 91, 162, 181, 224
スカルノ 43
スターリン, И. B. 29, 38, 100
スピヴァク, G. C. 58, 59, 73, 183, 189, 199
スペンサー, H. 17
スミス, A. 18, 27, 111
ソウル, G. 134
孫文 43, 103

270　人名索引

【た行】

ターナー, V.	87
ダール, R.	148
高田保馬	91, 162
田中耕太郎	91, 162
ディオゲネス	100
ティック・クアン・ドック	123
デカルト, R.	65, 73, 107
デクエヤル, J. P.	216
デクラーク, F. W.	46
デューイ, J.	69
デュ・ガール, R. M.	83
デュルケム, É.	77, 88, 89, 93, 108, 113, 164, 203
デリダ, J.	58, 72, 73, 181, 182
テンニース, F.	206
ドゥルーズ, G.	57, 58, 72, 73, 149, 181, 225
ドーキンス, R.	201
ドス-サントス, T.	49
トロツキー, Л. Д.	38

【な行】

ナセル, G. A.	45
ナポレオン〔・ボナパルト〕	16, 41
ニクソン, R.	52
ニュートン, I.	105, 200
ネグリ, A.	60, 95, 143, 146
ネルー, J.	44

【は行】

ハーズ, A.	124
ハート, M.	60, 95, 143, 146
ハイエク, F.	53
ハイデッガー, M.	58, 66, 71, 72, 73
パスカル, B.	107, 211
ハバマス, J.	55, 56, 57, 73, 137, 149, 181, 226
バブーフ, F. N.	37
ハロッド, R.	52
ビスマルク, O. von	17
ヒトラー, A.	10
ピノチェト, A.	53
ヒルファーディング, R.	28
ビンラーディン, U.	175
ファノン, F.	51, 183, 189
フーコー, M.	56, 58, 60, 68, 72, 73, 149, 181
フーリエ, C.	36
フォード, G.	53
フッサール, E.	66, 73, 105
ブッシュ, G. W.	60, 189
ブトロス-ガーリ, B.	216
ブハーリン, Н. И.	38
プラトン	58
ブラン, L.	37
ブランキ, L. A.	37
フランク, A. G.	49
フリードマン, M.	53
プルードン, P. J.	37
フルシュチョフ, Н. С.	39
ブルデュー, P.	69, 70, 72, 73
プレオブラジェンスキー, E. A.	38
プレビッシュ, R.	48
フロイト, S.	68
フロム, E.	10
ペイン, T.	15
ベーコン, F.	105
ベルンシュタイン, E.	38
ベンサム, J.	110
ホー・チ・ミン	44
ホール, S.	183, 189
ボールズ, S.	70
細井和喜蔵	32
ホッブズ, T.	105, 223
ホブスン, J. A.	20, 28, 96, 145, 197
ポランニィ, K.	90, 132
ボリバル, S.	41, 42

【ま行】

真木悠介	199, 201

マクルーハン, M.	137, 140	横山源之助	32
マデーロ, F.	42	吉田民人	199, 200
マルクス, K.	10, 24, 32, 33, 35, 37, 89, 103, 201, 224	**【ら行・わ】**	
丸山眞男	154	ライプニッツ, G.	105
マンデラ, N.	46	ラモネ, I.	177
マンハイム, K.	147	リスト, F.	18, 111
見田宗介	199	リップマン, W.	137
ムハンマド	101	リヒトハイム, G.	35
メッテルニヒ, K. von	43	劉暁波	62
メルロ-ポンティ, M.	66, 73	ルーマン, N.	56, 162, 181
モア, T.	31, 35	ルクセンブルク, R.	28, 30, 38
毛沢東	29	ルソー, J. J.	16, 106
モーガン, L. H.	77	レヴィ-ストロース, C.	71, 72, 93, 203
モレーロス, J. M.	41	レーニン, В. И.	20, 28, 29, 30, 37, 38, 96, 100, 132, 145, 197
モンロー, J.	18	ロック, J.	105
【や行】		ロストウ, W. W.	49
ヤスパース, K.	97, 100, 108	ロベスピエール, M.	16
由比忠之進	124	ワトソン, J.	200

著者主要著書

■**単著**:
〔社会学・社会科学関連〕『主権者の社会認識 ── 自分自身と向き合う』(東信堂、2016年、本書)、『社会学の射程』(東信堂、2008年)、『日本社会学の挑戦 ──「変革」を読み解く研究と文献』(有斐閣、2002年)、『地球社会と市民連携 ── 激成期の国際社会学へ』(有斐閣、1999年)、『人間再生の社会運動』(東京大学出版会、1989年)、『管理社会と世界社会』(東京大学出版会、1989年)、『社会発展への視座』(東京大学出版会、1989年)、『社会変動と変革主体』(東京大学出版会、1980年)、『現代化と現代社会の理論』(東京大学出版会、1977年)、『現代日本社会科学史序説』(法政大学出版局、1975年)。

〔大学生協・協同組合論〕『主権者の協同社会へ ── 新時代の大学教育と大学生協』(東信堂、2016年)、『学生支援と大学生協 ── 民主協同社会をめざして』(丸善プラネット、2015年)、『大学改革と大学生協 ── グローバル化の激流のなかで』(丸善プラネット、2009年)

■**編著**:『地球市民学を創る』(編著、東信堂、2009年)、『情報社会変動のなかのアメリカとアジア』(編著、彩流社、2004年)、『共生社会の文化戦略 ── 現代社会と社会理論:支柱としての家族・教育・意識・地域』(1999年、梓出版社)、『世界社会と社会運動 ── 現代社会と社会理論:総体性と個体性との媒介』(1999年、梓出版社)、『再生産と自己変革』(1994年、法政大学出版局)、『住民意識の可能性』(1986年、梓出版社)、『世界社会の構造と動態』(法政大学出版局、1986年)、『地域社会計画と住民自治』(1985年、梓出版社)、『転換期の社会理論』(垣内出版、1985年)

■**共編著**:『福祉社会の家族と共同意識 ── 21世紀の市民社会と共同性・実践への指針』(梓出版社、1999年、青井和夫・高橋徹と共編著)、『現代市民社会とアイデンティティ ── 21世紀の市民社会と共同性・理論と展望』(1998年、梓出版社、青井和夫・高橋徹と共編著)、『市民性の変容と地域・社会問題 ── 21世紀の市民社会と共同性・国際化と内面化』(梓出版社、青井和夫・高橋徹と共編著)、『知とモダニティの社会学』(東京大学出版会、1994年、矢澤修次郎と共編著)、『リーディングス・日本の社会学 17 体制と変動』(東京大学出版会、1988年、矢澤修次郎・武川正吾と共編著)、『社会運動と文化形成』(東京大学出版会、1987年、栗原彬と共編著)、『家族と地域の社会学』(東京大学出版会、1980年、青井和夫と共編著)、『地域開発と社会構造:苫小牧東部大規模工業開発をめぐって』(東京大学出版会、1980年、元島邦夫と共編著)

■**訳書**:C. W. スミス『社会学的理性批判』(武川正吾と共訳、新曜社、1984年)、G. リヒトハイム『社会主義小史』(みすず書房、1979年)、K. ケニストン『ヤング・ラディカルズ ── 青年と歴史』(庄司洋子と共訳、みすず書房、1973年)

その他論文・調査報告書など多数。

著者略歴

庄司　興吉（しょうじ　こうきち）
東京大学名誉教授　博士（社会学）。
東京大学文学部社会学専修課程卒業、同大学院社会学研究科博士課程単位取得退学。
法政大学社会学部助教授、東京大学文学部助教授、同教授（社会学第一講座）、同大学院人文社会系研究科教授（社会学専攻）、清泉女子大学教授（地球市民学担当）を歴任。
東京大学生協理事長（1999–2003）をへて、全国大学生活協同組合連合会副会長（2004–2005）、同会長理事（2005–2014）、同顧問（2014–）。
主要著書他は別掲。

主権者の社会認識 ── 自分自身と向き合う

2016年7月15日　初　版第1刷発行　　〔検印省略〕
定価はカバーに表示してあります。

著　者 © 庄司興吉／発行者　下田勝司　　印刷・製本／中央精版印刷

東京都文京区向丘1-20-6　　郵便振替 00110-6-37828
〒113-0023　TEL (03) 3818-5521　FAX (03) 3818-5514
発行所　株式会社　東信堂

Published by TOSHINDO PUBLISHING CO., LTD.
1-20-6, Mukougaoka, Bunkyo-ku, Tokyo, 113-0023, Japan
E-mail : tk203444@fsinet.or.jp　http://www.toshindo-pub.com

ISBN978-4-7989-1372-8 C3036　© Kokichi Shoji

東信堂

書名	著者	価格
主権者の社会認識──自分自身と向き合う	庄司興吉	二六〇〇円
主権者の協同社会へ──新時代の大学教育と大学生協	庄司興吉	二四〇〇円
地球市民学を創る──変革のなかで 地球市民の社会学へ	庄司興吉編著	三二〇〇円
社会学の射程──ポストコロニアルな地球社会の危機と地球市民の社会学へ	庄司興吉編著	二八〇〇円
グローバル化と知的様式──社会科学方法論についての七つのエッセー	大矢 光太郎訳 J・ガルトゥング著	二八〇〇円
社会的自我論の現代的展開	船津 衛	二四〇〇円
組織の存立構造論と両義性論──社会学理論の重層的探究	舩橋晴俊	三二〇〇円
市民力による知の創造と発展──身近な環境に関する市民研究の持続的展開	萩原なつ子	三二〇〇円
階級・ジェンダー・再生産──現代資本主義社会の存続メカニズム	橋本健二	三二〇〇円
現代日本の階級構造──理論・方法・計量・分析	橋本健二	四五〇〇円
人間諸科学の形成と制度化──社会諸科学との比較研究	長谷川幸一	三八〇〇円
現代社会と権威主義──フランクフルト学派権威論の再構成	保坂 稔	三六〇〇円
インターネットの銀河系──ネット時代のビジネスと社会	M・カステル著 矢澤・小山訳	三六〇〇円
自立支援の実践知──阪神・淡路大震災と共同・市民社会	似田貝香門編	三八〇〇円
〔改訂版〕ボランティア活動の論理──ボランタリズムとサブシステンス	西山志保	三六〇〇円
自立と支援の社会学──阪神大震災とボランティア	佐藤 恵	三二〇〇円
NPO実践マネジメント入門（第2版）	パブリックリソースセンター編	二三八一円
個人化する社会と行政の変容──情報、コミュニケーションによるガバナンスの展開	藤谷忠昭	三八〇〇円
コミュニティワークの教育的実践	高橋 満	二〇〇〇円
NPOの公共性と生涯学習のガバナンス	高橋 満	二八〇〇円

〒113-0023　東京都文京区向丘1-20-6
TEL 03-3818-5521　FAX 03-3818-5514　振替 00110-6-37828
Email tk203444@fsinet.or.jp　URL:http://www.toshindo-pub.com/

※定価：表示価格（本体）＋税

東信堂

書名	著者	価格
海外日本人社会とメディア・ネットワーク——パリ日本人社会を事例として	松本行真 編著	四六〇〇円
移動の時代を生きる——人・権力・コミュニティ	今野裕昭 監修	三三〇〇円
国際社会学の射程 国際社会学ブックレット1	吉原直樹 監修	二二〇〇円
国際移動と移民政策——日韓の事例と多文化主義再考 国際社会学ブックレット2	芝西真和 編訳	二二〇〇円
国際移動と社会のイノベーション——トランスナショナリズムと社会のイノベーション 国際社会学ブックレット3	西原和久・有本かほり 編著	一〇〇〇円
越境する国際社会学とコスモポリタン的志向	西原和久	一三〇〇円
外国人単純技能労働者の受け入れと実態——技能実習生を中心に	坂幸夫	一五〇〇円
現代日本の地域分化——センサス等の市町村別集計に見る地域変動のダイナミックス	蓮見音彦	三八〇〇円
「むつ小川原開発・核燃料サイクル施設問題」研究資料集	茅野恒秀・舩橋晴俊 編著	一八〇〇〇円
新版 新潟水俣病問題——加害と被害の社会学	舩橋晴俊 編	三八〇〇円
新潟水俣病をめぐる制度・表象・地域	関礼子	五六〇〇円
新潟水俣病問題の受容と克服	堀田恭子	四八〇〇円
公害被害放置の社会学——イタイイタイ病・カドミウム問題の歴史と現在	藤川賢・渡辺伸一・飯島伸子 編	三六〇〇円
開発援助の介入論——インドの河川浄化政策に見る国境と文化を越える困難	西谷内博美	四六〇〇円
《大転換期と教育社会構造：地域社会変革の社会論的考察》		
第1巻 教育社会史——日本とイタリアと	小林甫	七八〇〇円
第2巻 現代的教養Ⅰ——生活者生涯学習の地域的展開	小林甫	六八〇〇円
第2巻 現代的教養Ⅱ——技術者生涯学習の生成と展望	小林甫	六八〇〇円
第3巻 学習力変革——地域自治と社会構築	小林甫	近刊
第4巻 社会共生力——東アジアと成人学習	小林甫	近刊

〒113-0023 東京都文京区向丘1-20-6
TEL 03-3818-5521　FAX03-3818-5514　振替 00110-6-37828
Email tk203444@fsinet.or.jp　URL:http://www.toshindo-pub.com/

※定価：表示価格（本体）＋税

東信堂

書名	著者	価格
理論社会学――社会構築のための媒体と論理	森 元孝	二四〇〇円
貨幣の社会学――経済社会学への招待	森 元孝	一八〇〇円
ハンナ・アレント――共通世界と他者	中島道男	二四〇〇円
観察の政治思想――アーレントと判断力	小山花子	二五〇〇円
日本コミュニティ政策の検証――自治体内分権と地域自治へ向けて［コミュニティ政策叢書1］	山崎仁朗編著	四六〇〇円
豊田とトヨタ――産業グローバル化先進地域の現在	山岡仁朗／丹辺宣彦／岡村徹也編著	四六〇〇円
社会階層と集団形成の変容――集合行為と「物象化」のメカニズム	丹辺宣彦	六五〇〇円
食品公害と被害者救済――カネミ油症事件の被害と政策過程	宇田和子	四六〇〇円
吉野川住民投票――市民参加のレシピ	武田真一郎	一八〇〇円
人は住むためにいかに闘ってきたか（新装版）――欧米住宅物語	早川和男	二〇〇〇円
地域社会研究と社会学者群像――社会学としての闘争論の伝統	橋本和孝	五九〇〇円
園田保健社会学の形成と展開	米林喜男編著	三六〇〇円
社会的健康論	須林喜男編著	二五〇〇円
保健・医療・福祉の研究・教育・実践	園田恭一／米林喜茂編	三四〇〇円
研究道――学的探求の道案内	山田昌弘・黒川浩一郎	二八〇〇円
福祉政策の理論と実際（改訂版）	平岡公一・武川正吾・三重野卓編	二五〇〇円
認知症家族介護を生きる――新しい認知症ケア時代の臨床社会学	井口高志	四二〇〇円
社会福祉における介護時間の研究――タイムスタディ調査の応用	渡邊裕子	五四〇〇円
介護予防支援と福祉コミュニティ――行政・営利・非営利の境界線	松村直道	二五〇〇円
対人サービスの民営化	須田木綿子	三三〇〇円

〒113-0023 東京都文京区向丘1-20-6
TEL 03-3818-5521　FAX03-3818-5514　振替 00110-6-37828
Email tk203444@fsinet.or.jp　URL:http://www.toshindo-pub.com/

※定価：表示価格（本体）＋税

東信堂

《シリーズ 社会学のアクチュアリティ：批判と創造 全12巻+2》

書名	著者	価格
クリティークとしての社会学——現代を批判的に見る眼	西原和久 編	一八〇〇円
都市社会とリスク——豊かな生活をもとめて	宇都宮京子 編	一八〇〇円
言説分析の可能性——社会学的方法の迷宮から	三浦野正弘 編	二〇〇〇円
グローバル化とアジア社会——ポストコロニアルの地平	武川正吾 編	二三〇〇円
公共政策の社会学——社会的現実との格闘	吉原直樹 編	二二〇〇円
社会学のアリーナへ——21世紀社会学を読み解く	友枝敏雄 編	二三〇〇円
モダニティと空間の物語——社会学のフロンティア	厚東洋輔 編	二二〇〇円
〔地域社会学講座 全3巻〕	斉藤日出治 編	二六〇〇円
地域社会学の視座と方法	似田貝香門 監修	二五〇〇円
グローバリゼーション／ポスト・モダンと地域社会	古城利明 監修	二五〇〇円
地域社会の政策とガバナンス	矢澤澄子 監修	二七〇〇円
〔シリーズ世界の社会学・日本の社会学〕	岩崎信彦 監修	
タルコット・パーソンズ——最後の近代主義者	中野秀一郎	一八〇〇円
ゲオルグ・ジンメル——現代分化社会における個人と社会	居安 正	一八〇〇円
ジョージ・H・ミード——社会的自我論のゆくえ	船津 衛	一八〇〇円
アラン・トゥーレーヌ——新しい社会運動と主観的時間と社会	杉山光信	一八〇〇円
アルフレッド・シュッツ——社会的空間	森元孝	一八〇〇円
エミール・デュルケム——危機の時代の社会学	中島道男	一八〇〇円
レイモン・アロン——時代と社会学	岩城 完之	一八〇〇円
フェルディナンド・テンニエス——透徹した警世家 ゲゼルシャフト	吉田 浩	一八〇〇円
カール・マンハイム——時代を診断する亡命者	澤井敦	一八〇〇円
ロバート・リンド——アメリカ文化の内省的批判者	園部雅久	一八〇〇円
アントニオ・グラムシ——『獄中ノート』と批判社会学の生成	鈴木富久	一八〇〇円
費孝通——民族自省の社会学	佐々木衛	一八〇〇円
奥井復太郎——都市社会学と生活論の創始者	藤田弘夫	一八〇〇円
新明正道——綜合社会学の探究	山本鎭雄	一八〇〇円
米田庄太郎——新総合社会学の先駆者	北島 滋	一八〇〇円
高田保馬——理論と政策の無媒介的統一	川合隆男	一八〇〇円
戸田貞三——実証社会学の軌跡・家族研究	蓮見音彦	一八〇〇円
福武直——民主制と社会学の現実化を推進		一八〇〇円

〒113-0023 東京都文京区向丘1-20-6
TEL 03-3818-5521　FAX 03-3818-5514　振替 00110-6-37828
Email tk203444@fsinet.or.jp　URL:http://www.toshindo-pub.com/

※定価：表示価格（本体）＋税

東信堂

溝上慎一 監修　アクティブラーニング・シリーズ（全7巻）

① アクティブラーニングの技法・授業デザイン　安永悟 編　一六〇〇円
② アクティブラーニングとしてのPBLと探究的な学習　水野正朗 編　一八〇〇円
③ アクティブラーニングの評価　井上史子 編　一六〇〇円
④ 高等学校におけるアクティブラーニング：理論編　成田秀夫 編　一六〇〇円
⑤ 高等学校におけるアクティブラーニング：事例編　松下佳代 編　一六〇〇円
⑥ アクティブラーニングをどう始めるか　溝上慎一 編　二〇〇〇円
⑦ 失敗事例から学ぶ大学でのアクティブラーニング　亀倉正彦　一六〇〇円

アクティブラーニングと教授学習パラダイムの転換　溝上慎一　二四〇〇円
大学生の学習ダイナミクス
　——授業内外のラーニング・ブリッジング　河井亨　四五〇〇円
「学び」の質を保証するアクティブラーニング
　——3年間の全国大学調査から　河合塾 編著　二〇〇〇円
「深い学び」につながるアクティブラーニング
　——全国大学の学科調査報告とカリキュラム設計の課題　河合塾 編著　二八〇〇円
アクティブラーニングでなぜ学生が成長するのか
　——経済系・工学系の全国大学調査からみえてきたこと　河合塾 編著　二八〇〇円
初年次教育でなぜ学生が成長するのか
　——全国大学調査からみえてきたこと　河合塾 編　二八〇〇円

主体的な学び　創刊号——「主体的な学び」につなげる評価と学習方法　主体的な学び研究所 編　S.ヤング&R.ウィルソン 著　土持ゲーリー法一 訳　一八〇〇円
主体的な学び　2号　主体的な学び研究所 編　一六〇〇円
主体的な学び　3号　主体的な学び研究所 編　一六〇〇円
主体的な学び　4号　主体的な学び研究所 編　二〇〇〇円

「主体的学び」につなげる評価と学習方法——カナダで実践されるCEMモデル　土持ゲーリー法一　二五〇〇円
ポートフォリオが日本の大学を変える
　——ティーチング/ラーニング/アカデミック・ポートフォリオの活用　土持ゲーリー法一　二〇〇〇円
ティーチング・ポートフォリオ——授業改善の秘訣　土持ゲーリー法一　一五〇〇円
ラーニング・ポートフォリオ——学習改善の秘訣　土持ゲーリー法一　二五〇〇円

〒113-0023　東京都文京区向丘1-20-6
TEL 03-3818-5521　FAX 03-3818-5514　振替 00110-6-37828
Email tk203444@fsinet.or.jp　URL:http://www.toshindo-pub.com/

※定価：表示価格（本体）＋税